基于产教融合背景下的高职学生就业创业教育研究

谢少娜　洪柳华　傅燕萍　著

辽宁大学出版社
Liaoning University Press

图书在版编目（CIP）数据

基于产教融合背景下的高职学生就业创业教育研究/
谢少娜，洪柳华，傅燕萍著. 一沈阳：辽宁大学出版社，
2021.8

ISBN 978-7-5698-0482-9

Ⅰ.①基… Ⅱ.①谢…②洪…③傅… Ⅲ.①大学生
－职业选择－高等职业教育－研究 Ⅳ.①G717.38

中国版本图书馆 CIP 数据核字（2021）第 156493 号

基于产教融合背景下的高职学生就业创业教育研究

JIYU CHANJIAO RONGHE BEIJING XIA DE GAOZHI XUESHENG JIUYE CHUANGYE JIAOYU YANJIU

出 版 者：辽宁大学出版社有限责任公司
　　　　　（地址：沈阳市皇姑区崇山中路 66 号　　邮政编码：110036）
印 刷 者：沈阳海世达印务有限公司
发 行 者：辽宁大学出版社有限责任公司
幅面尺寸：170mm×240mm
印　　张：16.5
字　　数：300 千字
出版时间：2021 年 8 月第 1 版
印刷时间：2021 年 9 月第 1 次印刷
责任编辑：郭　玲
封面设计：韩　实　孙红涛
责任校对：任　伟

书　　号：ISBN 978-7-5698-0482-9
定　　价：79.00 元

联系电话：024-86864613
邮购热线：024-86830665
网　　址：http://press.lnu.edu.cn
电子邮件：lnupress@vip.163.com

前　言

　　高等职业教育是我国职业教育的重要组成部分，是我国高等教育发展的重要类型，肩负着为经济发展和社会建设培养高科技、高技能和应用型专业人才的使命。高等职业教育和基于学科型的高等教育是现代高等职业教育体系中最重要的两种教育类型，由于人才培养的方式、手段、方法和目标等方面的差异，两者在现代教育领域各自发挥着不同的育人作用，承担着不同的社会职能，并对受教育者的未来发展产生不同的影响。因此，高等职业教育的地位无疑是至关重要的。党的十七大提出"大力发展职业教育，提高高等教育质量"，强调了职业教育的突出地位。探索有效的方法来做好毕业生的就业和创业工作是高职院校发展中不可回避的重大课题，而产教融合为高职院校毕业生的就业和创业提供了独特的生存土壤。

　　党的十九大报告中明确指出：要进一步完善职业教育和培训体系，深化校企合作和产教融合。2017 年 12 月 5 日，国务院办公厅发布了《关于深化产教融合的若干意见》确明了深化产教融合是高职院校人才培养的重要途径。党的十九届五中全会提出"增强职业技术教育适应性，深化职普融通、产教融合、校企合作，大力培养技术技能人才"的指导思想；大学生就业和创业能力的培养符合高职教育新常态的要求，也是解决就业就是最大的民生工程的根本举措。教育与产业相结合，形成以需求为导向的人才模式，能够提升人才培养质量，有效解决人才教育的供求关系。基于多样化的生源状况，高职院校在产教融合的道路上，正在不断地探索新时代人才培养的新机制和产学研用的新模式。

　　2019 年 10 月，《国家产教融合建设试点实施方案》明确了高等职业教育在产教融合建设中的"新蓝图"与"施工图"。文件要求"试点布局建设 50 个左右产教融合型城市，在试点城市及其所在省域内打造一批区域特色鲜明的产教融合型行业，在全国建设培育 1 万家以上的产教融合型企业，建立产教融合型企业制度和组合式激励政策体系"。由此看出，高等职业教育的产教融合站在了新的历史起点上，其实施方案进一步明确了产业与教学的密切关系，有利于促进高职院校探索集人才培养、科研创新于一体的产业性经营实体，形成学校与企业交互融合的办学模式。对于高职院校的学生来说，在学校就可以实现"学做""学研""学用"的有机结合，从长远的角度看，必将有利于高职院校毕业生的就业创业。为此，立足产教融合背景，开展高职学生就业创业教育研究，探索高职学生就业创业教育路径，无疑具有一定的理论与实践价值。

本书用十个章节来阐述产教融合背景下的高职学生就业创业教育相关研究：第一、二章分别介绍了产教融合的相关理论和高职院校就业创业理论；第三、四章介绍了国内外关于高职院校就业创业的研究，从中可以看到国内职业教育与国外职业教育之间的差距；第五章论述了产教融合与就业创业教育之间的内在关系，二者的结合是社会发展以及教育发展的必然趋势；第六章到第十章分别从建设课程体系、建设实践体系、建设师资体系、建设教育评价体系、高职院校就业创业教育模式的实践与探索等方面来探索高职院校学生的就业与创业，希望能在高职院校相关体系构建实现改革的同时，进一步推动我国高等职业教育形成新的模式、迈上新的台阶。

全书共十章，由谢少娜、洪柳华、傅燕萍合著，谢少娜负责统稿。其中，前言、第一章至第三章由傅燕萍撰写，共约 8 万字；第四章至第六章由洪柳华撰写，共约 11 万字；第七章至第十章由谢少娜撰写，共约 11 万字。

限于资料和学术水平，本书中难免存在疏漏和瑕疵，敬请各位专家批评指正。

目　录

第一章 产教融合

2017 年 12 月，国务院办公厅颁布实施了《关于深化产教融合的若干意见》，明确了我国当前职业教育发展的重要政策。具体而言，产教融合不仅是一种职业教育的有效途径，还是一种推进人才实践的有效手段，可以说是独具教育特色的。鉴于此，高职院校的办学之路始终紧密地与当地产业进行联系并与其协同发展。因此，当前摆在高职教育各办学主体面前的主要新课题便是如何实现区域经济产业与当地职业教育的同步发展，如何实现高职院校的产教融合，如何使高职院校人才培养能力得到逐步提升，如何确保高职院校学生在毕业时能够拥有与当地经济产业持续发展需要相吻合的技术技能等，这些也成为当前推进高职院校教育发展所面临的重点问题。当前，我国广大高职院校已重视这一问题，并逐步加强与行业企业的密切联系，为形成强大的联合优势，已纷纷通过有效整合行业企业、学校、政府主管部门等主体的各自优势，形成了产教融合的办学发展新模式。这种模式不仅使高职院校办学潜力最大限度地得到激发，同时也促使高职院校在更广阔的发展空间内与更多有力主体相互合作，进而通过合作的方式为社会培养出更多的可用人才。当然，这对于企业的研发能力的提升以及社会发展具有很好的促进作用。因此，高职院校需要转变以往的人才培养方式以及培养理念，积极主动地与行业企业联合，双向并力，产教融合，保证社会人才的有效供给。此外，开展产教融合教学不能仅停留于表面，而是要发挥出行业企业在人才培养与教育方面的优势，弥补学校教育在人才培养方面的不足，这样才能真正发挥产教融合的实际效用与具体效果。习近平曾强调，中华民族的伟大复兴必须坚持以中国特色社会主义道路为前提。中国特色社会主义道路不仅需要坚持中国共产党的领导，还需要社会各行各业能够推陈出新，优化行业发展方式与途径，加快社会整体的转型与发展。高职院校要顺应当今社会的发展步伐，加快教学改革与创新发展，在为社会补充新鲜血液，进而更好地为推动社会变革和中华民族的伟大复兴方面贡献自己的力量。

随着时代的快速发展，信息获取与创造的方式逐渐多元化，这也就使人们摆脱了通过高等院校和研究机构谋求知识创新以及技术创新的单一途径。为了更好地推动自身发展，诸多社会企业纷纷自主设立研发室，积极研发新型科技，以提升自身的生产力。因此，当今企业已然具备知识与科技自主创新的能力，甚至一些规模较大的企业的研发条件以及研发能力已远远超过高职院校。因此，高职院校如果不能认清这一现状并谋求转变，那么必然会被当今社会所摒弃。当然，这并不是否认高职院校的价值，而是证明高职院校应当将重心转移到培养更加优质的社会人才上来。对此，高职院校应当加强自我反思，并主动与社会企业相融合，积极发展产教融合的人才培养之路。产教融合可以说是当今时代高职院校人才培养与建设的必由之路，同时是当今时代所有高职院校人才培养必须共同面对的课题。党的十九大报告指出，建设教育强国是中华民族伟大复兴的基础工程。当前，我国教育发展的整体水平已经步入中上等收入国家行列，进一步发展体现的政策方向是义务教育重在均衡规范、职业教育重在融合产业、高等教育重在创新及应用。[①] 但就职业教育来讲，目前仍有不足需要弥补，这主要体现在以下两个方面：（1）专业设置缺乏科学性。职业教育的生命力在于能适应不同发展的需求，提供提升对应技术技能的专业。然而，目前一些专业的开设缺乏科学性，一方面，学校设置和调整专业需要时间，不能及时响应市场的人才需求变化，因此院校现有专业常常出现两个情况，一是市场需求剧增的时候院校专业不能充分满足其需求，二是市场需求锐减时院校专业则显冗余；另一方面，脱贫攻坚急需的专业多为招生困难、实习实训条件欠缺的专业，专业自身发展也举步维艰。职业学校的专业设置需要更多地考虑相关产业发展前景、人才需求预测等要素，及时优化调整，真正做到适应产业发展趋势和劳动力市场变化需求。（2）培训效果有待提高。2019 年发布的《国家职业教育改革实施方案》要求"完善学历教育与培训并重的现代职业教育体系"。然而，目前职业教育院校参与社会培训的质和量都远远满足不了社会需求，培训效果仍有待提高，一些地区没有足够的师资，办学水平不高。越是贫困落后的地区，职业教育规模越小；越是贫困落后的地区，职业教育越难发

① 习近平.决胜全面建成小康社会 夺取新时代中国特色社会主义伟大胜利——在中国共产党第十九次全国代表大会上的报告 [N].农业科技报,2018—4—2（2）.

展。此外，部分学校与企业合作水平不够，产教融合程度低，人才培养并不能完全对接企业，缺乏竞争力，学生"毕业即失业"的情况也屡见不鲜。

职业教育作为类型教育的理念还未普及，很大程度上仍被认为低人一等，这是多方面原因造成的，归结起来就是"重理论轻应用，重学术轻职业"。具体而言，由于职业本科教育才刚刚开始，规模较小，职业研究生教育还未启动，有进一步升学深造意愿的学生进入职业院校后，没有充足时间主攻职业技能的学习，而是忙着补习理论知识以准备升本考试提升学历，这不免会对职业教育本身造成影响。另外，国内对精英教育的资源倾斜也让职业教育举步维艰。[①] 还有，优质的高中生源大部分（高考生源的前50%）进入普通高等教育本科院校学习，即使高考招生制度改革，引入春季高考、面向中职招生等措施，高等职业院校也因只能招收到学习能力相对靠后的生源而逐渐式微，由此也导致更多的教师和学生不愿意加入职业教育中，并不断恶性循环。最后则是当前的国内职业教育体系尚未健全。现如今，我国的职业教育仍然沿袭了传统的办学模式，师资、技术和专业设置都难以满足市场需求。基础的职业教育能让学生跨进就业市场的门槛，但还不足以满足日益更新的市场变化要求——学生也需要得到更高层次的职业教育，但单一化的高等教育模式并不适合当今职业教育的发展。事实上，职业技术教育并不意味着比普通高等教育"低级"，选择了职业教育并非选择了失败。学者夏建国在《应用型本科教育：背景与实质》中指出，高职院校毕业生与就业市场之间存在着人才需求方面的结构性矛盾，应用型人才则属于需求量较大的一类群体。其中，商业和服务业人员、生产运输设备操作工方面的需求相对较大，而高级工、高级技师和高级工程师等技术应用型人才需求更高。面对如此迫切的人才需求，社会并不应该仅给职业教育冠上"失败"的头衔。相比较，我国台湾地区的职业教育体系就较为健全：有一类技职专科，和普通本科一样招收高中毕业生，但是它的上一级是技职学院，再往上则是科技大学，学生可以在其中攻读硕士。职业教育相对发达的瑞典，为了让更多的年轻人能够更好地融入就业市场，也为了向社会提供足够多的劳动力，一直在推进职业教育和普通学术教育的地位同等化。建立和丰富不同层次的职业教育，扩大本科职业教育和研究生职业教育规模，畅通职业学校学生的上升通道，同时搭建职业教育和普通教育融通的立交桥，让有不同侧重的学生都能成为有益于社会的人才，这才是教育改革的应有之义。

---

① 段练.浅论高职院校创业就业教育的必要性及路径[J].才智,2019(28):94.

教育是事关中华民族千秋万代的头等大事。近年来，国家加大了对职业教育的扶持力度，并采取了一系列切实举措，但这只是职业教育进步路上的一小步。通过教育扶贫，帮助贫困家庭，培育人才，加快社会经济发展，促进区域发展更加平衡健康，人民富足安康，将是职业教育更大的目标。

　　此外，推进产教融合发展还具有更为重要的现实意义。随着我国新旧动能转换，创新驱动发展战略的深入实施，产业人才需求发生了深刻的变化。人才需求的类型发生重大改变，不仅要求人才具备足够的专业能力，还要具备一定的创新能力和职业素养。一方面是基于正在发展中的产业革命，新零售、新制造、新技术、新能源、新金融将会深刻影响中国乃至世界的经济、社会、政治的方方面面。相应地，产业也将会被重新定义，如传统零售将会被新零售所取代，传统制造也将会被智能制造所取代，传统金融也将会被互联网金融所取代。产业的"重新定义"必然对产业人才知识、技能提出新的要求，如各产业的互联网化使互联网基本操作能力成为劳动者的基础技能，不会使用计算机的劳动者所能够选择的岗位越来越少，甚至被淘汰出劳动力市场。另外，数据将成为关键性的生产要素，使具有数据收集、挖掘、连接、分析和运用等与数据相关能力的劳动者成为劳动力市场的新需求。这是教育链与产业链对接的问题。另一方面，基于创新驱动发展战略实施、新旧动能的转换需求以及科技产业的不断发展壮大，具备一定创新素质和能力将会成为新时代人才的重要衡量指标。此外，新需求呈现出规模大、时间紧、持续不断产生等新特征。产业的变革不仅体现在内容上，还体现在速度上。基于互联网的快速连接和网络生态的全面发展，在纵向上，产业扩张加速进行，由此导致市场对新型人才产生大批量和紧迫性的需求；在横向上，全球范围的要素重组将成为常态，导致新产品、新行业和新产业不断形成和发展。要求新型人才的培养必须是快速的而且是大量的，并能够基于产业发展趋势的判断提前开展，以便实现对产业的快速响应。但与此同时，我国现有教育体系无法实现对产业人才需求的即时响应。当前，我国已经建成了世界上最大规模的高等教育体系，并通过一定的人才培养和输送的方式为我国经济发展建设做出了巨大贡献。但是，面对当下经济结构的转型与升级以及产业层面的重大变革，特别是创新驱动发展战略的实施，职业教育和普通高等教育在应用型人才培养过程中普遍存在发展理念落后、行业企业参与不足、人才培养模式与机制相对陈旧等诸多问题，由此导致职业教育和普通高等教育人才供给与产业人才需求之间形成较大的鸿沟，具体表现为人才的教育供给和产业需求在结构、质量、水平上不匹配。这也就进一步加深了毕业生就业难，就业质量低和产业界应用型、复合型、创新型人才大量紧缺的问题。因此可以说，人才供给问题已然成为我国新时期产业发展的重要问题。

　　教育部学校规划建设发展中心承接的国家发展和改革委员会委托课题"产教融合金融支持研究"，着力于研究利用金融手段支持产教融合发展的政策框架和实施路径，其研究结论是具有前瞻性的。目前，人类社会已经进入"智能化时代"，所有产业及其相对应的人才培养当然也应遵从这一潮流，否则就容易变为任智能人左右的"猪人"[①]。因此，"产教融合"如果不能在明白智能化趋势并弥补相应"七寸"的大逻辑下思考战略战术，我们的教育将面临重大失误。以"智能化时代"的方式理解产业，才能够知道教育对未来产业发展的重要性。每一个国家也都有自己的小时代，但中国绝对已经由"工匠链时代"迈向"孵化链时代"。中国急需创汇人才、创意人才、创知人才、创技人才、创产人才。要注意的是，"产教融合"可以分为两个阶段，第一个阶段是基于"工业革命思维"和"金融革命思维"的"工匠人才思维"阶段，这一阶段是"产决定教"的阶段。当前我国已经度过了这一阶段，并成功过渡到了"产教融合"的第二阶段，也就是"智能革命思维"的"创新人才思维"阶段。这个创新绝对不是指企业层面的创新，而是指产业层面的创新。这一阶段的特征是"教决定产"。教育绝对不能再被动性地"唯产业马首是瞻"。当然，"教决定产"就不能再沿用以往的填鸭式教育、"学而时习之"式教育、标准答案式教育、纸上谈兵式教育、文凭式教育以及数论文数量式的教育，而是要强调教育的实质，即活学活用和学以致用。"智能革命时代的教育"是教育赋予产业生命的教育，由此所形成的产业延伸完全可以叫作"产业生命链"，这样更加科学和准确。如果要逐级分解这个概念，就会有这样的公式：产业生命链＝教育链＋产业链＝教育链＋产业孵化链＋工匠链＝特质甄别＋教育决策＋资源配置＋教育实施＋人才上市（职业重置）＋科幻＋创意＋知识创新＋技术创新＋创业创新＋企业创新＋成熟产业的上中下游。这条链上人才运用的连续性和继起性表明，人才培养应当"并存性"地包括经营管理人才、创新研发人才、专业技术人才、技术技能人才等各类人才。"智能教育链"的根本特征就是基于数据进行科学决策。决策过程的第一个环节便是测评人的"偏好集"和"潜能（天赋）集"。第二个环节是结合测评对象的价值实现环境测评，找出其"决策集"。第三个环节则是依据"成本—收益集"测评其"资源配置集"。第四个环节则是通过"人工调试"发现主观效应的"具象教育资源配置解"，并开始"教育

① 冯春盛,唐薇薇.浅议职业教育"产教城"的概念及国内现状[J].中外企业家,2020(09):160-161.

实施"过程。最后一个环节则是基于产教融合的人才上市与职业重置过程，学有所用地将人才配置到产业链的节点，促进教育链、人才链与产业链、创新链有机衔接。"生命以负熵为食""教育以金融为餐"，"产教融合"则需要"产业生命链金融"的系统性支持。其中，"教育金融"是根本，基于人才成长的"产业"则对教育链的繁荣起到"反向"促进作用。教育从动力源头上讲，是一个集父母以及家庭和社会教育于一体的股份合作制金融现象。人才股份社会化及人才投资基金化则是教育金融的高级阶段。由于教育阶段的人才投资风险较大，因而主要以基金形式为主。人才雇用运用阶段由于现金流较为稳定，可以引入资产证券化工具，但自主创新创业则仍然按照风险原则运用"风险投资工具"。我们需要明白，只有加速发展自身，才能稳固地矗立在世界舞台的中央，并成功屹立在世界民族之林。而实现这一切的根本，还在于教育。在此背景下，深化产教融合是推进人才和人力资源供给侧结构性改革的一项非常迫切的任务。探索产教融合有效机制，促进产业人才培养成为当下我国在新时代快速健康发展的重要保障。本章主要针对产教融合理论的来源、内涵和要点进行梳理和分析，以期让读者对产教融合理论有一个全面清晰的认识。

第一节　产教融合理论来源

产教融合的理论来源可以概括为如下几个方面。

一、马克思主义两种生产理论

产教融合虽然属于当今时代的研究课题，但是其理论来源可以追溯到马克思主义的两种生产理论。通过对比和研究马克思主义的两种生产理论和高职院校教育教学的作用可以发现，产教融合本身就是高职院校教育以及社会人才培养的内在要求。马克思在《1844年经济学哲学手稿》中指出，"动物的生产是片面的，而人的生产是全面的"。之所以说动物的生产是片面的，主要是因为动物的生产仅包括其自身的生产，而人的生产则在自身生产的基础上，还要添加一项生产资料的生产。恩格斯在马克思两种生产理论的基础上，将人的自身生产做了进一步的细分，即人类种族的繁衍、人的智力的发展与再生产、人的社会关系的建立和再生产以及对人类自身生产的控制。可以说，恩格斯对人的自身生产的细分，将人的自身生产阐述得更为具体。按照马克思与恩格斯的理论，如果将高职院校的人才培养进行归类的话，它应当归属于人的自身生产中的人的智力的发展与再生产。因为教育是丰富与提高人类自身智力的过程，而且循环往复，绵延不断。马克思还曾经指出，人是社会的产物。这一理论反射到高职院校的教育亦是如此，因为高职院校并不是为具体的某一个人服务，或者说并不是为具体的某一个人提升智力，而是面向社会整体适龄青少年的。从某种程度而言，高职院校教育本身就是一种合作教育，这里面既包含学生与学生之间的合作学习，又包括教师与学生之间以及教师与教师之间的合作教学。产教融合教学则是在高职院校教育教学的基础上融入行业企业教学，虽然二者看似属于两个独立的范畴，但是产教融合教学将这两个分别独立的社会体系进行有效结合，从而使"产"中有教，"教"中有产，发挥二者共同的作用，以为人类智力的培育与再生产服务。由此也可以看出，产教融合教育理论与马克思主义的两种生产理论不谋而合。①

二、我国早期的职业教育思想

我国的教育思想发展已久，古有春秋战国时期的孔子、孟子等伟大教育家，近有黄炎培、陶行知等诸多教育学者，他们分别从不同的方面推动与发展着我国的教育思想。虽然在孔孟教育时代并未直接提出过产教融合的教育理念，但是孔子在教育学徒的过程中，并不是仅通过理论知识进行教学的，而是带领众多学生进行游历，边教学边与社会生活相衔接，包括他个人，也是在游历的过程中不断加深自身对于理论知识以及社会生活的认识的。《吕氏春秋》记载，孔子曾带领众弟子前往楚国，途经陈、蔡两地时，已是困饿交加，但是所剩食物已然无多。弟子颜回亲赴远地讨借粮食，并回来给孔子煮食。孔子闻到饭香，起身观看，正好看到颜回偷偷地将食物送往自己的口中。孔子见状十分生气，但是碍于面子，没有直接责骂颜回。当颜回将煮好的食物端到孔子面前时，孔子说刚才梦见了先祖，想先将食物祭祀祖先。实际上，祭祀先祖是假，反讽颜回是真。颜回直言不可，因为粥刚煮熟之时有烟灰落下，自己不想浪费米食，所以直接抓起来吃掉了。孔子闻言，非常惭愧，并教育众弟子说："所信者目也，而目犹不可信；所恃者心也，而心犹不足恃。"从这个故事中我们可以发现，孔子自身在钻研学问的同时，也在和现实生活相联系，并且同样以联系实际生活的方式教育弟子。由此看来，春秋战国时代，孔子已然知晓学问并非孤立存在，而是取材于生活的。虽然孔子并没有将教育与社会生产相衔接，但是其与产教融合的教育理念却是保持统一的。教育发展到近代，人们更是注重教育思想与

---

① 张婉姝．探析产教融合的内涵 [J]．辽宁经济,2017(03):56-57.

社会生产之间的密切联系。民国时期，大教育家黄炎培先生曾在《中华职业教育社宣言书》中指出，职业教育的目的主要包含两个方面的内容：一是增长人的智力以谋生，二是为助力社会生产。所以我们可以知道，教育是为个人以及社会服务的。那么反之，个人以及社会同样可以为教育服务。黄炎培先生的"大职业教育思想"认为，如果教育仅从知识理论角度出发，就不能切实提升我国的教育水平。如果仅从农业、工商业等角度出发，也不能提升我国的教育水平，需要将二者相衔接，这才是未来教育发展的大趋势。这一教育理念正与当今时代的产教融合教学理念相一致。除了黄炎培先生之外，伟大教育家陶行知先生也曾提出相似的教育理念，他认为教育应当将理论内容与社会实践相结合，二者联络无间所开展的教育才能与人才教育培养的理念相契合。通过上述分析可以发现，产教融合并非当今时代的新鲜产物，且该教育理念古已有之。而今提出的产教融合，仅是对产教融合教育的进一步推广与发展。

三、耗散结构理论

耗散结构理论起源于物理学，主要研究的是开放系统是如何从无序走向有序的。在耗散结构理论中，物体的初始状态虽然不能达到物态平衡，但是通过与外界物质能量之间的不断交换，其自身必然会通过吸收以及吐纳的方式达到一定阈值，此时便会建立起一种新的平衡。产教融合教学理念的形成，正是遵循着这样的一套发展理念。虽然耗散结构与产教融合分别指向不同的内容与方向，但是产教融合教育理念却秉持了耗散结构的发展脉络，逐渐蔓延并发展成型。纵观我国的教育发展历程可以发现，最初的教育并不成体系，后来才建立起以"四书五经"为主的学堂教育，最后发展成今天的集语文、数学、英语、物理、化学、生物、政治、历史、地理等于一体的学校教育。但是，这并不是结束，而是发端，因为在学生开始接受大学教育之后，便又需要从语文、数学、英语、物理、化学、生物、政治、历史、地理等学科中的一支进行分离，而且这种分离也不是独立性的，而是综合社会生产与发展而逐步完善成型的。所以说，从我国的教育发展结构来看，我国的教育整体是与耗散结构理论相统一的。从产教融合教育理念出发，同样如此。教育的目的是为社会培养人才，而人才最终又是需要投入各行各业的发展之中的。从这一角度来看，教育的最终目的是为社会各行各业培养可用人才。但是，现今的高职院校教育却以知识教育为主，仅从理论角度出发开展社会教育，由此使其所培养出来的人才并不能完全或者短时间内适应社会发展的需要，这是当今时代高职院校教育的弊端。为此，产教融合过程正是完善高职院校教育的又一"平衡"过程。通过开展产教融合，既能够促使学生将知识理论与社会实践相结合，从而提升学生对所学理论知识的运用能力，又能通过社会实践助力理论教学，加深学生对所学理论知识的认识与理解，二者之间的结合才是为社会培养可用人才的有效方式。此外，从耗散结构的特征角度出发，同样能够得出相同的结论。耗散结构主要包含三项特征，一是变化性特征，二是开放性特征，三是协同性特征。首先是变化性特征。所谓变化性特征，指的是物态平衡会根据时间、地点、环境、温度等因素而随时变化，而并非固定不变。对于产教融合教育而言，它也并不是单纯地将知识教育与社会企业教学相结合，而是需要根据具体的知识教育内容与合作社会企业的具体环境以及条件等因素不断变化与调整的。当然，影响产教融合教育变化的因素以及内容还有很多，如高职院校以及企业的地点、合作教学的方式、合作教学的时间、合作教学的方法以及合作教学的目的等，均需要因时而变和因势而变。其次是开放性特征。所谓开放性特征，在前文阐述耗散结构概念的时候已有阐述，表示物态平衡是处于一套开发体系之内，其物态的平衡也是和所处空间位置的各项因素相结合之后，最终演变而来的。高职院校的产教融合教学亦是如此。第一，产教融合教学是将高职院校教育与社会教育相联系，这本身就是一种教育对社会的开放。第二，高职院校在开展产教融合教学时，需要和诸多社会企业共同合作，这就再次表明产教融合教育是高职院校对诸多社会形态的开放。第三，高职院校在开展产教融合教学时，需要将学院内的学生安排到社会企业之中进行实践，这又是高职院校人才对社会的开放。第四，高职院校在开展产教融合教学时，需要将专业内容知识与社会企业的具体应用相结合，这也是高职院校对社会企业的知识开放。当然，这种开放并不仅仅是高职院校对社会以及社会企业的开放，同时代表着社会以及社会企业对高职院校的开放，具体包括企业文化、企业发展、企业生产以及企业人才等内容。最后是协同性特征。所谓协同性特征，是指物态平衡是在不同物质、因素、环境等的共同作用下逐步实现平衡状态的一种结果。高职院校的产教融合教学亦是在高职院校与社会企业的协同作用下，共同发挥教育作用的一种结果。

第二节 产教融合理论内涵

如何理解真正意义上的产教融合？首先要回归产教融合本身，即何谓产教融合。

2014 年 6 月 23 日，习近平在对职业教育工作的批示中指出："坚持产教融合、校企合作，坚持工学结合、知行合一。"在这个批示中，基本形成了一种对职业教育本质的认识，即"四合"。

产教融合，即将产业与教育两种不同部门相结合。产业和教育分别承担着不同的社会责任，其中产业指的是把生产物质等量转换为财富，以此来提高居民生活水平。教育主要是从事一些知识传授，为企业提供专业性人才。教育和产业两者之间属于相互依存的关系，所以二者融合是有内在动力的。

校企合作是学校与企业建立的一种合作模式，是大、中专院校等职业教育院校为谋求自身发展，抓好教育质量，而采取与企业合作的方式，有针对性地为企业培养人才，注重学校与企业资源、信息共享的"双赢"。

工学结合是一种将学习与工作相结合的教育模式。工作与学习是交替进行的，这里的工作不是模拟性的工作，而是与普通职业人一样的有报酬的工作，因为只有这样，学生才能真正融入社会从而得到锻炼。学生的工作作为学校专业培养计划的一部分，除了接受企业的常规管理外，学校有严格的过程管理和考核，并给予学生相应学分。工学结合教育模式可以追溯到百年前的英国，且持续不衰，主要归功于它切合实际的理念，那就是以职业为导向、以提高学生就业竞争能力为目的、以市场需求为运作平台。

知行合一，知是指良知，行是指人的实践，知与行的合一，既不是以知来吞并行，认为知便是行；也不是以行来吞并知，认为行便是知。应该认识事物的道理并在现实中运用此道理，将二者统一起来。

放在产教融合、校企合作的理论框架之下，强调的是要培养学生成为知行合一、德技并修的应用型人才。

"四合"的解释是职业教育理论顶天与实践立地的一种完整表述。可以说，这样一种表述既是适应时代发展的存在，又与经济社会发展、产业转型升级的大背景相契合，同时符合职业教育作为一种与经济产业发展最为紧密的教育类型的特征。

通过对我国职业教育产教融合的历史考察不难发现，真正意义上的产教融合至少需要两个条件：一是地方政府的统筹规划和推进；二是一定的产业发展基础条件，两者缺一不可。

首先，职业教育管理通常以属地管理和地方省市管理为主。无论是 1996 年的《中华人民共和国职业教育法》，还是 2005 年的《国务院关于大力发展职业教育的决定》、2016 年的《国家教育事业发展"十三五"规划》，国家一直强调"地方政府（地市级政府）对职业教育的统筹规划的主体责任"。试想，如果地方政府不重视，不统筹规划产业、经济与教育人才的工作，产教融合就不可能实现。这就要求政府充分发挥自身功能，由"划桨者"转变为"掌舵者"，做好统筹与协调、规划与引导、支持与推动、评估与监督等工作。

其次，产教融合的关键在于契合区域经济发展需要。推动产教融合政策落地要因地制宜、有的放矢，不能跟风而上、追求时髦。区域经济发展的需要是根本，高校要在专业定位、课程设置、人才培养等方面着力，不仅要根据经济发展趋势，构建相关有广阔市场前景的学科专业，优化人才培养体系，更新课程知识结构，转变教学方式，更应该成为引领区域经济发展的智库高地。

产教融合理论开辟了职业教育实践的新领域，主要包括以下几个方面：①在职业教育实践上，产教融合理论能够更好地促进知识学习与职业实践相结合，并成功向工作领域过渡。就本质而言，职业教育是关于如何实现人与职业相结合的教育，因而研究人与职业如何结合是其着重点。这种结合是以满足职业需求为目标的，是关于知识、技术、技能等方面的综合能力教育，与分门别类地进行人与知识结合、人与技术结合、人与技能结合的教育有着显著区别。②产教融合理论反映了职业教育系统的开放性特征和产教之间的运行规律。职业教育的教学是一个开放系统，而非封闭、孤立系统，绝不能离开外部条件和外部支撑，自然需要研究到底是哪些外部条件、外部要素参与到职业教育过程之中，这一领域的探索无疑将进一步丰富职业教育的内涵。③产教融合理论表达了职业教育"由产至教"的逻辑次序。职业教育的逻辑起点是职业，职业教育就是从职业出发的教育，将职业人才的发展与服务产业发展需求相结合，实现人的发展与生产发展相协调。这就需要在职业教育实践中始终坚持职业需求导向，理顺产教关系，赋予行业、企业、社会在职业教育中的发言权。④产教融合理论提供了推动职业教育发展的动力来源。维系职业教育系统运行的能量来自外部，而非内部。外部要素需要从源头开始介入职业教育，为此就要建立以需求为主导的职业教育发展模式。当前我国职业教育的发展模式面临着由供给主导向需求主导的转变。⑤产教融合理论为科学制定职业教育公共政策指明了方向。要想职业教育体系整体效能得到充分发挥，就需要保障职业教育成果的有效输出，需要保障外部要素和信息的有序输入，更加需要制定产教融合、校企合作的制度体系，优化有关人才招聘、职业准入、人事管理制度和政策环境。

第三节　产教融合理论要点

在高职院校发展教育中，产教融合如同一条坚实牢固的链条，将教育与产业有效衔接，以此促进二者的协同发展。如何在职业教育系统内部将来自产业系统的重要因素与信息都输入进去，如何将这些要素与信息进行有效整合而达到预期效果，是推进产教融合理论的要点。

一、实践要点

（一）通过职业需求信息的输入，为职业教育改革发展提供正确方向

职业教育必然要将职业作为主要研究视角，把必要的职业分类、具体的职业现象、职业标准、职业规范、职业特征、职业定位、职业分布范围以及职业发展与变化等相关信息输入职业教育教学全过程，才能保障职业教育改革发展方向的正确性，职业教育才可能根据实际职业需求培养出必要的职业人才，然后在职业领域中将合适的人才输送给社会，从而达到"从职业中来到职业中去"的目的。

（二）通过职业胜任力要素的输入，为职业教育专业标准制定提供标杆

如何让教育对象在毕业后能够在社会上胜任相关职业工作，是职业教育教学需要重点思考的问题。学生通过职业教育不仅需要掌握扎实的理论技能，还要达到相应的能力标准。因此，职业教育专业标准要依据职业胜任力进行开发。具体而言，职业胜任力源于对产业系统中典型职业的分析，因而在分析职业胜任力实际需要时要应用科学方法。通常将用于描述职业胜任力的不同维度称为职业教育目标分类。职业胜任力的问题，可通过职业教育目标分类进行解决。德国从职业教育专业能力、社会能力以及方法能力三个维度对职业胜任力进行分类，因而其职业目标就等同于能力目标。英国将职业胜任力分为知识、技能、能力三个维度。这里的知识维度指的是在实际职业环境下应用知识的能力。我国将职业胜任力分为知识、技能、素质三个维度，这三个维度也是指导我国职业学校专业教学标准开发的主要依据。

（三）通过典型工作任务的输入，为职业教育课程开发提供载体

产教融合理论有利于输入典型工作任务或实际职业活动，以职业活动任务、项目或工作过程为载体而开发职业教育过程。教材是普通教育课程中的重要载体，然而与普通高校相比，职业教育课程仅仅依靠教材是远远不够的，因为职业教育课程具有双载体的显著特征，具体包括两类，即典型工作任务与教材。从字面意义上来理解，可以发现典型工作任务为职业教育课程的核心，而教材则是围绕着典型工作任务而展开的课程目标。为什么在职业教育课程中存在典型工作任务这一载体，究其原因，与能使职业胜任力问题得到重点解决息息相关。只有充分结合典型工作任务或实际职业活动才能解决职业胜任力的问题。如果仅仅依靠书本上的有限学习内容或验证性实训以及相关实验等，不能让学习者得到职业胜任力的整合与再现。典型工作任务这一载体从何而来，一般是由实际职场当中行业企业方面负责提供。相关职业院校需要对这类课程进行加工，以使其能够与教育教学的使用要求相符合。教材则是基于典型工作任务这一载体进行的教学内容组织与教学设计，包括一系列相关教学文件、教学辅助支撑资料等。

（四）通过职业环境与文化的输入，为校企共育活动开展提供可能

如果只在职业院校环境中实施职业教育，必然受到较大的局限。在现代职业教育教学中，除了固定的学校专任专业教师之外，还应包括由诸多经验丰富的企业人员担任的兼职专业教师，两者在教育中均发挥着举足轻重的作用，因而整个职业院校呈现出"教"与"学"相结合的文化特征。而且，也只有在复合环境下实施教学活动，才能将校企合作、工学结合的职业教育特点完整体现出来。同时，高职院校的教学标准与社会实际需求联系非常密切，在教学评估过程中有时还需要行业协会、企业以及政府的参与，这是为了与现代高科技发展的速度相匹配，可能与如何提升职业教育质量并无太多关联。所以说，如果没有产教融合，校企合作就没有符合时代发展的职业教育，也就没有了从职业教育系统外部及时输入要素与信息，当然也就难以实现有效教学。

二、产教融合实践动力

（一）内在驱动力

产教融合的内在驱动力可以集中为技术创新与改革。通过技术创新与改革而开发出关联性或替代性的制作工艺、高科技技术、创新性产品等，而后在企业中对这些技术更新进行充分应用，使企业原有的服务或产品技术路线得以改

变，从而对原有企业的人才需求结构进行大力改变，产教融合在改变中得到了动力支持。同时，人才的需求标准也在技术改革与创新中发生了相应的改变，原有企业为了适应社会的发展而需要更多新型人才，校企之间也就拥有了更大的合作空间。

（二）企业动力

产教融合的企业动力可以归纳为追求核心竞争力与竞争合作压力。企业未来的发展与企业能否在激烈的市场竞争中保持核心竞争力存在很大关联，因为这才是支撑企业竞争的重要支柱。就当今情况而言，人才已成为影响企业核心竞争力的关键因素。企业只有源源不断地培养出创新型的特色人才，不断对人才培养机制进行完善，不断实现对高端人才的高效更替，才有可能成为竞争中的强者。通过产教融合，企业可以在自身发展决策等重大事务上付出更多精力，这样不仅有利于企业竞争能力的提升，还可以让相关合作院校顺利完成人才培养的具体事务，从而在降低企业人才成本的同时，提高企业的生产效率。此外，让学生在接受高职教育时期就开始着手培养竞争力，可以在提高其专业技术能力的同时，增加对企业的认同感，以增强企业团队的凝聚力。[①]

（三）学校动力

高职院校的基本功能即培养人才为社会服务。在实际教育教学中，高职院校的人才培养目标主要面向社会生产建设与管理服务两个方面，致力于输出更多技术技能型人才。如今，伴随着科技的不断创新与产业的转型升级，社会上对实用型与应用型技术技能人才的需求逐年上升。在此需求的推动下，高职院校只有不断提高技术技能型人才的培养质量，才能与当今社会的时代发展相匹配。基于此，高职院校提升社会服务能力的必经之路与不断创新产教深度融合的机制与体制、不断提升高职院校学生的就业能力与岗位适应能力密切相关，这样所培育的人才能与社会进行无缝衔接且易于满足社会的实际需求。同时，在上述模式下，还可以缩短技术技能型人才的成长周期，缩短人才培养周期的同时，还要注意对技术技能型人才培养的适应性与针对性的增强。

（四）主要推动力

依据区域经济发展的理念，只有对创新型人才或者特色工艺人才进行有效培养，才能创造出产业品牌和品牌经济，也才能使区域经济发展保持强大的核心竞争力，因而高职院校需要对创新型人才以及特色工艺人才进行有效培

---

① 管丹.“校企合作”与“产教融合”概念辨析 [J].职教通讯,2016(15):41-42.

养。再加上我国当前职业教育需要依托于区域经济发展的强大优势，若想为社会培养出更多具备较强适应性的技术技能型人才，需要不断对产教融合教育进行深化，不断使人才的培养质量与内涵得以提升，这样才能最终实现上述教学目的。

产教融合的有效开展并非高职院校的独角戏，而是同时需要行业企业以及相关政府部门的共同参与，这也正与前文所述的产教融合的协调性相统一。虽然产教融合的目的在于培养社会人才，但是高职院校、行业企业以及政府在产教融合工作开展过程中所发挥的作用却是不尽相同的，而且分别有着各自独立的利益诉求。首先是高职院校。高职院校是产教融合教育教学工作开展的主体，不仅负责高职院校学生专业理论知识的传授以及与行业企业之间的安排与衔接，还负责高职院校学生未来就业与创业的设计与安排。可以说，产教融合工作开展的过程中，所有的教学安排、实践安排、双方协调等工作主要还是由高职院校展开，所以说高职院校是产教融合教育工作开展的主体。其次是行业企业。行业企业是高职院校产教融合教学开展的合作方，行业企业主要作用就是配合高职院校开展相应的产教融合教学工作。虽然行业企业对于产教融合教学也同样有着自己的诉求，但是就产教融合工作本身而言，其同样属于教育主体之一。当然，行业企业在产教融合教育工作开展的过程之中并不承担主要的教学工作，而是为高职院校产教融合提供必要的实践教学设备和教学条件。或者说，行业企业在高职院校产教融合教学的过程中主要提供的是技术支持。可以说，行业企业在产教融合教学过程中占据次要地位。但是，在某些特定的情况下，行业企业也能够为高职院校学生提供必要的教育教学或者实践教学。所以说，虽然行业企业在产教融合教学过程中所发挥的作用与所占据的地位不及高职院校，但是它同样是产教融合教学工作的构成主体。此外，还要说明的是，为了更好地发挥高职院校产教融合教学作用，产教融合教学中的校企合作并非仅指高职院校与一家企业进行合作，而是与多家行业企业进行合作，所以这里的企业指的是一部分企业。多元化的行业企业构成不仅能够丰富产教融合教育的开展形式，还能满足高职院校可能需要面对的不同教学需求。由此可知，行业企业在产教融合教学过程中发挥着重要作用。最后是政府部门。政府部门是产教融合教学的宏观推动者和调控者。党的十九大报告中明确指出，要深化产教融合，加强校企合作。正是在国家政府部门的主导下，产教融合工作才能得以顺利和有序开展。同时，作为国家教育部门，积极推进和有效开展高职院校产教融合教学也是其应尽职责。所以说，高职院校、行业企业以及政府部门共同构成了产教融合的作用主体。在推动和开展产教融合教育教学的过程中，高职院校、行业企业以及政府部门三者之间不仅需要各尽其职，还需要通力合作、密切配合，以最大限度地提升产教融合的教学效果，为社会和国家培养出更多符合社会需要的可用人才。同时，对于产教融合教育教学过程中的消极行为、懈怠行为以及推诿行为应予以坚决打击并坚决避免。

三、产教融合要重视学校融入市场的关键作用

产教融合与校企合作紧密相依。关于校企合作的意义，相关研究专家进行了专门总结，可以简要地概括为学校加强了专业建设，丰富了教师实践经验，提升了人才培养质量，培养了学生实践能力和关键职业能力；合作企业吸纳了紧缺人才，减少了资金投入，弥补了自身产能和技术研发力量的不足，降低了生产成本和员工培训成本，提高了市场竞争力。高职院校在产教融合方面具体要怎么做？校企要如何有效合作？细分起来当下流行的校企合作方法主要有订单培养、工学交替、教学见习、顶岗实习、产学研模式、校企共建、合作经营、专业教学指导委员会和校企联谊会等。关于校企合作为什么往往流于形式，究其原因，还是缘于最终各方利益诉求不一致。订单培养，企业等不及，其中涉及费用时会相互推诿。工学交替则极易沦为"薅学生羊毛"的培训。教学见习，企业无法放心安排学生参加相应的生产工作，而且这种工作形式的效率相对较低。顶岗实习和教学见习高度重复，缺乏实际意义。产学研模式虽好，但是学校和企业之间因为缺乏沟通，双方普遍缺乏动力。企业认为学校不懂行业，而学校则认为企业缺乏知识理论，双方各行已道，合作办学自然也就难以成功；关于产教融合，不仅应当将教学和实践合二为一，还要重视将学校融入市场。因为只有真正融入市场，学校才能够切实将知识教学与实践教学落到实处，否则只能是徒有其表而已。具体而言，首先需要转变学校的教学思想。现今高职院校产教融合还是以理论教学为主，实践教学依然需要依附于理论教学。这种思维认知本身就是错误的，产教融合的效果自然不佳。要想真正实现高职院校的产教融合，可以从以下几点做起：一是需要高职院校转变产教融合的思路，主动走出去与市场融合。[①] 这既是以服务地方经济为目的，变现高职院校的知识价值，又为产教融合的有效开展提供契机。因为这样一来，学生就真正拥有了学生与员工的双重身份，既能专注于课堂知识的学习，又能直接与市场相对接，产教融合教学也就落在了实处。二是高职院校可以丰富双创基地的经营模式，鼓励或者支持教师、学生创新创业，但是不要以营利为重

---

① 李晨,孙志远,刘丹,等.高职院校创新创业与就业教育路径浅析[J].时代农机,2018,45(05):86.

点，更不要搞创业培训，而是真正面向市场。三是在帮助和引导教师和学生创新创业的过程中，要学会利用课堂所学知识指导实践，同时要注意将创业实践反馈到课堂教学之中，双方互相作用，共同促进，真正实现产教融合。产教融合的关键在于帮助学生在加深知识学习与掌握的基础上，将知识变现，其思路要放在科研成果或者技能领域的创新上，而不是放在教学教法的精雕细琢或者和企业谋利益上。此外，高职院校还应当主动和当地政府联系，以解决民生问题为目的，发掘人民的生活所需，并尽量以此为窗口，开展产教融合教学，如此既能推动地方经济的建设与发展，又能提高产教融合的效果。一旦高职院校所开展的自主产教融合取得成果，行业企业自然会主动抛出橄榄枝，未来的产教融合之路也才会越走越宽。

四、产教融合是国家大系统结构优化的要求

产教融合是经济产业转型对人才需求转型的必经之路。经济产业转型升级需要人才的支撑，而新型人才的培养则又需要高职院校、专业、教育理念以及教学方法的转变，这是一套联动的完整体系。经济产业的转型升级推动着高职院校教育理念以及教育方式的转变，而高职院校的人才培养又反向作用于经济产业的转型升级。因此可以说，产教融合是经济社会转型的关键，产业转型→教育转型→产业转型，这是最理想的闭环。产教融合是解决企业人才需求与高职院校人才供给结构化矛盾的重要途径。如果按部就班，不仅其培养出来的社会人才无法顺应时代的发展需要，还会造成传统专业人才过剩。从社会角度出发，如果企业无法为社会培养出能够符合社会发展需要的人才，那就必然会阻碍新兴产业的建设与发展，国家的创新发展就会成为无源之水和无本之木。产教融合是国家大系统结构优化的要求。国家和企业在结构上具有拓扑相似性：国家的政府部门好比企业的行政部门，主要负责统筹规划；国家的产业部门好比企业的业务部门，主要负责促进经济发展；国家的教育培训部门好比企业的人力资源部门，负责输送人才。由此看来，国家本身就是一个大企业，其大力发展教育以及大力开展教育变革，目的便在于促进产教融合，以推动国家以及社会的良好发展与进步。产教融合本质上是一种跨界融合。高职院校和行业企业分别将各自的优质资源拿出来进行合作，以达到资源互补、发展共赢的目的。校企合作拓展了双方的资源范畴和能力边界。但是，产教融合并不是简单的形式统一，而是灵魂互融。以水（企业）和面粉（高职院校）进行举例，如果简单将面粉放入水中，这充其量可以称为"校企结合"。如果将面粉放进水里并揉一揉，揉成面团，将二者深度融合，此时才真正是"你中有我、我中有

你"，二者之间难舍难分，如此方才是真正的产教融合。因此，产教融合的第一步是把双方的资源都打碎，第二步是进行资源细分，第三步是进行跨界重组，这也是教育改革的创新之法。先破坏后重生，最后再定型。所以转型和升级不一样，升级是微调，属于打补丁式的完善，而转型则需要破坏性的革新。有深度的校企合作源于顶层设计上的融合。当前，在我国产教融合方面做得比较好的是医科高职院校及其附属医院，因为二者同属一个东家，二者在创办之初就已经深深地结合在一起，产教融合本身就已经孕育其中。比如，医科高职院校学生的实习，对医院来讲就是员工培训。

五、产教融合的内容

产教融合要融合什么？产教融合是产业界和教育界资源的融合，是产业和教育不同发展方式的融合，这两者的运营模式不同。简单来讲，需要从价值观、规律和模式三个层面进行探讨。首先是价值观的融合。比如，三一集团的价值观是利益，尽管它也在和三一职业学校展开着校企合作，但是在产教融合的过程中，如果三一职业学校不能为其创造价值，那么二者之间的产教融合便不能持久。"三观合"的学校和企业才能实现长久的产教融合合作。作为高职院校，不能过分清高，因为企业本身就是以创造价值利润为核心的，这是实现二者合作的基础和前提。反之亦然，高职院校立德树人，培养社会先进人才，企业也要给予认可和支持，双方在价值观上要保持一致。其次是教育规律和职业发展规律的融合。从企业的角度讲，不仅需要明确自己到底需要什么样的人才，还要明确企业人才培养的一般规律是什么。一般而言，企业既需要能够达成目标的人才，又需要能够实现自我驱动成长的人才。但是，作为高职院校，企业需要了解高职院校做教育的目的和目标又是什么，或者说自身做教育究竟是为了推动社会进步还是助力企业发展，社会人才的培养和企业人才的培养之间应当如何融合。最后是高职院校和企业之间模式的融合。企业与高职院校各自所属的行业以及行业属性并不相同，所以二者的运营模式自然也会存在很大的差别。但是，产教融合需要高职院校与社会企业的通力合作，这也就要求高职院校与行业企业之间必须建立起一种共通的模式。对此，我们需要从教育角度出发，对高职院校和行业企业的性质进行挖掘。从教育角度而言，高职院校的本质是通过课程以及实践的方式培养社会人才，而企业的本质则是帮助高职院校提供相应的服务技术。因此，校企合作的产教融合模式也需要将课程、实践、人才培养以及技术四项元素进行融汇与贯穿，才能创新性地设计出一种产教融合的发展模式。

（一）产教融合的难点

高职院校产教融合存在如下问题：一是意愿的问题。在产教融合的实际合作中，高职院校和企业普遍存在着先热后冷的现象，主要原因在于双方不能真正为彼此赋能。二是合作周期短的问题。校企之间的合作通常不超过一个周期，而且周期培养结束未必能够实现合作。具体的原因有很多，但关键还在于双方合作前的沟通是否充分以及双方在合作之中所出现的问题是否得到及时而有效的解决。还有一个原因是行业企业的周期性问题。强周期性行业必然存在一个周期波动，如果学校和企业不考虑周期波动也是难以实现持久合作的。三是高职院校和企业之间的合作深度和层次不高的问题。具体表现为合作双方牵头人权力有限，不能把自己更多的更优质的资源提供给对方使用，由此导致整个合作过程中的创新点大大减少。总体而言，校企之间的产教融合难以有效开展的根本原因还是在于合作效率。高职院校和企业之间展开合作的目的是把二者的资源整合在一起，从而实现"1+1>2"的效果，而不是"等于2"或者"小于2"。假使二者在合作之后的效率小于合作之前的效率或者与合作之前的效率持平，那么产教融合也就失去了作用与意义。

（二）产教融合的平台

在实现产教融合的过程中，可以建设基于"共享经济"的校企合作平台。产教融合平台的建设需要从高职院校和社会企业的资源角度出发进行整合，其中，高职院校所提供的资源主要是专业知识，而社会企业所提供的资源主要是产业。产业链和专业群的匹配度可谓是高职院校和产业之间是否应该结合的重要指标。如果二者之间的匹配度较高，产业链与专业相互对应，二者之间的合作意向以及合作可行性也会得到大幅提升，而且未来的合作空间也会加大。反之，如果二者之间的匹配度较低，产业链和专业互不对应或者只有一两个专业对应，那么二者之间的合作意向以及可行性就比较低，而且未来的合作空间会越来越窄。从企业角度出发，企业会根据自身的商业模式和产业链选择高职院校以及对应专业；而高职院校也会根据自身的已有专业选择相关社会企业。二者之间可以相互将对方视为自己的体系或者资源。换言之，如果双方不能把对方的资源看作自己的资源，那么其整合也就难以真正有效开展。因此，在整合的时候，企业应当将高职院校的一个系、一个专业，甚至将整个学校都视为自己的资源，然后从顶层设计角度出发进行嵌入。反之，高职院校亦然。在设计人才培养模式和师资建设的过程中，也需要把企业的资源看成高职院校自身的资源，并将其列入高职院校的顶层设计之中，只有这样，二者才能实现无缝融合。

共享经济下，每一个合作方都能贡献优势资源，形成资源互补。具体到校企合作，企业与高职院校的某一个专业开展合作，合作的高职院校所有专业也是开放的。反之，高职院校某专业与行业企业展开合作，院校的其他专业同样可与合作的行业企业展开合作。当然，这也要对比学校专业与企业之间的匹配度。院校与企业之间的合作并非具有专一性，所以某具体专业或者年级的学生可以同时与多家企业展开合作。此外，高职院校通过校企合作平台，还可以将全部合作企业放到平台上"共享"，打破各企业、部门、资源之间的壁垒，鼓励和促进合作企业之间的相互交流与合作，以实现多方共享与共赢。比如，某企业发现一个新的商机，但是缺乏资金、技术或者团队，这时它除了需要向政府申请创意资金之外，还可以借助校企合作平台发起众筹，或者借助校企合作平台与其他社会企业展开合作。当然，学校也是其重要的扶助力量之一。这便是一种资源共享。这里仅是校企合作的初步框架，具体的合作还需要高职院校发挥作用。具体而言，高职院校可以通过人工智能的方式，将寻求帮助企业的重点问题以及其他校企平台企业的优势进行智能化匹配，继而从中挑选出比较恰当的合作方案，在更好地推动社会企业进步的同时，扩大学校的人才市场需求。

（三）产教融合的九链对接

考虑到企业在发展过程中需要对九个层面进行严格把控，在进行产教融合时也就需要与之进行相应的对接。对于企业而言，这九个层面分别是产业、技术、商业模式、员工队伍、岗位、研发创新、人力资源、国际拓展和质量管控。对学校而言，这九个层面分别为专业、课程、实践实训、双师队伍、就业、双创科研、职业培训、国际化和质量保证。实现其中的链—链对接并不容易，因而高职院校在人才培养的过程中需要对这九个层面格外重视。

第一，产业链对接专业群。社会分工形成行业和产业，专业群正是与之对应的需求人才，可以说专业群正是由产业链映射而来的。高职院校在培养人才的过程中，需要通过专业群的带头人将学生学习专业群所对应的产业链进行分析和绘制。如果缺乏专业群的产业链划分，那么高职院校的专业群定位就不会清晰。在对产业链进行绘制之后，再将其与专业群进行比对，如此才能明确高职院校专业群的发展方向，同时学生也才能够明确学习重点。从企业的角度看，其也要对自己的产业链进行划分，以与高职院校的专业群进行匹配，从而明确合作的空间和范围。比如，针对技术要求较高的上游产业环节，企业可以优先选择与"985"等高校进行合作，而对于技术技能要求相对较低的下游产业环节，企业则可以选择与高职院校进行合作。在合作的过程中，企业产业链与高职院校人才之间可能产生相互冲击的效果。企业对高职院校人才的冲击在于学生的社会认知，而高职院校人才对于企业的冲击则来源于创新。这一点对高职院校和企业而言尤为重要。

第二，技术链对接课程体系链。课程是专业的载体，技术是产业的载体，所以课程体系与技术链相互对应。人才培养的第二步就是划分技术链条，以与课程体系相对应。一些优质的高职院校，可以有针对性地研发一些前沿科技，以反哺到现有的产业技术中。可以说，这是技术链对接课程体系的进一步延伸，对于校企合作的效果以及持久性发挥着重要的推动作用。

第三，商业模式链对接实践实训链教学体系。企业非常重视实践，高职院校的实践教学体系理论上应该是商业模式的一个部分，它应该由商业模式映射而来，这样的实践才能与商业之间建立起良好的合作关系。高职院校实践的一些改进能不能为企业商业模式的改进创造价值，这是值得高职院校和企业共同探究的问题。

第四，员工队伍链对应双师队伍链。高职院校人才就是企业的未来员工，不仅要具备专业的理论知识，还需要具备丰富的实践能力。高职院校的双师队伍就是知识教学队伍和实践教学队伍，二者相互协调、共同配合，为企业培养出知识型与实践型并行的优质员工。如果企业内部拥有属于自己的讲师团体，则可以与高职院校的双师队伍相融合。如此既能够实现相互之间的学习，又能够实现双方的共同提升，以更好地为产教融合做贡献。

第五，岗位链对接就业体系。就实际而言，社会中诸多高职院校的创业就业教育做得并不到位，如临近毕业季的"双选"，数百家企业直接到高职院校内进行招聘，而未能对岗位链和就业体系之间的融合进行深入探究，这并不是真正的产教融合。高职院校就业教育要懂得教学和岗位的匹配，如通过对岗位做标记的方式，跟踪每一年这些岗位的变化情况，而后再将变化结果反馈到课程教学体系之中，以保证高职院校教学与社会发展相适应。另外，因为学生的就业意向也是在不断发生变化，所以高职院校可以专门针对学生的就业意向建立数据库，并且及时与企业所提出的人才需求相对应。最终通过人工智能计算的方式，建立人才与岗位的匹配与对接，并使之成为一种动态的机制。

第六，研发创新链对接双创科研体系。研发创新是企业自身的责任，企业可以根据自身企业的实际需要进行相应的需求调研、技术论证、试探研究、产品试制和商业运营。科研双创链也是从创意开始进行相应的创意激发、专业引导、创新验证、项目开发和创业运营。例如，针对学生提出的创意点，高职院校不仅可以对其进行择优科研，还可以向企业进行推送，进而与企业的科研相对接，从而实现共同创新和同步创新。

第七，人力资源链对接职业培训体系。企业的员工也是需要不断培养和成长的，但是因为企业缺乏相应的人才培训体系，所以可以将其人才发展链与高职院校的职业培训体系相对接，助力社会企业人才的成长与进步，这也是校企合作的应有之姿。

第八，国际拓展链对接国际化体系。现在我国的诸多社会企业纷纷将目标和市场投向国外，开展国际化业务。但是，这个过程并不容易，需要面临语言不通以及员工培养等多重问题。高职院校可以为企业的发展困境提供支持，帮助其培养专业的人才，同时可以进一步拓展校企合作的空间。具体而言，高职院校可以通过专业人才培养或者对企业人才进行再培育等方式解决这一问题。比如，高职院校可以通过设置海外定向班的方式培养国际化人才，而海外定向班的成员既可以来源于高职院校自身，也可以来源于企业。这是一种新的校企合作模式，产教融合的国际化使命就是为企业国际化赋能。

第九，质量管控链对接质量保证体系。高职院校内部普遍设有教学质量保障体系，以检验高职院校所培养出来的人才是否符合社会需要，而社会企业同样也设有产品质量管控链，以接受社会对其产品质量的考核。这两种质量保障体系的内容和方向虽不相同，但是却暗含联系。从结果角度出发，企业产品质量的保证需要以高职院校人才的品质保证为前提。因此，高职院校可以按照社会企业所需要或者所要求的质量保障体系进行教学，以从初始角度出发培养符合社会企业发展需要的人才，从而提升产教融合的效果和质量。

第二章 高职院校就业创业教育

　　职业教育与普通高等教育分别属于不同的教育类型，职业教育的目的不仅在于为社会发展培养直接可用的技术人才，还在于为社会培养出敢想敢干的创新型人才。在开展职业教育的过程中，行业企业的参与不可或缺。因此，注重行业企业的技术支持和行业指导是职业教育教学能够成功的重要基础。在"双高计划"建设进程中，高职院校与行业协会之间应当建立深层次的协作机制，坚持行业办学体制，构建和行业合作共建机制，从而推动高职院校产教融合体制机制的平稳建设。可以说，这一点至关重要。具体而言，产教融合就是需要高职院校与行业企业之间能够做到共商、共育、共担、共享。所谓共商，指的是高职院校和行业企业之间应当就产教融合的开展模式进行共同商议。所谓共育，指的是高职院校与行业企业在产教融合合作教学的过程中应当共同开展人才培育工作。所谓共担，指的是高职院校与行业企业在产教融合合作教学过程中应共同承担人才培养责任。所谓共享，指的是高职院校与行业企业两者共同享有产教融合人才培养的胜利果实。之所以要在高职院校与行业企业产教融合的合作过程中采用共商、共育、共担、共享的教育模式，就是为了提高高职院校以及行业企业在产教融合合作教学中的积极性。[①] 当然，共商、共育和共担、共享仅是高职院校与行业企业合作开展产教融合教育的一个设想，具体的合作方式还要从体制机制的建设角度出发。关于高职院校以及行业企业产教融合合作的制度建设，可以从整体混合所有制和局部混合所有制两个角度出发。所谓整体混合所有制，指的是在开展产教融合教育教学的过程中，将高职院校与行业企业进行全面整合，形成一套以高职院校为主导、行业企业广泛参与的有机体系。高职院校需要打破自身以往传统的教育理念和人才培养方式，行业企业要依托自身较为成熟的产业体系主动融入社会人才的培养与建设之中。可以

---

① 　张学英. 美国高校创新创业教育的促进机制研究 [J]. 职业技术教育,2017,38(09):66-71.

说，整体混合所有制不仅是一种高职院校的教育变革，还是一种行业企业的发展变革，二者只有完全彻底地转变以往的发展模式，才能创新性地打造出一种新的社会人才培养模式和企业发展模式。对于企业而言，可以理解为依托高职院校的人才培养平台，发展和培养属于企业自己的人才。对于高职院校而言，可以理解为依托企业的土地建筑、人才资金等优势，为社会培养出更加契合社会发展与需要的可用人才。所谓局部混合所有制，指的是在开展产教融合人才培养的过程中，高职院校和行业企业之间各自依然秉持以往的传统发展模式，只需要将各自在人才培养方面的优势发挥出来即可。具体而言，高职院校重点发挥自身在人才教育培养方面的学历教育、专业教育以及职业教育作用，而行业企业则重点发挥自身在人才培养方面的技术支持、产业支持、资金支持以及平台支持等多方面作用，从而为高职院校的人才培养工作提供支撑。就当下的发展形势而言，在产教融合教学发展的过程中，局部混合所有制的发展模式更为可行。因为整体混合所有制牵涉的变化层次较深且变化内容较广，当前尚未达到全面深化改革的条件。当然，局部混合所有制的产教融合开展模式同样不轻松。这就需要充分发挥政府的引导性作用以及行业协会的协调性作用，带头组织并配合好高职院校产教融合教育教学工作有效开展，从而推动产教融合教学工作的发展与进步。

就业质量是衡量职业教育办学质量的一个重要指标，现代职业教育办学普遍以就业、服务、市场需求为导向。数字经济需要什么样的就业是当前职业院校亟须思考的问题。职业教育由于专业针对性强，就业率整体较高。职业教育旨在培养技术技能型人才，推进职业教育发展，一方面解决当前社会用人所需，另一方面为将来产业发展打下稳固基础。在新一轮的科技革命与产业变革背景下，职业教育的机遇与挑战并存。2013 年职业教育市场规模为 6016 亿元，2017 年增至 7681 亿元，预计 2022 年将突破 10000 亿元。当前，国家对职业教育给予大力扶持，教育机构将提供更全面的服务，为学生的职业发展提供帮助。例如，向难以支付学费的学生提供贷款服务、定制就业建议及职业咨询服务帮助学生找到工作，等等。2019 年，中华人民共和国人力资源和社会保障部（简称国家人社部）发布人工智能等 12 个新职业。新职业产生于技术进步、产业升级、企业用工的迫切需求。面对新职业人才奇缺、劳动者数字技能不足的现状，职业教育亟待推进数字化转型，从而实现人才培养有效对接市场需求。持续提升劳动者数字技能要从以下五个方面入手：强化数字教育、加强数字技能培训、建设终身学习数字化平台体系、创新人才培养培训模式、吸引社会力量参与数字人才培养培训。中等职业教育是在高中阶段进行的职业教育，是技术技能型人才培养的基础阶段，也是培养技术技能型人才终身学习的起点。高等职业教育培养的是掌握高新技术的技能型人才，要在专科阶段为培养卓越工匠型技术人才打好基础，夯实技术人才的知识结构、技术结构、技能结构。我国高职院校拥有的学生规模非常大。随着技术的不断发展和行业的升级，人才需要接受更多最新的培训。鉴于以实践为导向的性质和线下、线上以及线下与线上结合等多种教学方式的可用性，预计职业技能教育提供者未来将更具吸引力。职业教育的人才培养要适应生产方式变革和科技进步，对接高端制造业和制造服务业，为生产、服务一线培养技术技能型人才。新基建需要的就是大专以上文化程度、有数字化能力的高端生产一线技术技能型人才。

第一节　高职院校开展就业创业教育的必要性

社会进步需要创新，而经济发展与社会进步则需要创业这股强大的力量进行推动。2014 年，李克强在达沃斯论坛上首次提出了"大众创业"的概念。在 2015 年的政府工作报告中，他进一步对推动大众创业进行了着重强调。时代的迅猛发展与科技的突飞猛进让现代企业明白，只有高技能、高素质的人才才能保证企业在激烈的市场竞争中拥有绝对的竞争优势。为社会输出高技能人才，高职院校义不容辞。因此，在实际教育教学中，高职院校需要也有必要将创新创业教育渗透其中。

一、高职院校教育模式的需求

高职院校技术技能型人才培养实践有三个特点：①国家级或省级示范性高职院校是培养技术技能型人才的主体；②高职院校技术技能型人才培养的试点专业绝大多数是理工科专业，且这些专业均为高职院校的示范性专业或重点专业；③从人才培养的模式来看，分为"1+1"组合式及"量身订制式"人才培养模式。这两种模式在实践中并行。所谓"1+1"组合式模式，就是以"普通高职院校人才培养实践"为表征的"元素"，再加上以"高职院校人才培养实践"为表征的另一种"元素"。试点高职院校在进行人才培养时，在原有人才培养模式的基础上增添了普通高等院校的各种人才培养元素，这一点可以从招生对象、录取批次、课程设置、课程实施、考核评价模式与要求等方面进行分析。[①] 一是招生对象。以往高职院校人才招录的对象主要为愿意学习和掌握一技之长的社会学员，现在的试点高职院校的招录对象正在向普通高中学生的方向转变，并且部分试点高职院校已经转型成仅招收普通高中生源。二是录取批次。现在的试点高职院校已纳入高中生的报考体系，且属于普通本科二批次。三是课程设置。以往的高职院校主要以专业技术培育为主，现在的试点高职院校新增了公共基础课、专业基础课等课程内容，人才培养的模式不再拘泥于学生的专业技术，还拓展到学生的专业素养和基础知识方面，以提升高职院校学生的综合水平。四是课程实施。在以往的高职院校课程实施中，理论教学与实践教学相分离，现在的试点高职院校则将二者进行融合，集理论与实践于一体。五是考核评价模式与要求。考核评价模式与要求是决定高职院校人才培养品质的重要基础，对人才培养的结果至关重要。以往的高职院校专业评价模式与要求偏向形式主义，现在的试点高职院校则不同，不仅设定了规范的人才专业评价标准，还执行得较为严格。例如，专业课程考试必须达标、英语四级考试必须达到 425 分等。这些都是当今试点高职院校对专业评价模式高标准与高要求的重要体现。

以上所述试点高职院校的特点仅属于"1+1"组合式人才培养模式中的"1"部分，另外"1"的部分则是指高职院校培养的人才对所学专业技术的具体实践能力。这一点同样体现在课程设置、课程实施、专业评价模式与要求等诸多方面。一是课程设置。试点高职院校在公共基础课、专业知识课的基础上强化了对学生专业实践能力的培养。这种实践并非仅指专业课程实践教学，还包括校外实践培训。试点高职院校的培养重在为社会输出直接可用的专业技术型人才，所以必要的专业技术实践必不可少。这可以说是试点高职院校的主要特色。二是课程实施。课程实施是对课程设置的重要展现。试点高职院校不仅为学生提供了大量的实训课，还积极组织学生参与到行业企业或者社会工厂中进行实际操作，锻炼和提升学生自身的专业技术应用能力。三是专业评价模式与要求。试点高职院校在对学生进行评价与考核时，除了从文化科目角度对学生进行理论知识考核之外，还需要从专业技术实践应用角度出发对学生进行考核。这既是一种双师型的教学模式，也是一种双向型的考核评价体系。此外，试点高职院校的理论知识教学及专业技术教学之间并非独立存在，而是相互交

① 张正余 . 高职院校大学生创新创业教育策略及反思 [J]. 长江工程职业技术学院学报 ,2020,37(01):24-27.

融，既可以在理论知识教学的过程中融汇专业技术教学，又需要在专业技术教学之中融汇理论知识教学，二者相互贯穿、共为一体。

当今的高职院校办学不仅面临着体制转换困难的问题，还需要从专业特点的角度出发，建立多元化的产教融合教学体系，以提升高职院校人才培养的效果和质量。一般而言，高职院校的人才教学包含诸多专业内容，如医药、旅游、外事服务、汽车运行与维修、机电、电子技术、计算机技术等。这些专业分别从不同方面对高职院校的人才培养教学提出不同的要求。同时，当今的人才培养不仅专注于理论知识与技能水平，还包含科学研究、文化传承以及综合素养等多方面的融合。此外，高职院校在人才培养工作结束之后，还要对学生未来的就业与创业进行谋划。这也是关系学生未来生存的重要基础。因此，高职院校在教授学生专业理论知识与实践技术能力时，还需要加强知识教学、技术教学与现实社会之间的联系，为学生未来的就业与创业做好充分准备。特别是在"大众创业，万众创新"的号召下，努力引导人才创新创业，并且在创新创业的基础上扩大就业，也是高职院校培养人才的应尽职责。开展校企合作模式的产教融合教学，正是在加强学生理论知识基础与专业技术实践应用能力的同时，帮助学生了解不同专业的行业背景及市场现状，从而为其就业创业打下基础。但是当今的校企合作、产教融合教学尚处于摸索阶段，校企合作方式方法、产教融合教育教学工作的具体开展仍处在积极实践中。由此可以看出，未来在职业教育改革实施中开展的本科层次职业教育试点和过去所开展的诸如四年制的本科技术技能型人才培养的实践相比，仍然有很大的改革空间。其中有两个很重要的特点：第一，绝对不再只从应届毕业生中寻找生源；第二，绝对不会再生硬地照搬本科人才培养模式来开展本科层次的职业人才培养。因此，高职院校还需要深入地分析改革的思路、改革的目标和改革的要求。

二、时代发展的需求

自党的十八届三中全会召开以来，我国高职院校为适应社会需求，针对创业体制机制提出了诸多要求。例如，迫切希望有关部门对创业相关的优惠政策进行完善，经济发展应满足创新劳动关系协调机制的整体要求等。从近些年对我国各省、市人才市场的具体调查情况来看，人才市场供需矛盾日益尖锐。可以说，学生实际就业状况充分反映了高职院校教育教学质量的优劣，现代社会也将学生就业率作为衡量学校整体水平的主要标准。在此情形下，高职院校须牢牢把握教育教学的优势，不断为莘莘学子探索出有益的就业途径。这也是我国高职教育机构当前必须正视的难题。基于此，现代高职院校需将提升学生创业就业能力融入教育教学中。任何一个时代的前进与发展，都需要大量的人才作为重要的推动力，这些人才不但要拥有非常扎实的文化理论知识与良好的职业技能，还要学会在社会实践中充分发挥自身才干，对储存在自己知识体系内的原有技能和知识进行不断更新，这种更新速度要与社会发展的速度相匹配，才能有效推动社会的发展和时代的进步。就当前而言，我国高职院校每到毕业季都要向社会输送一大批毕业学生。查阅已公开数据发现，我国高职院校应届毕业生在 2018 年的数量为 820 万人，2019 年为 834 万人，2020 年为 874 万人，保持逐年递增趋势，这让毕业生倍感就业压力。在这些人员中，选择直接就业的人数将近 30%，但是选择自主创业的人数不足 4%，甚至还有部分学生压根儿没想过毕业之后的就业方向。新冠肺炎疫情以来，我国就业受到了一些冲击。2020 年 3 月，全国城镇调查失业率为 5.9%，就业形势较往年更加严峻。2020 年是一个比较特殊的年份，新冠肺炎疫情的肆虐使各行各业受到不同程度的影响，根据我国人社部公布的最新数据资料，2020 年我国城镇 1 月份到 5 月份新增就业人数高达 460 万人，而失业再就业人数有 166 万人，同时还有 55 万人面临着就业困难等情形。

我国高等教育发展水平与高等教育类型密切联系，近些年，高等教育已转变了以往的精英教育形式，逐渐走向了面向大众的教育。但是，在普及高等教育的过程中，却没有及时调整高等教育的主要结构与类型，如学术型教育依然是很多高职院校采取的教育模式。这给我国高等教育的发展带来了制约。高职院校的学生接受过高等教育，在社会就业形势下，开展创业就业教育不仅可以大力提升高职院校学生的生存能力，还可以让其时刻保持竞争意识，不断提升创业能力，让其更好地服务于社会与经济。同时，高职生近几年的实际就业状况并不十分理想，在社会供需矛盾日趋凸显的同时，高职院校有必要将创新创业教育纳入其重要教学范畴，加大力度培养学生，从而使学生将所学知识通过创新创造转化为自身能力，成为社会需要的人才，这样也更能体现出新课改所提倡的以人为本的教育价值取向。高职院校学生在毕业后只有能为社会提供更有效、更持续长久的服务，才能促进高职院校教育质量的提升。高职院校毕业生具有高端知识储备，是推动社会进展的主要力量。当前我国诸多高职院校都构建了就业创业相关教育体系，这些体系为毕业学生解决个体就业问题创造了有利时机，同时毕业学生还可以借助这个体系不断提升自己、充实自己，用知识武装自己的头脑，使自己更具有创新意识与实战能力，在不断学习、不断成长中，部分毕业生必然脱颖而出，成为某个行业、某个项目的主要带头人与骨干力量，这些力量在推动整个社会经济发展的过程中起着举足轻重的作用。

三、满足个体发展的需要

高职院校开展创业就业教育，有利于学生正确认识自身存在的不足，促进其不断对自我进行完善，不断学习更多知识，不断提升自己，从而实现社会价值。我们应该看到当前社会就业的严峻形势，我国是一个人口大国，具备不同受教育程度、不同知识能力、不同创新意识的人必然会面临不同的选择。高职院校学生通过学校教授的就业教育理念，可以变压力为动力，挖掘更多的创业渠道。同时，通过近些年对高职院校生就业工作状况的调查发现，部分学生在面临就业时容易出现消极心态，要么根本不愿意就业，要么思想上倾向于主动失业。本书主要对"90后"高职院校毕业生进行调查，不愿就业的学生大体可以分为如下几类。

（一）落差派

这类毕业生主要包括升学族、就业恐惧族及执着族三类。首先是升学族，即毕业之后压根不考虑找工作，而是将全部精力放在升学中的人群。他们迫切希望通过继续教育使自身的综合能力得到提升，升学之后或者寻找自己比较心仪的工作或者申请出国。升学族普遍认为，获得更高一级的学位后，找到理想工作较为容易。其次是就业恐惧族，即毕业生对社会的复杂职场环境与就业压力产生莫名的恐惧感，思虑过多，总是担忧很多事情发生，因而毕业之后不愿意选择就业也不愿意直面就业压力，若任由这种心理肆意发展，最终就会演变成对就业的逃避。比如，不少"90后"的高职院校毕业生普遍没有明确认识到自己所应该承担的社会责任。因此，自身的惰性导致在遇到问题时表现为明显的退缩，抗压抗挫能力比较弱。现代互联网络通信技术便捷，"90后"高职院校生思想比较前卫而且易于接受新生事物。他们通过网络进行虚拟沟通，久而久之也适应了这种沟通方式。然而，在毕业后学生不得不面对复杂的职场关系，他们比较缺乏人与人面对面的社会交际与沟通能力，这种情形不仅在工作中比较突出，而且在现实生活中也比较明显。因此，很多学生不能在毕业之后快速进行角色转换，心里非常惧怕进入职场环境。此外，"90后"毕业生群体在没有家庭经济压力的前提下，整体呈现出就业动力不足等具体现象。最后是执着族，即毕业生毕业之后宁愿耗费较多时间去找让自己比较称心如意的工作，也不愿因为生活压力和社会压力而屈就自己，即便处在失业的状况也不愿意选择自己不如意的工作。例如，很多"90后"高职院校毕业生对就业期待过高，而且本身的主体意识过强，在毕业后也没有全面分析就业市场的真实情形，以至于自身定的职业目标过高，固执己见，对设定的目标不轻易改变。上述种种因素，造成了"90后"高职院校毕业生主动失业。

（二）斜杠族

斜杠族可以说是一个新生词，是指不拘泥于一种职业或者一种身份的社会群体。当然，这种不拘泥于一种职业或者身份并非臆想，而是落实在实践行动之中。斜杠族出自美国作家迈瑞克·阿尔伯撰写的《双重职业》一书。通过《双重职业》这本书的名称，我们也就能够大概了解斜杠族的具体含义。因为斜杠族主要流行或者存在于社会青年群体之中，所以斜杠族又被称为"斜杠青年"。斜杠青年社会群体的产生并非偶然，而是社会发展的结果，受诸多主客观条件因素影响。可以说，斜杠族是一种新兴的职业模式，这为高职院校人才就业与创业工作的开展开辟了一条新的道路。众所周知，当今时代的就业压力相对较大，创业更是艰难。斜杠一族的产生能够在一定程度上帮助高职院校减轻就业压力，同时也为高职院校学生提供了一种新的谋生途径。下面笔者就从斜杠青年的视角，分别从个人、家庭、学校以及社会四个层面进行调研，为高职院校就业与创业工作的开展提供人才培养指导策略，以供参考。

随着国家教育改革工作的不断开展，当今时代的高职院校毕业生人数逐年递增。据调查统计，2019年的高职院校毕业生人数相比2018年多出十余万人。这一数据非同小可，因为2018年的高职院校毕业生就业压力已经非常之大，2019年的就业压力更为严峻。除了研究高职院校毕业生的就业压力，我们还需要对具体的毕业生就业困境进行分析。据调查了解，当今的高职院校毕业生就业普遍面临以下问题。

一是注重自我价值的实现。而今的就业环境不同以往，学生需要依靠学校辅助实现就业，当今的高职院校毕业生更倾向于自主就业。当然，这并不是表示当今的高职院校毕业生主动放弃高职院校所组织的就业机会，而是并不主要依托于学校的就业安排。从数据统计角度出发，如今高校毕业生中，希望通过自主就业的学生人数占比在44%左右。这一数据也从侧面说明高职院校组织安排的就业并不能满足学生的就业需求。该部分毕业生并不期望参加高职院校所组织的就业活动，主要是因为他们在努力学习专业理论知识与技术的同时，还在积极拓展自身的其他技能，而且很有可能会将自身所学习的其他技能作为自身未来就业的主方向。调查显示，在学习本专业理论知识与专业技术的同时，还在积极探索其他领域知识的高职院校学生占比在60%左右。当然，拓展自身的专业知识与技能并非术业专攻，而是可以丰富自身的就业道路。如此一来，斜杠一族就产生了。在是否愿意从事双重职业或者多重职业的数据调查中，87%的高职院校学生表示愿意向着斜杠一族的发展方向转变。当然，向着斜杠一族的方向转变并非仅仅取决于高职院校学生的就业意向，同时还取决于当今社会的就业压力。我们知道，当今时代的高职院校毕业生不仅需要解决自身的生存问题，同时还面临着还房贷、还车贷、结婚、育子，以及赡养老人等诸多问题。这种生存压力迫使高职院校学生不得不拓展自身的工作范围，以赚取更多的收益。从某种角度而言，斜杠一族在高职院校学习期间就开始丰富和拓展自身的多方面专业技术能力，这本身就是一种自我投资。这与高职院校开展人才培养工作的人才投资并无太大差异。

正如前文所论述的马克思主义的两种生产理论，无论是高职院校所提供的人才培养，还是学生自身所开展的自我价值培养，都是人的智力的提升与再生产。这为学生未来的就业与创业提供了重要的发展路径。特别是当今时代新兴行业发展与技术不断更迭与创新，为高职院校学生的斜杠化发展提供了很好的契机。高职院校学生可以在丰富多元的市场环境中根据自身的兴趣爱好以及具体可行性进行不同的尝试，从而也就能够呈现出各种不同的身份。当然，这种斜杠一族的身份转换并不适用于各行各业，也是存在一定限制的。一般而言，斜杠一族可以在摄影、写作、家教、小时工、配送员、旅游、代购、编程、心理指导、直播、短视频、自媒体等范围中进行选择。随着网络的普及与逐渐发展，从事网络行业为主的斜杠一族人数最多。

纵观当今的多媒体行业平台，能够在微信公众号、抖音、快手、哔哩哔哩等网络平台一展身手的高职院校学生大有人在，甚至许多高职院校学生已然成为各个平台甚至整个网络的红人。衍生斜杠一族的一个重要因素在于高职院校学生对于自身所选择或者学习的专业不满意。一般而言，高职院校学生所学习的其他相关技能主要还是倾向于自身的兴趣与爱好。高职院校学生在进行专业选择时缺乏自主性，而且对于未来的行业就业并不十分了解。通过高职院校的学习以及与社会外界环境的接触，他们对自己的兴趣爱好点更加清晰，从而在学习本专业技术知识的同时也在悄悄提升着自身在其他方面的专业技术能力。

调查显示，当今的高职院校学生中，对自身所学专业不满意的人数占比约为65%。多半存有转专业的想法，但是受学校制度及时间等多方面因素的限制，并不能完全按照自身的主观意愿进行选择。[①] 因此，这部分高职院校学生会通过选修、自学、参加培训等多种方式进行悄无声息的转化。造成学生对自

---

① 蔡华.就业视域下高职学生创新创业教育研究[J].科技经济市场,2018(12):139-141.

身专业选择不满意的因素有很多，除了以上所阐述的专业认知不清之外，还有专业遇冷或者就业前景渺茫等因素，这就使得他们不得不进行专业的自我转化。

二是随着高职院校学生对所学专业研究的不断深入，高职院校毕业生逐渐发现毕业后所选择的工作行业与自身不相符，这也是影响学生专业选择的重要因素。

三是虽然高职院校学生尚未毕业和参加社会工作，但是其受互联网因素及社会因素的共同影响，他们发现了自身更为感兴趣或者说更加适合自身发展的行业，因而他们要转变自身所学的主专业。以上因素并非单一存在，而是相互贯穿，甚至还有部分学生受斜杠一族风潮的影响，开始主动加强自我学习。正所谓"技多不压身"，高职院校学生能够以各种不同的方式丰富自身多方面的专业知识与技能，无论是对于个人还是社会都会形成很好的促进作用。

四、高职院校人才培养方案制定的源头性缺失

高职院校在开展人才培养方案制定时存在诸多不足，外加实际教育条件及环境等多重因素的影响，高职院校人才培养教学存在诸多失位。这些不足与失位不仅严重影响了高职院校教育教学工作的有效开展，同时还会降低高职院校人才培养的效果与质量。笔者结合多年的高职院校教学经验，针对高职人才培养方案制定中的源头性缺失进行深入分析和总结，现做如下阐述。

（一）源头性缺失整体降低了方案的可执行性

首先，我国开展教育工作已经有上千年的发展历史，在教学工作的具体开展方面已经积累了相当丰富的办学经验，但是依然存在着较大的不足。这些不足直接影响着高职院校人才培养的成果。其次，高职院校教学的源头性缺失除了自身固有的不足之外，国家的教学形式及社会环境也在发生着不同程度的变化。这同样成为高职院校源头性缺失的重要因素之一。具体而言，高职院校教育教学的源头性缺失主要包括制定主体、管理规范以及管理细节三方面内容。造成高职院校在制定主体、管理规范以及管理细节等方面不足的原因有很多，下面逐一分析。[①] 我们知道，教学计划是由国家教研室设计的，国家教研室所制订的教学计划具有统一性。这些教学计划反映到高职院校的现实工作中则又会出现诸多方面的问题或者障碍，进而影响最终的教育成果。但是，如果将教

---

① 何瑛,培训谦,周迎春,等.高职毕业生就业情况的调查与思考[J].当代教育理论与实践,2011,3(12):120-122.

学计划进行分门别类的设计，又不太现实。统一的教学计划设计与现实高职院校教学工作中的不对称，使高职院校教学工作难以顺利开展，也就降低了方案整体的可行性。最后，高职院校教师在按照教研组制订的教学计划开展具体的教学工作时，受自身认知水平等因素的限制，未能完全按照教研组制订的教学计划开展落实。这也是降低方案可行性的另一重要因素。从管理规范角度出发，高职院校的教育管理规范虽然条例清晰、内容全面，但是并不契合学校管理实际，自然也就难以切实落实到高职院校的具体管理工作之中。诸多高职院校在面临具体的问题时，本身也很少关注框架式学院管理内容的应用，而是在遇到具体的问题时对现实环境及各方面因素进行分析，没有将管理规范的指导性作用发挥出来。从管理细节角度而言，高职院校所面临的各种具体性事务纷繁复杂，而且还会存在诸多不在高职院校预定的制度框架范围之内的事务。这也是高职院校在自身制度设计方面的重要缺失。此外，通过比较诸多高职院校的教学计划、教学方案、管理规范等内容可以发现，不同高职院校的源头性设计内容基本相似。由此可以看出，高职院校在进行源头性方案设计时，不是相互"借鉴"，就是参考拼凑，这种不加以深入分析与研究的源头性设计内容自然也就难以在高职院校实际教学管理中发挥实质性作用。

（二）调研缺失影响了人才培养定位的准确性

首先，当今时代的教育发展是一种双向性的发展，而不再是单向性的以学校教育为主体的教学。我们知道，当今时代的学生自主性较强，外加知识教学来源丰富性的影响，高职院校在开展知识教学和人才培养时，不仅要从课本知识教学的角度出发，还要从学生的角度出发，研究能够契合学生学习的模式与方法。如此不仅能够丰富和拓展高职院校的教学形式，还能提升高职院校人才培养的水平。但是，如何才能了解和掌握当今时代人才培养的方法并提高人才培养定位的准确性，则需要高职院校有针对性地开展深入的调查与研究。当前，高职院校对于人才培养定位的调查研究主要还是倾向于对国家政策导向及区域发展趋向进行研究，而忽视了对专业行业以及行业企业的调查与研究，这也就导致高职院校教学在一定程度上形成调研缺失。不能把握具体的市场行业发展及就业现状，这种教学无异于盲人摸象，对高职院校人才培养的定位自然也就难以做到精准把握。采用这种教学形式所教育出来的学生不能与社会行业的具体发展相匹配，也就极有可能造成毕业即失业的情形。其次，正如前文所述，高职院校缺乏对学生学习方面的研究，而是继续按照自身对教育教学的理解和教材版本的规划开展教学，如此不利于教学效果的提升，具体的人才培养效果自然也就会大打折扣。再次，部分高职院校虽能够认识到自身在人才培养定位方面的缺失，也进行了相应程度的社会调研，但是调研结果不够深入，最终的人才培养定位也不够精准。尽管如此，这也是高职院校在优化人才培养方面所进行的尝试，仍值得宣传与推广。同时，我国当今正处于大数据的发展时代，但是高职院校却普遍缺乏大数据意识，自然也就不能通过大数据的方式进行人才培养定位分析。无论是理论知识教学还是人才实践培训，大数据都是提高高职院校人才培养定位准确性的有效方法。高职院校应当加强对大数据的学习与应用，利用大数据调研高职院校学生的就业意向、学习意向、社会发展，然后再与高职院校的教育教学相匹配，从而提升高职院校教育教学的水平和质量。最后，人才的定位与培养不仅是高职院校自身的责任，同时也是整个社会共同的责任。但是，高职院校缺少对自身师资力量、教学条件以及校外资源的有效分析与利用，因而也就降低了高职院校教育教学工作开展的有效性。从某种程度而言，人才培养定位方面的缺失同样可以归属为源头性缺失的范畴，其最终所造成的影响必然是人才培养目标错位与人才规格的失位，进而影响高职院校人才培养的最终成果。高职院校就业创业相关体制机制的构建，仍然受到传统模式的影响，一方面政府和学校各自职责不明确，用人单位和毕业生就业方面存在一定的脱轨现象。另一方面，由于信息不对称、交易不公平、人才市场需求信号不清晰、信息传递渠道受阻，人才市场和用人单位不能清晰表达自己需要什么样的人才，政府部门和行业缺乏有效的人才规划，劳动力市场需求侧与高职院校供给侧二者没有形成有效的对接。因此，要指导高职院校的人才培养方向和目标就更无从谈起。这必然导致高职院校的专业人才培养只能闭门造车，产业需求侧与人才供给侧"两张皮"问题突出，培养目标和用人单位实际需求有很大差别，加上知识更新慢、教材陈旧，学生毕业后实际就业能力弱，无法适应企业发展需求。

（三）见地局限撼动了校外企业专家的地位

首先，高职院校为了进一步提升人才培养的效果和质量，通常会邀请一些校外企业专家举办讲座或者直接指导，但是最终所取得的效果却不尽如人意。这主要是因为校外企业专家受自身认知及见地的限制。虽然校外企业专家均属于某一领域的翘楚，对于该部分专业知识的研究也颇为深刻，但是其所具有的专业的内容仅局限于自身所了解的一个具体方面，而不能从整体产业及行业宏观背景角度进行独到的分析。其次，校外企业多属于商业性质，与高职院校的人才培养不同，他们对于教育教学工作的具体开展方式亦不清晰。这也就进一步影响校外企业对高职院校学生开展教育教学的效果。再次，校外企业专家的日常工作较为忙碌，对于高职院校教育教学多依托于现场发挥，这就导致校外企业专家难以进行系统化的专业知识介绍。最后，校外企业专家在向高职院校学生进行专业讲解时，普遍从自身的角度出发，认知相对较为局限。由此可见，通过邀请校外企业专家的方式并不能从源头弥补高职院校在教育教学中的不足。当然，这也不是全面否认校外企业专家的存在价值，而是需要对该模式进行更深一步的研究与设计。

（四）站位不高拉低了教学方案的整体高度

教学方案的设计是高职院校教育教学工作开展的具体指导，但是如果高职院校在制定教学方案时站位不高，那么对教育教学工作的指导效果也就会大打折扣。现今的高职院校在进行教学方案设计时，缺少对人才培养具体方案的高度认知。比如，对于培养什么样的社会人才、如何培养等问题并不能形成较为清晰而准确的认识。而这些都是影响高职院校教学方案制定的核心与关键。在缺少明确的人才培养规划的情况下制定的高职院校教学方案难以发挥出实用性的指导效果，甚至还会对高职院校的人才规划、课程内容设计、人才培养方式等产生消极影响。人才培养的战略指导方案对高职院校整体人才培养发挥着至关重要的作用，但是因为高职院校对于教学方案的不够重视或者因为高职院校教学方案设计人员的水平、经验有限，导致教学方案的设计不能达到人才培养教育指导的应有高度。受此影响，高职院校教师在开展具体的教学工作时，其教学效果也会有一定落差，进而拉低了高职院校教育教学的整体水平。

（五）制度缺位降低了管理带来的现实影响力

制度缺位并不是指高职院校的教育教学缺乏制度性的管理，而是指高职院校的教育教学管理缺乏严密性和规范性，导致高职院校的教学规划不能按照预定的方式开展。制度缺位所带来的影响相对比较大，因为这是高职院校教育教学能否发挥最终作用的关键。造成制度缺位的原因主要有以下四个方面：一是专职管理人员未深入解读高职院校制定的教育管理规范，从而使其他工作人员不能对高职院校所制定的管理规范形成清晰而明确的认识与了解。从这一点而言，这是专职管理人员的失职。但是，诸多高职院校普遍存在这一状况。究其原因，专职管理人员认为管理规范内容表述已经较为清楚，不需要自己进行特别性的说明，否则很有可能被认为是好为人师。二是高职院校所制定的各项管理规范、制度往往缺乏深入调研，而多是通过网络或者其他形式对兄弟高职院校的管理规范进行借鉴，从而使得所制定的高职院校管理制度不切合实际。这也是造成高职院校制度缺位的重要因素。一旦高职院校所制定的管理规范、制度脱离实际，最终必然使规范制度形同虚设。三是教学方案的制定流于形式。一般而言，高职院校在制定教育管理制度时，需要经过层层审批。但是当今的高职院校在制定教育管理制度时，虽然流程环节未曾缺少，但是，相关领导部门并没有对其进行严格审查，从而导致教育管理制度的设计缺乏科学性。四是缺少制度性的监督与保障。高职院校在制定教育管理制度之后，需要对教育管理制度的落实进行严厉的监督和审查，并制定相应的责任追究制度，加强监管，以保证教育管理制度的落实效果。

（六）认知偏差埋下日后教学实施的执行隐患

认知偏差指的是高职院校在开展人才培养工作时，不能与学生专业知识及实践技能的学习高度一致，这也就使得高职院校的教育教学工作的开展具有一定的盲目性。具体而言，高职院校教育教学的认知偏差主要存在于以下几个方面：一是过度追求创新，即高职院校在开展教育教学工作时，盲目开设一些较为偏门的专业课程，与学生未来的就业创业内容不匹配。这既是对教学资源的浪费，也是对学生主体的不负责。二是将关联不大的教学内容结合在一起。高职院校为了凸显自身的教育改革力度，将一些关联性并不是很大的教学内容硬性组合在一起。这种教育改革属于形式化的改革，而不属于真正的能够发挥实际效用的改革。三是高职院校为了提高学生的社会就业率，专门开设一些与社会行业相对接但与教学内容关联不大的课程。这种教学科目的开设不仅缺乏专业的理论支撑，而且难以为学生所接受，最终的教学效果自然不佳。四是过分注重教学实验课程的开设，仅注重对学生实践操作能力的培养，而忽视了理论知识的教学，从而使学生仅能够掌握基本的实践操作方法。五是教学内容不成体系。高职院校在开展教育教学工作时，往往会对教学内容进行体系化的设计，不同的教学内容之间及教学环节之间环环相扣，但是部分高职院校的专业教学却忽视了体系化的设计，从而使教学不够系统或者有头无尾，不利于学生对所学知识内容的深化理解。

五、高职院校人才培养方案实施的监管性失位

高职院校人才培养方案的实施是将教学规划进行落地的过程，其实施的结果直接影响着高职院校人才培养教学的最终效果。因此，高职院校人才培养方

案监管工作的有效开展极为必要。一般而言，高职院校人才培养方案实施的监管性失位会产生如下影响。

（一）规范缺失难以对方案调整做出有效约束

首先，就现实状况而言，高职院校在制定教学规划时往往不够细致，面对同一部分内容可以做出多种合理的解说，从而也就不能对教育教学工作的有效性开展提供指导。具体而言，高职院校在制定教学方案规划时，往往会根据现实情况进行，这种规划虽然能够高度概括不同教学内容的方方面面，但是过于笼统，并不能对教育教学工作的开展提供指导。其次，部分高职院校在制定教学规划时经常变动，从而产生一种"乱指挥"的现象。频繁的教学规划变动不仅不能对高职院校的教育教学形成有效指导，还有可能阻碍教学工作的具体开展。此外，频繁的教学规划变动容易造成教学工作者的不重视，毕竟朝令夕改本身也表示高职院校在教学方案制定方面的草率。

（二）监管缺位难以让严格执行成为管理现实

监管的作用在于监督教育教学工作的具体落实情况，一旦监管缺位则容易出现执行不到位的后果。比如，在选择高职院校教师时，部分高职院校采用的是教学经费包干的制度，但是在具体的落实过程中却出现降低课程频次、增加课程时长等情况，其目的在于节省教育经费而转入私囊。特别是还有部分高职院校存在聘请校外低职称教师进行课程教学的现状，这些行为不仅不利于教学工作的开展，还会形成不良的教学风气，不利于人才培养最终目的的实现。另外，还有部分高职院校在征订高职院校教材时不是提前做好规划，而是在临近教材使用时才开展相应的工作，因为时间仓促等而减少教学评估环节，为部分企图获得私利的教师提供了可乘之机。此外，在教学实习环节，部分高职院校不仅不为学生提供实习机会，反而要求学生自己到社会之中寻找实习单位并且要求学生必须拿回实习证明，否则不发毕业证。还有，在学生毕业时的毕业论文设计环节，部分高职院校专门为学生选择一些较为宏观或者专业度较浅的论文题目，从而为学生网络抄袭提供机会。教师在对学生毕业论文进行审核时也是睁一只眼闭一只眼，"保证"学生通过。这种教学管理不仅不符合国家教育管理的规定，同时也是高职院校教育教学必须整改的乱象。以上所述仅为监管失位所造成的部分不良教学结果，但是由此管中窥豹，便可以明确监管失位对于高职院校教育教学产生的严重影响。

（三）现实局限难以为教学实施提供良好基础

高职院校教学工作的有效开展不仅需要良好的规划设计，更需要教学条件及师资力量做储备，因为这是保证高职院校教学工作有效开展的必要基础。然而，由于高职院校教学设施设备缺失、师资力量匮乏，影响了教育教学工作的有效开展和实施效果。总的来看，高职院校在教学设施及师资力量方面的不足主要体现在以下几个方面：一是高职院校在教学设施方面的投入不足，特别是在学生的实践教学环节，缺少足量的教学设施，不利于学生动手实践操作能力的加强。当然，并不是所有的高职院校普遍存在教学投入不足的状况，部分高职院校在教学设施方面的投入相对较大，但是这些教学设施未能达到工学结合的标准，不能满足高职院校学生学与做的一体化教学要求，反而徒增教学成本。二是高职院校教师的教学水平有待提高。这里所指的教师教学水平不够并不是指教学老师的知识储备不够，而是指高职院校的教学老师多为高职院校的留校毕业生，他们在专业知识方面或许并无欠缺，但却缺少相应的教学经验，不能很好地运用各种教学方法。这种教学欠缺不仅体现在知识教学的过程中，还体现在相关专业的行业发展及背景方面。因为高职院校学生在毕业之后即任教，并无校外企业实践工作的经历，对于专业所属行业的发展并不了解，自然也就不能准确地向学生进行讲解与介绍，这也是降低高职院校师资力量的重要因素。

（四）狭隘的部门观念无形中增加了教学实施难度

首先，狭隘的部门观念指的是高职院校教师在开展教育教学工作时，往往仅将自己的工作范围缩小到自身的职责范围内，对于相关的附属工作则置若罔闻。比如，教务部门工作人员仅负责专业知识的教学工作，而对于学生的素质培养及学生管理等事项则推给辅导员或者班主任，大有一副"事不关己，高高挂起"的姿势。这种"各人自扫门前雪，休管他人瓦上霜"的狭隘部门教学观念不利于各项教学管理工作的有效开展。其次，各项教育教学事务需要经过审批之后才能做，即使这是分内之事，只要未能得到明确的教学指令则弃置一旁。这种教学管理方式看似狭隘，实则是对教育教学工作的不负责任。这也是一种狭隘的教学观念，只是这种狭隘主要体现在利益上，而不是体现在工作上。我们知道，高职院校教学工作的有效开展属于一项系统性的工作，在这个过程中不仅需要主管部门的积极参与，同时还需要各级附属部门的有效联合，否则工作的展开就会极为困难。但是，正是这种狭隘的部门观念作祟，使得各项教学工作不能形成有效衔接。这种缺少部门与部门之间联合的教学管理方式对于高职院校教学工作的整体进度及教学质量均会产生消极影响。

（五）管理信息未能在反思中得到有效利用

高职院校教学工作的有效开展不仅需要教育管理部门加强教育规划、管理与监督，同时还需要加强教育反思。反思的作用并不在于找到管理工作中的问题，而是要吸取管理过程中的教训，再反馈到后续的教学管理工作中。但是，当今高职院校的教学管理过程却并非如此，大部分院校都是在问题发生之后进行反思，很少将反思的结果重新规划到教学管理过程中。比如，高职院校在开展产教融合教学的过程中，发现与校外企业的合作并没有帮助学生实现教学能力提升。这就需要反思原因，具体是因为学生没有努力实践，还是所合作的企业与学生的专业所学不相匹配，抑或是其他因素等。在反思之后，若高职院校仅是针对该专业进行相应的企业合作调整，而其他专业依然我行我素，那么这就是管理信息未能在反思中得到有效利用。这种教学管理方式不仅降低了教学反思的价值，而且也不利于高职院校各项教学管理工作的有效开展。正所谓"吃一堑，长一智"，但是高职院校的这种只有反思而不增长智慧的教学模式会使得其教学不断"吃堑"。

（六）结构性就业矛盾仍然存在

结构性就业矛盾指的是高职院校在开展教育教学工作的过程中，所开展的教学专业与学生的就业岗位不相匹配。这种不相匹配主要体现在两个方面：一是高职院校学生所学专业不符合就业需求，即社会中缺少相应的工作岗位；二是社会中虽然有此岗位，但是高职院校却没有与之对应的专业。调查显示，高职院校毕业生因结构性就业矛盾而导致失业的比例在47%左右。这是结构性就业矛盾中的一种体现形式。还有一种结构性就业矛盾指的是学生所学专业与社会就业岗位之间并无矛盾，但是高职院校培养出来的人才不能取得相应的资格证书，这也就再次形成结构性矛盾。基于此，落实责任主体协调各责任方职责对毕业生就业尤为重要。第一，高职院校要从认识上提高政治站位，以人才培养贡献度为目标，把就业指导思想贯穿于育人全过程，将招生、培养、就业反馈形成良好的闭环联动体系，打造一体化机制。第二，高职院校要创建就业工作"一把手"作用机制，学校主要负责人为就业工作的主要负责人，分管领导指挥工作，各个院系落实实际责任。推进校、院两级管理，健全就业工作协同推进的工作机制，让就业与招生、教学等方面密切结合，学工、团委和科研等机关部门通力合作负责。第三，指导教育工作力求精准，实施到位。不仅要解决共性问题，还要深入实际了解个性化问题从而一一破解。多年前，教育部明确提出落实机构、人员、场地和经费"四到位"的要求，因而各高职院校在教育教学硬件设施方面确实取得了较大的进步。我们也看到目前大部分高职院校都开设了如就业指导课程、职业生涯规划课程等培养学生的就业创业能力和意识的课程，同时通过开展与生涯发展相关的各项第二课堂活动进一步满足学生的多方面需求。但是很明显，大部分高职院校在面对个性化学生时，个性化教育仍然不足。

高职院校毕业生所面临的就业难问题，从本质上来讲是社会需要大量的具备一定知识储备且掌握专业实操技能的实用性人才，但现实的人力资源不能满足这一需求。随着高职毕业生毕业去向的多元化，他们可以选择继续升学，考公务员、事业单位等，也由于职业发展、职业期待、面试技巧、求职礼仪等求职各个环节的需求不同，现今社会上出现了毕业生慢就业、暂不愿就业、啃老、消极待业的情况。我们发现，传统的就业指导课程已经无法适应学生的发展，也不能满足学生深层次的需求。为了改善这一情况，进一步推动就业服务的完善和就业体系的构建显得尤为重要。首先，对负责就业指导的专任教师的素质提出了更高的要求，就业指导教师队伍需要更加专业化、职业化；其次，要根据学生的情况有效甄别，更有针对性地针对学生的个性化需求和问题提供具有针对性的就业服务和帮助；最后，要确保就业服务能够落实到学生个人，服务开展精准到位，能够实实在在解决学生所需，使学生真正获益。

第二节　高职院校就业创业教育的内容

高职院校与普通高等院校有着明显的不同，高职院校提供的是职业教育，这和普通高等教育相比是两种完全不同的教育类型，但却有同等重要的地位。在高职院校教育教学中，不同方向的核心概念由不同教育类型与教育层次决定。从理论上而言，基于相同教育特征的教育种类为教育类型，基于递进教育结构的教育范畴为教育层次。因此，教育类型与教育层次是两个完全不同的概念，只有逐步明晰教育类型中的教育层次与教育层次中的教育类型，才能更好地定位高职院校的教育与发展。若想准确认识和把握高职院校就业创业教育分类及其内容，要从以下方面进行：首先，要遵循人才培养规律和创业教育基本规律，对创业教育进行分类及内容设计；其次，要坚持系统的认识观，全面地、系统地设计创业教育内容，不可盲人摸象；最后，要坚持因材施教理念，根据学生个体特质的差异性，设计满足不同学生特质、不同需求、不同阶段要求的创业教育内容。基于上述三个认识原则，高职院校就业创业教育从类别上可以分为创业通识教育、创业专业教育和创业实践教育。

创业通识教育及其内容。创业通识教育是面向全体学生开展的以创新创业意识和精神培养为主的系列教育。高职院校创业教育的落脚点是教育，根本目的是人才培养。因此，就业创业教育要面向全体（100%）学生进行正确创业价值观引导，开展创业意识、思维、精神、品质和能力教育；进行正确创新创业理念引导，开展成长主体性、价值需求导向、知行合一、不断尝试等理念教育；进行创新创业基本方法培养，开展多种专创融合模式教育，引导学生实施创新创业实践项目。通过这些创新创业通识内容的培养，使高职院校学生具备一定的企业家精神。不管高职院校学生将来是做雇员，还是去创业做雇主，企业家精神都能够成为他们职业发展过程中的价值观、方法论和指南针。《国家职业教育改革实施方案》指出："随着我国进入新的发展阶段，产业升级和经济结构调整不断加快，各行各业对技术技能人才的需求越来越紧迫，职业教育重要地位和作用越来越凸显。"在我国进入新的发展阶段时，人口的发展变化是一个非常重要的因素。

创业专业教育及其内容。创业专业教育是面向少数有创业潜质或特质的学生开展的以创业型人才培养为目的的系统化、专业化的教育。学生个体职业特质是存在差异的，传统高职院校人才培养目标类型只有两大类，即学术研究型和应用型。从毕业校友多年后在职场成为人才类型的现状来看，除了少量学术研究型人才、绝大多数应用型人才之外，还有少数的创业型人才（占比10%—30%）。毕业校友职场成才类型现实说明，传统高职院校人才培养目标类型是缺失的，传统高职院校教育没有针对少数具有创业特质或潜质的学生。因此，当今高职院校创业教育要真正贯彻因材施教理念，对少数有创业特质或潜质的学生进行就业创业专业教育，为他们设计系统的专业培养内容，让他们有学习和选择的可能性。高职院校就业创业专业教育形式是多样的，可以探索本科专业教育、二学位专业教育、精英班专业教育、训练营专业教育等。要通过创业专业教育，为国家和社会培养一大批具有一定企业家精神的创业型人才。

创业实践教育及其内容。高职院校就业创业实践教育是面向极少数在校从事创业实践项目的学生开展的创业项目服务、指导与孵化的系列教育。受多种因素的影响，高职院校学生中总会出现少量在校期间自主创业或合伙创业的学生，目前很多高职院校在校生创业人数的比例在1%左右。学生在校创业，高职院校更应该把它理解为创业型人才的一种培育方式。对于在校创业的高职院校生，学校一是要给予鼓励，为他们创造良好的成长环境；二是在一定范围内为他们提供适当支持，包括场地、资金、技术等，为他们的成长创造一定条件；三是为他们提供专门的创业指导，配备专门的创业导师，进行专门的辅导帮助；四是对接一些资源，包括政府资源、校友资源、融资资源等，通过帮扶和专业化指导，帮助高职院校生创业项目成活和发展。

高职院校教学改革一要制定产教融合发展规划。政府主导，协调各有关产业主管部门根据教育实际、产业需求和社会发展水平，通盘考虑统筹制定中央和地方的产学融合教育事业发展规划。要建立政府指导、校企协作机制。明确政府、学校、企业的责任和义务，使协同推进产教融合成为行业的硬性规定和大家的共同任务。要指导行业发布人才需求。教育部门应当联合行业部门、行业协会、大型企业定期发布行业人才需求预测，制定行业人才评价标准，同时要求各高职院校及时更新人才培养方案，主动接受行业指导。要畅通校企通道。支持企业发挥办学需求主体作用，和学校一起共同探索专业共建、培养过程、教学方法等方面的创新变革之路。政府、企业和学校要创造条件提供机会，鼓励高职院校教师和学生主动深入生产一线，帮助解决具体技术问题，不断历练、提高、检验实践动手能力。校企通过协作，共同建设专业学科，共同建设专业课程，共同建设师资队伍，共同建设实训基地，形成人才共育、成果共享、相互促进、协同发展的新局面。二要建立产教融合办学评估表彰制度。教育和产业主管部门可联合开展产教融合办学质量和社会贡献评估工作，定期举行交流表彰活动，使注重产教融合成为高职院校的办学文化和时尚追求，受到社会大力支持和应有尊重。三要彻底改革高职院校教师职称评审晋升办法。切实改变目前只看论文篇数和发表刊物，不看经济效益、社会贡献的做法，让直接服务社会、促进产教融合和经济社会发展，成为高职院校教师职称评审晋升的指挥棒。要探索建立更加科学，既有利于就业又有利于提升从业能力和不断促进全社会生产技术进步水平提高的资格评价办法。评价着重针对实践环节，考核毕业生的动手能力、解决问题的能力，以倒逼学校重视实践环节的教育。由此可见，高职院校就业创业教育的内容是非常丰富和系统的。它既包括我们常说的广义创业教育、狭义创业教育，还包括创业专业教育。

高职院校创业创新教育工作的有效开展可以分为三个阶段：一是基础性教育阶段；二是发展性教育阶段；三是平衡性教育阶段。这三个阶段是依次衔接的。下面对此做具体介绍。

一、基础性教育阶段

基础性教育阶段是高职院校开展创新创业教育的初期阶段，该阶段的教育教学主要包含两个组成部分。一是帮助学生学习和认识创业创新教育。所谓创新创业教育并不是指必须拥有高端先进的技术，也不是把自己关在实验室里搞研究，而是需要与社会文化相结合，因为创新创业最终还是要投入社会实践中去。但是，创新创业的过程并不简单，它所包含的内容还有很多。比如，在创新创业落地过程中，需要考虑当前的政治、经济、文化、环境、法律等多方面的作用，这就需要高职院校真正在理解创新创业附属内容的基础上，在培养学生相应的专业理论与实践方法时，注重当今政治环境、经济环境、社会环境、文化环境以及法律环境等方面内容的渗透，以为高职院校学生未来的创业打下基础。基础性教育阶段的第二部分内容为加强创新创业与生活之间的连接。创新创业教育既属于知识型的教育，又属于实践型的教育，所以高职院校在开展创新创业教育教学的过程中，需要特别注重加强创新创业与现实生活之间的衔接教育。"有关学生个体发展的训练活动可以被视为这类创新创业教育。一些素质基础课可以被看成发展学生想象力、培养创新能力和创业能力的课程。同样，那些主张解决各类复杂的生活问题的相关课程，尽管不一定需要很多创办企业的素质，但也需要一定的创新，同时有助于公民素质的培养和文化修养的提升。""日常生活中的创新创业教育，可以包括存在主义现象学、自我认识、艺术欣赏和社会认知理论。这些都是当前创新创业教育研究者认为的创新创业的重要基础。"

二、发展性教育阶段

发展性教育阶段是高职院校开展创新创业教育的第二个阶段，该阶段主要根据学生自身的个性特点进行分流，使学生能够得到符合自身实际的创新创业教育。当然，在对学生进行分流教育时，还要注意关注高职院校的实际情况，否则分流教育仍然难以得到贯彻与推行。在对高职院校学生进行分流教育时，需要在专业知识教学的基础上，针对学生开展自主创业教育或者社会创业教育，从而使学生在学习专业知识的同时，还能主动与创业教育相衔接，促进学生创新创业教育工作的有效开展。关于自主创业教育和社会创业教育的选择权，可以交由学生自己选择，高职院校也可以根据学生实际情况给予相应的指点。虽然同为自主创业教育和社会创业教育，但是不同专业学生所学专业知识是不同的，所以在针对其开展自主创业教育或者社会创业教育时，不能一以贯之，而是要针对不同专业进行细致划分，使二者之间能够实现无缝匹配。但是，关于自主创业及社会创业课程的开展，不是在专业课讲解的基础上开展市场营销、财务管理等方面的教学，而是要从创新创业的基础角度出发进行教学。因为创新创业教育是从"0"到"1"的过程，而并非从"1"到无穷。但是，市场营销及财务管理等方面的知识教学则属于从"1"到无穷的过程，二者并不相互匹配，自然也就不能切实为高职院校创新创业学生所欢迎与接纳。对此，首先高职院校在开展创新创业教育时，可以在相应专业课教学的基础上，将自主创新和社会创业等相关内容融会其中，让学生在无形之中接受高职院校的创新创业教学，这样最容易为学生所吸收。以计算机专业为例，如果高职院校教师仅是从计算机软件的功能设计及编程方法等角度开展教学，则不能切实提高学生的学习兴趣，但是如果教师在计算机专业知识教学的基础上，融入具体手机软件的开发过程，则能够很好地激发学生的学习积极性，同时还能够使学生学习和掌握计算机行业的创新创业模式与方法。其次，高职院校在向学生开展创新创业教育的同时，还可以从艺术创作和自然科学研究的角度出发开展创新创业教育。具体而言，教师可以在专业知识教学的基础上，增加相关专业知识的课程成果转化内容，以此帮助学生认识从专业知识到创新创业的落地过程，进而帮助学生明确所学专业创新创业教育的方法。再次，高职院校在开展创新创业教育时，还应当从创业团队建设及专利管理等方面加强教学。因为创新与创业不是具体某一个人的独角戏，而是需要整体团队的密切配合的。从创新的角度出发，高职院校应当告知学生如何保护自己的创新成果，以避免自身合法权益受到侵犯。合法权益被侵犯不仅不利于创新创业工作的继续开展，而且还会打击学生创新创业的自信心。最后，在开展创新创业教育时，高职院校还需要从市场营销、管理决策等角度出发开展教学。虽然市场营销及管理决策更多地属于从“1”到无穷的过程，但是同样也属于创新创业过程的内容。因为单纯的产品创新并不能代表实现创业，而是需要将产品推向市场之后才算创业的成功。但是，高职院校在开展市场营销及管理决策等部分内容的创新创业教育时，并不能从市场营销及管理决策等相关专业课的角度出发进行教学，而是需要与学生专业课的内容相结合。因为不同类型的产品及不同架构的团队，其市场营销的方法及团队管理的方式不同，所以不能采用相同的市场营销与管理决策内容进行教学。甚至教师在开展相关知识教学时，可以采用和学生商议的方式，而不必拘泥于传统的教学形式。如此既能够加深学生对市场营销及管理决策内容的理解，同时还能够教育出新的市场营销及管理决策知识内容。此外，高职院校在开展创新创业教育时，需要指引学生向着能够帮助解决社会问题的角度出发进行创业。因为这样不仅能够帮助高职院校学生赢得财富，同时还能够为社会的整体发展助力。这种性质的创业才更具意义与价值。

三、平衡性教育阶段

平衡性教育阶段是高职院校开展创新创业教育的第三个阶段，同时也是最后一个阶段。就现阶段而言，高职院校很少开设创新创业教育的平衡性教育课程，但是从实际角度出发，该课程内容的创设极为必要。所谓平衡性教育，指的是高职院校在开展创新创业教育时，不仅要从创新创业的相关知识及方法角度出发开展教学，还要从创新创业的实际过程角度出发。比如，创新创业所取得的结果极其显著，但是背后所付出的努力却是常人难以承受的。这种付出并不仅仅包括废寝忘食的工作，同时还包括风险、关系、生活等诸多方面内容。创业是一个与风险并存的过程，而且输多赢少，应让学生在面对创新创业选择时能够慎重对待。关系则是指在创新创业过程中人与人之间关系的处理。因为当今社会中为了利益而分道扬镳的事例屡见不鲜。生活则是指如何在创新创业的过程中平衡自己与家人、朋友的相处时间等，既不能为了创业而放弃生活，同时也不能因为生活而耽搁创业，二者之间的关系需要平衡处理。具体而言，可以从以下几个方面着手开展教育。

首先是叙事和案例教学。高职院校在开展创新创业教育时，不仅要从专业知识的角度出发，还要通过叙事的方式进行典型案例教育，如此更能提升创新创业教育的效果和质量。因为高职院校教师通过叙事和案例教学的方式开展创新创业教育时，可以将专业化的知识阐述得更为具体，这样也就能够更加有效地加深学生对所学知识的学习和理解。其一，通过叙事与案例教学不仅能够对专业知识进行更加通透性的讲解，同时还能够将专业知识的应用方法及行业背景等相关知识一并阐述，这也就能够更大化地拓宽学生的知识面。其二，通过叙事和案例教学的方式开展创新创业教育，还能够增强该部分知识讲解的生动性，从而提升学生的学习兴趣，进而也就能在更大程度上促进学生领会知识。其三，通过叙事和案例教学的方式开展创新创业教学，还有助于帮助学生更加具体而深入地领会创新与创业的方法，从而为学生的创新创业提供启发。其四，叙事与案例教学还能够帮助学生更加清晰地认识创新与创业，从而对学生的自主创新与创业形成鼓舞。其五，通过叙事与案例教学的方式开展创新创业教育，还能够丰富学生的创新与创业经验。当然，这种经验并非仅包含积极性的正面经验，同时还包括消极性的负面经验，也就是创业教训，从而使得学生在明确和掌握创新创业正确方法的同时，还能够有效避免就业与创业漏洞。因为叙事与案例教学在高职院校创新创业教育中的作用与意义重大，所以高职院校教师应当对叙事与案例教学的方式加强运用。具体而言，高职院校教师在运用叙事与案例教学的方式开展创新与创业教育时，需要优先选择典型案例。这样既能够对学生形成正面性的积极引导，还能够鼓舞学生加强创新创业自信。高职院校教师在进行叙事与案例教学时，还需要提前做好对叙事案例的消化与理解，从而在讲解时能够突出重点，详略得当，更好地发挥出叙事与案例教学的效果。高职院校教师在运用叙事与案例教学方法时，还要注意从正、反两个方面对叙事案例进行点评，使学生能够客观看待叙事案例。

其次是实践教学。高职院校教师在开展创新创业教育时，需要注重实践教学工作的有效开展。因为只有通过实践教学，学生才能切实体会到创新创业的具体过程，也才能够加深对创新创业的认识和体会。为了保证创新创业实践教学的效果，高职院校教师需要从以下三个方面来展开：一是注重加强创新创业实践教学的系统性。系统教学不仅是专业知识教学的重要方式方法，同时也是创新创业实践教学的重要途径。具体而言，高职院校教师在开展创新创业实践教学时，需要从实践内容、实践目标以及实践要求三个角度出发，不仅需要全面深入，还要相互对应，自成一体。二是注重创新创业实践教学与现实状况之间的有效结合。我们常说"学以致用"，所以在开展创新创业实践教学时，同样需要注重创新创业与现实生活之间的密切联系。虽然实践教学就包含对相关知识的学习运用，但是它与现实生活之间还是存在一定的差别，或者说学校组织的实践是脱离于现实生活的一种密闭空间。这种密闭性的空间不利于学生深入学习和掌握创新创业知识。创新与创业是一条异常艰难的道路，提前帮助学生认识和领会其中的各项风险因素，对于未来创新与创业教育工作的开展会形成很大的助力。三是注重创新创业实践教学方法的多元化。因为单一的实践教学方式具有一定的枯燥性，久而久之学生就会对此产生厌倦性心理。反之，多元化的教学方式则能够增加学生对创业创新学习的新鲜感。而且，通过丰富多元的教学方式，还能够更大限度地提升学生对创新创业教育的学习兴趣，进而提升创新创业教育的效果。

再次是师资力量。众所周知，师资力量是高职院校有效开展创业创新教育的重要基础，它不仅影响高职院校各项教学工作的有效开展，而且是提高高职院校教师教育教学水平的重要基础。第一，想要切实提高高职院校创新创业教育教学的水平，可以从提高高职院校教师的创新创业意识角度出发。因为如果教师本身不具备创新创业意识，就不会对创新创业形成深入的分析与思考，自然也就不能将创新创业教育更好地融汇于教学知识之中。第二，想要切实提高高职院校创新创业教育教学的水平，可以从提高教师的创新创业基本能力角度出发。创新创业教育所包含的内容是极其复杂的，它不仅包括创新创业基本理论，同时还包括创新创业实践运用等方面的内容。教师想要将创新创业方方面面的内容进行全面、深入、透彻的讲解，自身必须具备一定的创新创业教育能力。第三，想要切实提高高职院校创新创业教育教学的水平，高职院校还可以从社会引入具有一定创新创业实践经验的教师。因为创新创业教育不仅需要教师具备丰富的理论知识，还需要教师具备相当的实践经验。但是，对于高职院校的教师而言则具有一定的难度。因为这部分教师本身并没有相应的创新创业实践经历，所以其本身难以阐明创新创业的痛点，学生自然难以学习和掌握创新创业教育的核心。从社会引入具有一定实践经验的教师则能够弥补高职院校教师的这一不足，进而提高高职院校创新创业教育教学的水平。第四，高职院校还可以从加强创新创业教育教师、专业课教师、基础课教师之间合作的方式开展教学。这样既能够加强不同教师之间的联系，使其共同探讨和研究高职院校创新创业教学，同时还能够明确划分责任内容，以避免授课内容产生重复，从而提高创新创业教育的整体质量。

最后是学习成果评价。学习成果指的是高职院校开展创业创新教育的结果，通过学习成果评价则能够从中明确提升或者改进创新创业教育教学的方法。具体而言，高职院校创新创业教育学生学习成果评价可以从以下几个方面展开：第一，设置清晰的教学目标。教学目标是高职院校教师有效开展教学工作的指引，所以教师在开展创业创新教育时，需要为自己的创新创业教育教学设置清晰而明确的教学目标。同时，对于学生的创新创业学习而言，教师也能够依据教学目标检测学生的学习成果。第二，及时根据教学目标进行总结与反馈。教师在开展创新创业教育教学时，可以在对比教学目标从而了解学生学习成果达成效果的基础上，反思自身在创新创业教育教学中存在的不足，进而改进和优化自身的创新创业教育方法。第三，教师在进行创新创业教育评价时，要注意评价的客观性，这是决定学习成果评价是否有效的基础。一旦教师对学生的学习成果评价出现歪曲，不仅不能发挥出学习成果评价的优势，反而会产生反向作用力，影响高职院校创新创业教育教学的效果。

第三节　高职院校就业创业教育的特点

因为受多种因素的综合影响，高职院校就业创业教育呈现出如下特征。

一、整体化特征

所谓整体化特征，指的是高职院校在开展就业创业教育时，需要从学校教育的方方面面逐步渗透就业创业教育，以加深学生对于就业创业的认识。首先，高职院校可以将就业创业教育渗透到各个专业课程的教学之中，全方位为学生提供创业就业教育，从而达到润物无声的教学效果。其次，高职院校还需要将就业创业教育融入学生的日常生活中，从而促使学生能够不断思考就业创业，在加深学生对就业创业认识的同时，还能够通过生活对学生形成启发，从而提升就业创业教育的效果。最后，加强创新创业教育与其他非专业课程之间的关联。这里的关联并不是指相关专业课程，而是指其他非专业课程。通过挖掘其他课程与就业创业教育关联的形式，加深就业创业教育渗透。其实，这种就业创业教育可以是无处不在的。比如，教师在与学生进行沟通交流时，也同样可以加入就业创业教育，关键在于高职院校及教师是否存在时刻加强就业创业教育的意识，否则就业创业教育的效果就难以达到。因此，本节内容所述的整体化特征，就是要让高职院校能够全方面地渗透就业创业教育，上述专业课渗透、学生日常生活渗透以及非专业课程渗透只是对整体化特征的一种分述。究其本质，高职院校就业创业整体化教育的核心在于高职院校及教师的教学思想意识。对此，高职院校及教师均应加强自身的就业创业教育意识，甚至可以通过组织研讨会、辩论赛等方式，锻炼和提升教师的就业创业意识，进而能够向学生更好地传授就业创业知识。此外，就业创业教育的整体化特征除了体现在理论知识上以外，还体现在高职院校学生的实践活动上。"纸上得来终觉浅，绝知此事要躬行。"高职院校想要提升学生的就业创业能力，就必须从实践出发，切实锻炼和提升学生的就业创业能力。

二、个性化特征

高职院校在开展就业创业教育时，要从专业知识理论的角度出发，同时，注重学生们的自身意愿也十分重要。高职院校还应根据学生的自身特点给予相应的建议或者指导。正如莎士比亚所说："一千个读者眼中就会有一千个哈姆雷特。"高职院校学生有各自的个性化特征，这些特征是家庭教育、社会教育、学校教育等不同因素的影响造就的。因此，高职院校的就业创业教育需要针对学生们不同的个性进行个性化的对待。具体而言，高职院校教师除了要根据学生的个性因材施教外，还要积极引导学生根据自己的个人意愿选择适合自己的选修课程，在丰富和拓展自身创新创业知识的同时，自主增强自身的就业创业实践，从而全面且有针对性地提升自身的就业创业能力。

三、生活化特征

首先，就业创业既属于教育知识内容，又属于学生生活内容。高职院校教师在开展就业创业教育教学时，应当从生活化的角度出发进行教学，在加深学生对创新创业教育渗透的同时，锻炼和提升学生的创新创业实践能力。高职院校教师在开展就业创业教学时，不能把就业创业教育教学的目标定得过高，否则会使就业创业教育与学生的生活实际相脱离，反而不利于高职院校就业创业教育教学工作的有效开展。其次，高职院校就业创业教育的生活化特征还体现在教师的教学案例中。教师在向学生开展创新创业教学时，不仅要从所举案例的单一角度出发进行教学，还要从案例的生活背景角度出发进行讲解，从而加深学生对于创新创业教育生活化特征的认识。此外，高职院校就业创新教育的生活化特征还体现在对学生综合素质的培养方面，因为这也是决定高职院校学生未来就业与创业的重要依据。因此，高职院校在开展就业创业教育时，需要时刻注重生活化元素的注入，从而增强就业创业教育的有效性。

第三章 国外职业院校就业创业教育研究

第一节 美国的就业和创业教育研究

美国对职业院校就业创业教育比较重视，而且在执行过程中也付出了一定努力。美国辛辛那提高职院校的赫尔曼·施耐德教授在 20 世纪初就提出了产教合作的教育理念，同时他也是首次提出该教育理念的人。赫尔曼认为教育的目的是学生通过在学校的学习不断提升自己的综合能力并不断满足自己的实际需求，且能够为以后的就业做好有力铺垫。因此，在实际教育教学中，学校需要依据当地经济社会需求与产业发展需求而与各企业、行业进行合作。赫尔曼教授着手实施后，就举荐几个特定专业的学生进入对口企业开展定期顶岗实训，希望通过实训过程使学生掌握一定的职业技能并提升专业的匹配能力。西方诸多国家的职业院校对赫尔曼教授的理念非常感兴趣，于是纷纷联系自身实际展开了与企业的频繁合作。

美国经历了在国际金融危机之后，大力推行再工业化政策，而美国的职业教育领域充分运用了这些政策，从而加速了美国职业教育的重大发展。在国际金融危机前，美国以制造业为代表的第二产业就逐渐出现了萎缩的局面。比如，在 2007 年前后，美国制造业增加值在人均国内生产总值（GDP）中的比重迅速下降，整体比重只占 11.7%，就业人口比重只有 9.7%，因而当时的美国经济显示出非常明显的去工业化现象。美国经济在国际金融危机后衰退非常迅速，因而当时美国政府为了使经济发展形势得到全面扭转，想方设法采取多项措施，如全面实施再工业化政策并重拾实体经济，全面应对经济危机所带来的负面影响，而美国职业教育对这一项政策进行了全面利用并将其作为大力改革教育的重要导向与支撑。①

2014年7月，当时美国奥巴马政府出台了有关美国职业教育培训的具体方案，即《为工作做准备：就业导向的培训与美国机会》的报告。2014年，当时的美国总统奥巴马在国情咨文演讲中提出，要尽最大努力由政府主要领导人带领对美国职业培训项目全面进行大力改革。这位领导人即当时的美国副总统拜登。奥巴马认为，只有为美国高职院校学生提供足够的培训项目，才能使他们在以后的工作中拥有有待充实的好职位所需的一切技能。上述报告对美国联邦政府在应对职业培训项目中所采取的具体行动进行了详细概述，还明确指出了美国联邦政府需要在不断壮大美国中产阶级与大力发展美国经济过程中应该采取的具体行动与实际措施。奥巴马总统对美国的就业教育非常重视，要求在6个月内提交一个具体的行动计划，而联邦所培训的项目就是按照这个计划进行的。

虽然美国再工业化政策在奥巴马与特朗普执政时期存在着具体措施上的显著差异，但是使美国制造业迅速发展并不断强化这个核心思想始终不变，因而在全球范围内美国制造业依然处于领先地位。从上述情形可以看出，职业教育在整个过程中发挥着不可小觑的作用。美国政府既注重制造业的发展，又注重推动高职教育的有利发展，为了支撑制造业在世界保持领先地位并较长时间保持繁荣的局面，而将很多精力集中在提升高职院校学生技能教育与技术培养等方面，致力于用高素质人才延续制造业的辉煌。奥巴马在两届任期内，对美国职业教育进行了全方位改革，一是将长久以来美国民众对于职业教育的歧视彻底扭转，二是充分发挥职业教育在有效提升产业工人技能并促进就业方面的有效作用，使其为美国再工业化的政策选择提供优良服务。奥巴马退位后，继任的美国总统特朗普在执政期间，对"美国优先""买美国货"等政策依旧不遗余力地进行大肆宣扬，可以看出美国政府对美国制造业给予了极大支持。在鼓励发展制造业的同时，美国政府同样对本国职业教育的发展保持高度关注的状态。比如，2018年7月，特朗普签署了《加强21世纪职业与技术教育法》，预示着美国职业教育在新时代中面临着新的变革与飞速发展。

美国对职业教育所做的一切努力，使美国的领导力在全球保持重要地位，其具体做法如下。

---

① 刘振亚.中美高职院校创业教育生态化培育的比较研究[C]//中国高等教育学会.改革 质量 责任：高等教育现代化——2013年高等教育国际论坛论文集.中国高等教育学会,2013:364-370.

一、全面提升职业教育地位

美国的金融服务业等行业在后工业时代出现了空前繁荣的景象，因而美国公民对接受普通教育非常看重，很多人将学术教育作为毕生的重要追求，这使美国教育体系中的职业教育地位迅速下滑。针对这些情况，美国着手进行了数次教育改革，不断促进普通教育与职业教育的互相融合。查阅相关资料发现，当时美国综合中学的学生有大约 43% 进入学术科学习，进入普通科学习的大约为 33%，而进入职业科学习的学生不足 25%。由此可以看出，职业教育被当时的美国民众所忽视甚至排斥，社会对选择进入社区学院等教育机构接受职业教育的人存在歧视，甚至将这种教育称为二等教育。2010 年 10 月，奥巴马政府在白宫召开了全国社区学院峰会，这次会议的主要内容是为开展职业教育的社区学院系统呐喊助威。美国就业与竞争力委员会在 2011 年发布了《美国经济复苏路线图研究报告》。在这项报告中指出，若想振兴美国经济就必须要加强对学生的职业教育。从 2017 年开始，特朗普政府首次将每年的 7 月 17 日定为美国制造日，大力宣传开展职业教育的益处，将职业教育在增加公民就业机会与收入方面的积极作用进行充分展现。同时，特朗普政府还全力提升职业教育在整个国民教育体系中的重要地位，以此使民众对职业教育的传统认知从根本上进行扭转。

二、STC 理念的应用

STC 即 School to Career，指学校到生涯的过渡。该理念的影响力非常大，很快就成为引领美国职业教育的主流导向，而美国职业教育改革与发展的核心理念也以终身职业教育为主。再工业化的不断推进，使美国经济面临着如下方面的需求：迫切需要能对传统工业领域升级改造的职业技能的专业人才。从业者只有兼具较高的知识储备与熟练的技能，才能适应社会的需求。同时，还要求从业者具有较高的学习能力，以此实现知识与技能的不断优化，这些都是STC 理念的核心思想。国际金融危机后，从职业教育现实操作层面看，美国所开展的一系列职业教育改革都是政府与地方政府在 STC 理念指导下进行的。

三、全面调整职业教育导向

回顾美国对职业教育导向的整体调整可以发现，奥巴马政府为打造现代职业教育体系付出了诸多努力。特朗普政府也不甘落后，其颁布的《加强 21 世纪职业与技术教育法》就是最好的证明。由此可以看出，美国参众两院的民主党、共和党两党对职业教育导向的调整给予了充分认可，因而美国职业教育发展改革的导向也得到了充分预测与印证，即将使美国经济强劲复苏成果得到逐步巩固与增强作为主要目标，对公民职业生涯全过程进行可持续时间长、覆盖范围广及竞争力较强的改革，为了从整体上提升美国在全球的领导力大力推行再工业化政策。

第二节　日本的就业和创业教育研究

具体来说，日本在就业和创业教育方面非常有战略眼光，诸多学校从小学开始就着手培养学生的创业理念，而且很多社区对学生创业提供了诸多帮助。这主要是因为日本的诸多社区普遍存在老龄化严重及年轻人就业压力大等社会性问题。为此，日本社区极为注重对社会青年进行就业与创业的教育，包括当地的高职院校在内，开展院校办学更是将就业与创业教育放在首位。在日本的乡村地区，因为青壮年的逐渐离去而使得乡村地界的人口越来越少。日本政府为了改变这一现状，同时也是为了发展乡村地区的经济，所以积极地对当地的青少年开展就业与创业教育。可以说，日本对青少年的就业与创业教育时间是比较早的，甚至有的地区从小学阶段就已经开始自主创业教育思想的传授，并且还会通过组织各种具体活动的方式提高学生的自主创业能力。日本的就业与创业教育主要还是受社会大环境的影响，从而使得其对青少年的就业与创业教育研究相对较早。这既是日本就业与创业教育的一种优势，同时也是一种无奈。

相比较于就业教育而言，日本更为注重创业教育，因为只有创业才能不断增加就业机会，如果只增加就业则会面临更大的失业危机。因此，日本对于就业与创业教育的理念是极为清晰的，日本教育以创业教育为主。可以说，日本在自主创业教育方面投入的人力、物力以及财力相对较大。比如，为了增强自主创业能力，日本的地方政府专门成立创业发展中心，以对小学生及中学生进行创业教育实践教学，从而切实提升小学生及中学生的自主创业实践能力。这种教育是免费开放的，其中较为知名的自主创业实践教育项目有 Horisho 儿童挑战项目（Horisho Kid's Challenge）。这一儿童挑战项目主要是针对小学生和初中生自主创业教育进行展开。需要说明的是，虽然日本的自主创业教育始于小学生，但是并不是要求所有的小学生都要参加自主创业实践教育，而是仅针对四年级以上的小学生。毕竟一到三年级的小学生年龄太小，并不具备自主创业实践的能力。[①] 这里的自主实践教育并不完全以知识教学的方式展开，而是从创业知识教学和实践生活应用两个方面开展。但是，这里的创业知识教学不同于我国的创业理论知识教学，而是着重于从实践生活角度出发，在积极引导小学生通过实践的方式进行自主创业的基础上，对其各自的创业经历进行有针对性的知识讲解，从而丰富和加深其对创业的认识。此外，儿童挑战项目中的实践生活应用环节是在结合当地经济发展情况而进行专项选择的，不是针对当地的一些优势经济体进行联合实践，而是专门和当地的一些弱势经济体展开合作实践，以此在刺激和推动当地经济发展的同时，还能够更大程度促使小学生明白创业过程中的各种问题。这对于锻炼和提升日本小学生的自主创业能力极为有效。比如，因为社区人口的逐渐流失，当地的商超已经关门的超过四成。当地的社区就可以向儿童创业挑战项目申报商超的经营困境，从而为儿童自主创业能力培养实践提供素材。儿童挑战项目就会根据不同申报项目的具体情况、难易程度、自主创业方向以及其所能够起到的创业教育效果等开展实践教学。如此既能够助力当地商超的发展，同时又能切实提升小学生的自主创业能力水平，可谓一箭双雕。具体来讲，儿童挑战项目会优先组织儿童群体针对当地的商超进行调研。"知己知彼，百战不殆。"只有深入了解商超在实际运营过程中所面临的困境，才能切实地为之提出相应的解决对策。另外，儿童挑战项目自主创业实践教学还会从宣传造势方面锻炼和提升小学儿童及中学儿童的自主创业能力。比如，儿童挑战项目会指导小学儿童及中学儿童通过发放购物券的方式帮助当地商超引流、通过制作短视频的方式帮助当地商超促销等，以锻炼和提升当地小学生及中学生的宣传能力、促销能力以及文案和短视频的制作能力等。儿童挑战项目在自主创业实践教学的过程中，还会通过组织小学生及中学生与当地的成功企业家对话的方式，培养其自主创业的能力。这样既能够帮助小学生及中学生解决心中的创业困惑，同时还能够通过与成功企业家进行对话的方式增强小学生及中学生的自主创业动力。

日本除了重视创业实践早期教育之外，还极为重视创业经验的传授。创业实践是日本开展创业教育的重要方法，这种方法不仅能够从实践角度出发，加强青少年对自主创业的体会，同时还能帮助青少年逐渐积累创业经验。但是，创业之路并不能复制，没有任何两个人的创业发展道路是相同的。只有将其

① 宋佳佳，王丽燕.日本大学就业创业教育的经验与借鉴[A].辽宁省高等教育学会.辽宁省高等教育学会 2015 年学术年会暨第六届中青年学者论坛论文集三等奖摘要集[C].辽宁省高等教育学会：辽宁省高等教育学会,2015:37.

中的经验与教训进行总结与归纳，并且与自身的创业经验相比对，才能更好地吸收与丰富自身的创业经验，也才能够进一步提升创业教育的效果和质量。对此，日本在积极开展创业教育的同时，也在不断加强创业经验的交流与传授。具体而言，日本创业发展中心会主动采集社会从业者的创业经验，然后向青少年进行普及。但是，这种普及并不是直接性的讲述，而是以故事案例的方式进行系统性的讲解，以此加深创业学习者的认识。同时，创业发展中心还会通过相互交流的方式引导创业学习者说出自己对创业经验的认识，并谈一谈自己对创业成功经验的理解。这是进一步帮助创业学习者消化吸收的过程。创业发展中心在讲述完毕相关创业经验之后，还会为创业学习者提供一定的情境，以引导创业学习者根据所学习到的经验进行分析和预测。这是通过具体应用教学的方式考查创业学习者对于所学创业经验的掌握情况。调查显示，超过98%的创业学习者认为，通过日本创业中心所安排的创业经验教育能够帮助自己清晰地认识和了解自主创业过程。无论自己将来是否从事创业工作，这些经验的学习都能够对自己的未来发展起到很好的指导作用。超过55%的创业学习者认为，通过日本创业中心学习的创业经验，对自身的创业工作能够起到很好的指导作用。20%左右的创业学习者认为，自己通过创业发展中心安排的创业经验介绍，对于自主创业不再畏惧，而且还燃起了跃跃欲试的决心。创业发展中心在向创业学习者传递创业经验的同时，还通过建设创业发展平台的方式帮助创业学习者与创业成功者搭建联系，以期在得到创业成功者指点的同时，能够帮助创业学习者发起创业帮助，从而增加创业学习者的创业成功概率。当然，平台的建立不仅是为了帮助创业学习者，同时也是为了帮助创业成功者。因为创业成功者能够通过平台挖掘到投资项目，这对于创业学习者与创业成功者而言是一项互惠互利的合作。

第三节 欧洲的就业和创业教育研究

一、英国

英国现有130余所高职院校，其规模大小不一，分布在英格兰、苏格兰、威尔士、北爱尔兰。个别高职院校规模较大，如爱丁堡高职院校有37000余名学生。在众多高职院校中，约有130个就业指导中心，其规模根据学校的规模而有所不同。规模较小的学校，其就业指导中心仅有2—3名员工。据介绍，英国平均每所高职院校的就业工作人员有 10—20 人，每人肩负不同的职责，其角色与职能随时代的变迁而有所转变。英国高职院校传统的就业指导中心主要包括就业指导中心管理部门及就业咨询服务团队、就业信息收集团队、用人单位联络团队三个部门。随着就业工作的复杂化和学生人数的增多，在原有传统结构的基础上，英国高职院校就业指导中心增设了两个助理职位，职能部门也进一步细化。当前，英国高职院校根据用人单位倾向于录用有一定工作经验毕业生的情况，通过教学实践、带薪实习、社会兼职、志愿服务、学生活动等多种形式和途径，丰富学生工作经验，提升其就业能力和竞争力。相对于传统的单独组建顾问团队，英国高职院校就业咨询顾问在较为固定的办公地点开展工作。现在，英国高职院校多将顾问团队分散到工程、人文与社会科学等不同的院系开展工作。相较于以往的工作模式，现有的模式与专业、学科、学院结合得更为紧密。同时，由于国际学生人数剧增，英国高职院校还专门为他们提供就业指导服务。① 据介绍，诺丁汉高职院校和里丁高职院校国际学生人数分别占学生总人数的 25% 和 20% 左右。其中，中国留学生是最大的国际学生群体，这样的数据对英国其他高职院校普遍适用。英国高职院校专门针对国际学生开展的就业指导服务既包含在英国本土就业的服务，也包含帮助他们回国就业的服务。英国各高职院校的就业指导工作也存在差异，有的是作为独立部门而运作，有些则是融入学生管理服务工作部门。英国高职院校职业服务网络以"英国高职院校毕业生就业咨询服务联盟"为主要形式，采用学院会员制，即高等院校加入联盟，从事就业服务工作的人员退休后，也可申请加入联盟。联盟负责统计和提供就业信息、国际劳动力市场调研信息等，其会员既包含英国本土院校及人士，也包含国际院校及人士。英国高职院校创业教育组织机构可分为两大类。一类是高职院校内部组织机构。英国高职院校内部的创业教育组织机构一般包括高职院校科技园、孵化中心、创业协会、创业中心企业以及各类创业俱乐部等，如拉夫堡高职院校的商业孵化器就对有创业意向的高职院校生开放图书馆、提供实验室等。另一类是高职院校外部支持机构。英国高职院校外部的支持机构一般有全国高职院校生创业委员会（NCGE）、全国创业教育中心（NCEE）、全国高职院校企业家协会（NAC-UE）、英国创业教育者机构（EE-UK）、高等教育学院（HEA）等。以上这些机构较好地保证了英国创业教育的顺利发展。英国高职院校的创新创业教育一直处于全球领先地位。我

---

① 常飒飒．欧洲一体化背景下东南欧地区创业教育发展研究 [J]．国家教育行政学院学报，2019(03):87-95.

国有学者曾对英国就业和创业教育进行了充分研究，主要围绕全球化背景下英国高职院校创新创业教育的生态系统建设、创业文化、课程体系建设、教学方法、创业计划竞赛、国际交流合作等话题展开，英国高职院校创新创业教育发展现状及未来走向具体如下。

（一）注重内涵式发展

所谓内涵式发展，指的是英国高职院校在开展就业创业教育的过程中，通过培养学生创新思维、创新意识以及创新能力的方式，锻炼和提升学生的就业创业能力。其中，培养高职院校学生的创新思维能够为学生的未来创业工作奠定基础。因为高职院校学生一旦建立起这种思维，便会时刻关注就业与创业，从而也才能够更加深入地认识与了解就业与创业。培养学生们的创新意识则能够进一步培养学生们的创新应用能力。因为创新思维能够帮助学生形成创业意识，而创业意识则能够指导学生挖掘创业机会。创新能力是高职院校学生开展创业工作所具有的能力，是对创业思维及创业意识的最后落实。因此，创新思维、创新意识以及创新能力三者之间已然形成一个完整的创业教学闭环，这就为高职院校学生未来的就业与创业发展种下有待萌芽的种子。

（二）设置创业学位项目，构建专业化课程体系

创业是一项具体的社会化实践过程，但是诸多国家及院校并没有通过将创业设置成为一个具体专业的形式进行相关专业人才的培养，自然也就没有为创业构建专业化的课程体系。这种将创业教育完全归功于社会的教学方式不利于高职院校学生对于创业形成系统性的认知。英国高职院校则通过主动挖掘创业相关知识及案例等方式，对创业进行深入分析与研究，最终实现对创业的学位性设置。这种创业教学方式不仅使得创业学位项目更为体系化，同时还能够帮助高职院校学生对创业进行深入的学习和了解。可以说，创设创业学位、构建创业课程体系是开展创业教学的一大创举，不仅会对英国创业教学产生影响，同时对于世界创业教学也会产生促进作用。另外，英国设置的创业学位项目并非仅仅是针对如何创业进行阐述，而是对不同专业的创业具体方式进行实践化的分析，这种创业教育的方式能够对高职院校学生未来创业工作的开展形成更为贴合实际的指导。

（三）实施内外并举的创业孵化，开展多类型创业计划竞赛

英国高职院校设有创业学位项目，其会通过创业孵化的方式对该专业的学生进行创业指导。一般而言，英国对高职院校学生所开展的创业孵化分为两种方式：一种是对内的，即通过对高职院校学生提供创业教育与指导的方式进行创业孵化；另一种是对外的，即对校外社会企业通过有偿咨询的方式帮助其进行孵化。英国高职院校之所以要将创业孵化分为对内和对外，并且在对高职院校学生提供创业孵化指导的情况下还要对校外企业提供帮助，一来是为了增加高职院校的收入，二来则是通过校外企业咨询案例指导高职院校学生创业学习。这些创业咨询案例都是当下实实在在的创业发展问题。高职院校通过这些案例指导学生创业，则更加能够帮助学生把握社会创业发展脉搏。此外，对校外企业提供创业咨询的方式还能够帮助高职院校教师及学生更好地掌握创业课程理论的具体应用方法，进而提升高职院校创业教学的效果和质量。另外，英国高职院校在帮助学生开展创业孵化工作的同时，还帮助其开展多类型的创业计划竞赛，这是对学生创业知识学习的一种考核方式，不仅能够促进学生加强创业实践，进而增加其对创业的认识，还能够促进高职院校学生之间展开创业交流，从而丰富和拓展学生的创业经验与能力。

（四）构建完整的评估体系，衡量创新创业教育教学效果

英国高职院校在通过多元化的方式开展创业教育的同时，也在通过构建完整评估体系的方式，检测与考核创新创业教育的成果。评估体系的结果检测不仅是对高职院校学生创业学习成果的一种检测，同时也是对英国高职院校创新创业教育整体效果的一种检测。如果高职院校学生最后能够通过评估，则不仅说明高职院校学生的创新创业学习效果较佳，也能够说明高职院校的创新创业教育效果显著。反之，如果高职院校学生最后考核不佳，除了反映学生们的创业学习结果欠佳之外，还表明高职院校整体的创新创业教育欠佳。可以说，这是衡量英国高职院校开展创新创业教学效果的重要标准。构建完整的创新创业教育评估体系，其本身也是对高职院校创新创业教育工作开展的一种促进，因为这有助于高职院校明确创新创业教育的目标是什么、范围是什么，从而也就能够更加明确地帮助教师开展创新创业教学工作，进而提升创新创业教学的效果。此外，英国为创新创业教育创设了多套完整的评估体系。不同的创新创业教育评估体系分别从不同方面对高职院校创新创业教学工作的开展提供指导和参考，从而也就能够更加全面地对高职院校的创新创业教学进行评价。

（五）注重师资建设，提升专业化指导教育能力

英国高职院校就业创业指导部门一般都具备专门的网站和办公服务场所，并聘请具有相应资质的专业人员担任咨询师为学生提供一对一的职业咨询或团体辅导。职业顾问通常具有心理学、教育学学科背景，并有在大型企业和相关部门从事人力资源管理工作的经历；信息职员则具有一定的图书馆工作经历或学科背景，能胜任就业信息服务和资料整理出版工作。例如，里丁高职院校学生就业中心有专职工作人员十余人，同时还经常邀请资深的企业人士到学校为学生开展讲座、辅导，帮助学生了解行业、企业、职业信息。为激励教师的积极性，促进教学课程教育模式的健康发展，英国高等教育基金委员会专门为教师设立了教与学优异基金。同时，类似国家学生就业服务协会（NASES）的一些专业的社会机构也为就业创业指导工作的专业化发展提供技术保障和信息支持。它们作为"第三方"对就业创业市场的调查研究、分析研判，对于高职院校人才培养、专业建设、就业创业指导等工作都有着比较强的参考价值。

（六）全员覆盖有限，教育指导的层次性不足

英国高职院校就业创业指导工作作风严谨，遵章办事，服务流程规范清晰，通过强大的在线服务系统，确保了服务指导质量，且非常重视学生的反馈意见。同时，也基本建立了一体化的就业创业教育课程体系，建立了多元化的就业创业教育课程实施和学习模式以及评价体系。但是，相对于我国国内高职院校就业创业指导体系与运行机制而言，在工作的覆盖面上，英国高职院校还比较有限。笔者走访的牛津高职院校、布莱顿高职院校、里丁高职院校等比较具有代表性。和其他学生事务性工作一样，英国高职院校就业指导和创业教育服务的方式主要是以学生个人意愿为主导。另外，学校提供丰富的网络信息资源和校园活动资源供学生自主选择，没有全校统一学生必须修习的就业课程。在受众方面，如里丁高职院校对学生创业的指导和支持还非常有限，学生创业课程也仅限于亨利商学院等少部分学院。同时，由于学院一级学生管理机构和专职人员的缺失，缺乏像我国高职院校这样的自上而下的组织动员体系。相对而言，英国高职院校在全员覆盖、全程服务方面具有明显的不足。

二、俄罗斯

俄罗斯联邦教育与科学部在 2016 年 1 月正式实施了《俄联邦 2016—2020年教育发展目标纲要》（以下简称《纲要》），这个《纲要》也是俄罗斯 2016—2020 年教育改革的纲领性文件。《纲要》生成的社会背景如下：一是经济背景。在不断优化的产业结构下，俄罗斯失业问题日益严重。俄罗斯在 2005—2015年 10 年间，第一产业的增加值占整个国内生产总值（GDP）的比重基本上保持持续不变的态势。与其他年份相比，第二产业增加值比重下降比例大约为6%，但是第三产业的增加值非常明显，比重增加超过 60 个百分点。这些数据显示，俄罗斯整个产业经济结构发生了较大的调整与转型。社会用工需求由于

第三产业的迅猛发展而增长迅速,在第三产业人力资源开发中,职业教育是最重要的途径之一。然而,虽然第三产业社会用工需求量较大,但是整个俄罗斯失业问题却异常严峻。相关数据显示,俄罗斯从 2013 年开始失业率整体保持在 5% 左右。① 由此可以看出,俄罗斯在培养高职院校学生方面没有充分兼顾劳动力市场的实际需求,因此直接造成了失业率较高等实际现象。比如,某些热门专业的毕业生每年到毕业季都供不应求,而某些专业的毕业生一到毕业季就面临着各种就业难题,这些冷门专业的毕业生每年都会有一大批,逐年积累自然会造成大幅过量的情况。因为不少毕业生不能选择对口工作或一直在社会上处于高不成低不就的地位,不得已,要么选择与自己专业不相匹配的职位进行工作,要么在工作中重新参加各种培训而获得岗位所必需的基本技能。二是文化背景。增加国家软实力且有效维护国家利益。三是人口背景。俄罗斯近些年人口一直持续负增长,而职业教育需要承担为社会劳动力市场提供所需大量人才的任务,只有这样才能不断提升社会就业率且使社会经济发展得到有力促进。俄罗斯在 1992 年颁布了《俄罗斯联邦教育法》,这项议案也算作俄罗斯教育改革的重要举措。依据规定,普通教育与职业教育两大体系是整个俄罗斯的教育大体系,职业教育是学生在完成九年制义务教育后所继续接受的教育。职业教育被分为初等、中等、高等、高等后 4 个层次,这 4 个职业教育层次呈现为互相衔接、相互联系的完整的职业教育体系。与我国学生所受教育相比,俄罗斯所谓的初等职业教育与我国处于高中阶段学生所受的教育相当,这期间教育目标主要是培养社会所需要的技术比较熟练的工人和一般职员。中等职业教育与我国的大专教育相当,主要目的是为社会培养拥有非常熟练技术的技工人员。高等职业教育与我国高职院校本科层次相当,主要培养社会所需的高端技术创造人才、创新工程师人才以及高技工人才等。高等后职业教育相当于我国的研究生层次,主要为社会培养更高端的优秀人才从而不断推动社会发展。总而言之,俄罗斯的整个职业教育体系,每个层次之间都是相互联系的,而且拥有可上可下的弹性伸缩力。

《纲要》中还对职业教育的改革内容有所涉及,具体如下。

(一) 改进资源分配

《纲要》中强调,现代职业教育体系要充分依据俄罗斯国家社会经济发展与各联邦的发展任务进行灵活构建。比如,支持组建区域内师范高职院校网络,将新教育技术与教学组织形式在中等职业教育与高等职业教育中大力传

---

① 朱桂梅.俄罗斯就业创业教育的启示 [J]. 社会科学战线,2010(06):268-270.

播，将现代化技术培训计划充分应用到中等职业教育中，同时还全力建立教学资源中心与试点项目，将实现资源共享作为目标。仔细分析不难发现，这些举措更好地扩大了俄罗斯联邦职业教育的资源，同时也使职业教育资源分配得到有效改进，这样为职业教育资源之间的良性互动提供了有效保障。

（二）基础设施建设

《纲要》还指出，要对职业教育基础设施建设给予充分关注。只有不断扩建职业学校、不断提高学生宿舍质量、不断加大对教学实验的投入等，才能够使职业教育机构中现代化的基础设施从总体上得以不断提升。

（三）优化专业设置

《纲要》中部分内容对劳动力市场决定职业教育人才培养结构进行了有力强调，同时还指出，政府层面需要参与顶层设计，才能顺利完成对技术型硕士课程的引进与开发，才能为社会培养出能够创建复杂工程项目，并且进行有效管理的技术精英。《纲要》还依据社会实际情形与职业教育的具体教学情况，列举出了最具有发展前景的 50 个中职与高等教育专业，并对这些专业进行了设计与再培训。此外，《纲要》指出了需要采用新雇主决策体制解决企业在高水平人才储备方面的问题。俄罗斯总结出，只有对职业教育的课程与专业设置进行不断优化，才能使其与职教人才更好适应就业市场要求相符合，通过这种改革措施对职业教育的吸引力和发展前景产生有利影响。

（四）完善运行机制

在职业教育管理与运行机制方面，俄罗斯对职业教育师资与管理人员培训制度建设逐步加强，并对已有职业教育组织的管理团队与人员进行培训。同时，《纲要》也特别提出要对职业教育实践体系建设给予充分注重，这样才能使缺乏系统性的职业教育实践体系问题迎刃而解。

（五）完善评价标准

俄罗斯职业教育改革还制定了对评价标准的逐步完善政策，如将人才供需矛盾列为重点问题，并从多个方面、多个角度寻求解决策略；持续关注职业教育的公平公正；为社会培养出大批创新型的实用人才；逐步对职业教育融资体系进行丰富；对职业教育国际化的发展给予高度重视等。

三、法国

法国职业教育历史悠久，由国家兴办的职业学校可以追溯至 1881 年。虽然法国实施职业教育的时间比较早，但是面对当前社会高失业率、数字化科技化革命等的大力冲击，法国也逐渐将教育改革眼光瞄向了比较僵化的劳动力市场，着手改革职业教育。二战之后法国经历了比较辉煌的 30 年社会繁荣，同时也经历了第一次石油危机爆发后的经济大衰退，法国在当前可以算作进入第三次社会与经济的转型时期。2007 年美国爆发了次贷危机，法国深受其影响，经济一度低迷不振。查阅法国国家统计局的资料发现，与当前较近的 2017 年，法国第三季度国民生产总值增长率让人大跌眼镜，竟然只有 0.6%。而且，纵观当时的法国社会，呈现出劳动力市场显著僵化、失业率持续升高等情形，法国在 2017 年第三季度的总体失业率将近 10%，与同年第二季度相比，仅一个季度净增长了 0.2%。对 2017 年失业人群进行详细调查发现，年轻人占比比较达，其年龄阶段基本在 23 岁上下，这个年龄段的人是社会经济主要推动力，但是失业率竟高达 22%。全球经济形势在当时也发生了显著变化，在这种变化下机遇与挑战并存。伴随着科技的迅猛发展与不断加深的经济全球化趋势，同时还有对自然资源的保护，全球价值链需要重新分配，再加上各国不同的生产方式与企业结构，使法国需要对整个劳动力市场所需要的技能进行全面变革。当下，互联网的飞速发展让人看到整个社会经济的变化，法国就业指导委员会就指出，在未来可能被人工智能取代的工作会在 10% 左右，并且在新时代中可能面临巨大变革的工作在 50% 左右。在这种背景下，有必要及时更新职工的职业技能。基于此，法国针对国内职业教育确定了如下改革目标：一是逐步增强职业自由。法国教育机构认为，只有充分保障个人的受教育权利，并采取对入职人员进行简化职业培训等方式，才可以极大程度地对个人职业教育进行全方面维护，才能让个人通过社会职业教育这个方式选择喜爱的领域就职并让其在这个领域中充分发挥个人才能，最终实现个人的职业梦想。二是逐步加强信息传递。法国教育机构还认为，需要不断向社会上的大批求职者提供所需的且准确完整的职业培训信息，使得求职者能够根据自己的实际需求选择最合适的就业教育渠道。三是逐步提升职业教育信息的透明度。将职业教育与培训成果进行公开显示，如结业后的成功就业率、能够获得资格证书的具体比例、参加就业培训之后对实际薪酬的最终影响等。

四、荷兰

2020 年 7 月 3 日，荷兰教育部开始调查中等职业教育升入高等职业教育学生人数下降的原因。荷兰教育部部长范·恩格斯络文（Van Engelshoven）认为，荷兰中等教育与高等教育的衔接系统在各方面运行良好，但中等职业教育带来的学生人数下降令人担忧。显然，2015 年引入的通过社会贷款来推进学习的政策并没有给荷兰高等教育转型带来重大变化。这项政策于 2015 年 9 月 1 日推出，目的是通过取消高等教育基本补助金，增加对低收入家庭学生的补助，提高社会保障水平来加大对高等教育质量的投资。同时，高等教育机构利用资金来提高学生的教育质量。社会贷款制度虽然保障了高等教育的财政可及性，但是来自高级中等教育（high general continued education，HAVO）和高职院校预科中等教育（preparing high education，VWO）的学生转移几乎与引入政策之前处于相同水平，而从中职到高职的直接转移已经显示出下降趋势。关于下降原因的独立研究表明，父母受过高等教育的学生比父母本身没有受过高等教育的学生更愿意接受助学贷款。然而，现有助学贷款政策并没有对这两组学生学习选择的差异化起到作用。对于那些想要继续学习的中职学生来说，学习成本和贷款厌恶情绪造成的影响要比高中和预科中学的学生大。荷兰教育部部长范·恩格斯络文表示，接受高等教育对于每一个能够并且想要继续深造的中职学生都是非常重要的。因此，必须通过深入调查来研究助学贷款政策对升学的影响程度。有了调查结果，政府才可以研究如何消除这一障碍。范·恩格斯络文还强调这项研究应该在夏季之后完成。如果调查表明，中职学生是由于学习成本太高才无法接受高等职业教育，那么调整 2 月 1 日的计划是一种可能的解决方案。一名学生如果在第一年的 2 月 1 日前停止学习，将不必偿还收到的补助金。将入学日期提前到第一学年，可以降低启动课程的门槛。值得关注的是，一些学生有资格申请额外助学金，但却没有申请，而且他们往往并不清楚学生贷款的社会偿还条件。荷兰经济政策分析局将调查没有使用补充赠款的情况，以便能够提供更有针对性的资料。

第四章　国内高职院校就业创业教育研究

第一节　我国高职院校创业就业教育发展历程

我国创新创业教育起步较晚，1997 年我国才开展创新创业教育。1999 年于清华大学举办了第一届"挑战杯"中国大学生创业计划大赛，从此拉开了高职院校学生创新创业的序幕。20 多年的发展成果，为我国高职院校创新创业教育奠定了良好的基础。伴随着社会的进步与教育教学的改革，国家越来越重视高职院校创新创业教育，政府出台了一系列相关政策文件强力指导创新创业教育。因此，依据政府颁发文件的先后顺序，我国高职院校创新创业教育整个历程分为三个阶段：1999—2002 年的萌芽阶段、2002—2008 年的试点阶段、2009 年至今的全面推进阶段。

首先是萌芽阶段，即萌芽初始阶段。1999 年前后，我国高等教育教学进行了重要改革，同时借鉴世界一流高等学府的发展趋势及教学效果，我国政府先后颁布了《面向 21 世纪教育振兴行动计划》《中共中央国务院关于深化教育改革　全面推进素质教育的决定》两个重要文件，这两个文件的颁发意味着我国已对高校创新创业教育进行认可并给予大力支持，同时创新创业教育已被纳入国家发展战略考虑之中。但是，这个时期国家对高校创新创业的支持也只是局限于文件的颁发与口号响应中，并没有着手开始真正的实践工作，也没有出台相应的针对创新创业教育的专项教育政策。可以说在这个阶段，真正的实践尚处于褴褓状态。

其次是试点阶段，即初始实践阶段。在这个阶段，国家已着手进行系列改革并付诸了实际行动。这一阶段的标志是 2002 年教育部高教司《创业教育试点工作座谈会纪要》的发布。这份权威性文件确定了我国高校创新创业教育试点为清华大学等九所著名高校，在高校实施创新创业教育成了当时迫不及待的大行动。国家对创新创业教育进行了认真审视，认为高校创新创业教育上到整个国家下到民生都是不容小觑的大问题，上可以用创新创业推动创新型国家的建设，下可以惠及整个国家百姓，关乎民生、关乎就业、关乎人们的幸福指数、关乎经济的稳定与社会的进步。由此可见国家对于高校创新创业的高度重视。这一阶段，我国高校的创新创业教育不再止于理论宣传工作，而是从理论迈向实践，在摸滚爬打中不断努力，不断找寻更适应中国教育模式、更适应中国高校改革发展的改革方向，已经真正从理论走向了更大范围的实践。

最后是全面推进阶段，即在高校中全面开展、推进创新创业教育工作阶段。这个阶段的标志是 2009 年高等教育学会湖南会议的召开。这次会议确定了中国高等教育学会创新教育分会的成立，从此中国高校有了专门的学会组织，可以为创新创业教育的发展与实践提供更多的帮助。在此之后，根据高校创新创业教育工作开展的实际进程，国家出台了一系列更加明确、更加具体的政策文件。该阶段国家为高校创新创业教育投入了很多精力，不断与发达国家高校教育改革相比，不断思索创新教育在中国实际社会发展中的作用，不断进行修订，不断进行提炼，在新时代互联网大力发展中不断提出更多新的要求。

历史是一个动态发展的过程。诚然，我国高职教育自改革开放以来也经历了不断发展，经历了从量变到质变，经历了一系列的改革变迁。当前，我国已经进入习近平新时代中国特色社会主义发展阶段，社会的主要矛盾也发生了重大的变化，即从人民日益增长的物质文化需要同落后的社会生产力之间的矛盾转化为人民日益增长的美好生活需要和不平衡不充分的发展之间的矛盾。这一转变促使我国社会的整体发展同样发生转变。但是，社会的伟大变革需要以优质的人才供给为保障。目前，我国高职院校的创新创业教育正有条不紊地全面开展，不断涌现出更多的创新创业教育模式，如浙江大学的全链条式创新与创业教育教学体系，清华大学深圳研究院的高校、政府、企业的创新创业教育生态网模式，燕山大学的一体两翼三结合创新创业教育体系等，标志着我国高校创新创业教育稳步发展、日渐成熟。多元化的高校创新创业教育模式与体系，不仅极大地丰富和促进了我国高校的全面发展，还切实提升了我国高校学生的创新创业实践水平，符合当今时代对社会人才的发展需求。展望未来，新一代的社会青年正站立在推动祖国大好河山建设与发展的潮头，他们必将以其系统的知识储备和丰富的实践经验，为实现中华民族的伟大复兴而不断努力。

职业教育在我国技能人才的培养过程中发挥着重要作用，对于我国社会的整体发展意义重大。习近平曾对此做出重要批示，他要求大力发展职业教育，不断为社会培养出集知识型与技能型于一体的社会可用人才。尽管当前我国的职业教育正处于稳步发展状态，但是想要进一步推动我国社会继续向前发展和实现中华民族的伟大复兴，必然要继续着力提升高职院校的人才培养质量。就现阶段而言，高职院校学生的就业质量尚需要进一步提升，但这并不代表高职院校要进行大刀阔斧的改革，而是要针对当前高职院校人才培养过程中存在的问题深入研究分析，然后对症下药。这种通过微调的方式加强高职院校人才培养，一是为了保证高职院校人才培养教育改革软着陆，避免矫枉过正；二是因为不同高职院校各自所面临的问题不一，不能一概而论。除了就业质量方面的分析之外，我们还要对高职院校的就业数据进行分析，注重提高高职院校专业教学与市场就业之间的关联，切实提升高职院校学生的就业质量。当前我国高职院校教学工作还存在诸多不足，但是也在不断改进之中，不可因此而忽略多年以来的教育改革成果。下面通过数据调查的方式对高职院校人才培养教育质量做具体分析。

从麦可思发布的从 2009 届到 2018 届连续 10 年的就业数据可以了解到，当前高职院校毕业生的就业满意度、对母校的满意度正在逐步提升。这既得益于国家政府的宏观调控，又得益于高职院校的自我改革。首先是国家政府。前文已经提到，习近平曾对高职院校教学做出重要指示，要求继续提高高职院校人才培养的质量，为社会培养出更多的可用人才。各级政府部门纷纷加强对高职院校的改革指导，并且加大社会投入，优化高职院校的办学环境。高职院校除了从教学设施及教学条件等方面做出变革之外，还从师资力量、实践教学等方面做出调整，以从教学角度出发提升高职院校的教育教学质量。此外，社会对于高职院校教育教学的支持同样不可忽视，尤其在校企合作、产教融合教学方面，不仅为高职院校学生产教融合实践教学提供了机会与平台，还为高职院校人才培养教学提供了必要的保证。

如果一个人所从事的工作不是他所期待的，那么他就难以真正用心做好这份工作。现阶段的高职院校仍在沿用普通高等学校的教学运行组织方式，学校内部在教学运行组织机制方面也没有进行本质上的创新。高职院校过于强调如何适应市场需求、适应企业需求，而忽视了每一个学生的学习需求和就业意愿，对学生个体发展的关注度不够。这些是高职院校内部的问题。大众化高等职业教育既不是培养精英，也不是进行淘汰，而是平民教育，就是希望人人成才、个个出彩，学生喜欢做什么、适合做什么，就让他学什么。因此，高职院校就业创业教育探讨的主要问题是如何为学生提供更多学习的选择权，帮助学生确定自己想学的专业，明确未来想从事的职业和适合的岗位，满足每一名学生的学习意愿和就业意愿。

高职院校制定的培养方法大多以学生为主体和参考，不注重个人。同一专业学生的培养目标和学习课程完全相同。但是，每个学生的兴趣、特长和优势是不同的，每个学生的思维是不同的，每个学生的成长和心理发展也是不同的。与高水平高职院校的学生相比，普通高职学生的个性更加明显，整体多元化也更加突出。可是，仍然还是有很大一部分学生未能学到自己想学的专业、做自己喜欢做的事情。这部分学生本身就不会学、不善学，即使学习条件好、教师水平高，没有内驱的学习动力，结果也就可想而知。当然，由于家庭环境和社会背景的原因，很多高职院校的学生对自己的个性、爱好、专业并不了解，对自己申请的专业、适合从事的工作也不清楚，从而导致了职业认知的模糊。笔者认为，学生入学后应加强职业生涯规划指导。经过一段时间的学习，学生对自己的专业、职业、岗位和任务、兴趣和专业有了更多的了解，为专业和课程的二次选择打下了基础。因此，高职院校应该抓紧落实教育行政主管部门多次提出的实施学分制的要求。目前，高职院校基本实行学年学分制。虽然学分是用来确定课程的，但它并没有给学生选择的权利。对于学生几乎都是必修课，同一专业的学生所学的内容相同。然而，由于高职院校教学资源、师资、场地、经费等方面的限制，加之高校能力有限，实行学分制难度很大，这也是造成绝大多数高职院校不实行学分制的客观因素。高职院校只要真正树立以"学生为本"的理念，转变教学运行组织体系的机制，以市场需求和学生需求为导向分配教学资源，真正把服务学生、让每个学生满意落实到工作中，就一定可以落实好学分制的内涵。学分制起源于"选择制度"，"选择制度"的实质是"选择权"。当然，选择权需要受到"度"的制约。这种"自由度"受到资源、管理能力和学生现状的制约。根据职业教育教学规律、技能型人才成长规律，结合学校实际情况进行设计，把学习选择权和主动权还给学生，把握好学生选择的"自由"。学分制设计的基础工作是重构科学合理的课程框架体系。课程框架体系的特点可以概括为宽平台、凝核心、多拓展、活模块。

第二节　我国高职院校就业创业教育发展现状

一、高职院校产学研协同创新的发展现状

《国家中长期科学技术发展规划纲要（2006—2020年）》颁布后，根据产学研三者之间的相互促进关系，科研成果的实际效果逐步转化为企业发展动力基础上的产学研结合。从提高高职院校服务社会的能力、增加学生就业机会等方面来看，目前工业、学术和科研机构服务社会，增加学生就业机会的能力都有所提高，但仍存在一定差距。《国家"十二五"科学和技术发展规划》对产学研三者协作的要求中，坚持以创新驱动作为产学研当前发展及未来拓展的动力和根本任务，坚持以对科技成果的实际转化效应作为产学研的主攻方向，将经济和科技的实际效益结合起来，可以有助于产学研创新基地迈上新台阶。当前，我国的产学研教育研究和实践主要借鉴国外的产学研教育创新经验和理论，如美国硅谷和北卡三角科技园等的"联合创新网络"、官产学研等的协同创新，日本和韩国以及欧洲等地现有的企业协同创新、技术研究组合等行业科学工程。在我国，从2012年开始，"高等学校创新能力提升计划"就已经被纳入实施体系中，北京大学、中南大学、南京大学、苏州大学等高校牵头申请的17家中心成为首批"2011协同创新中心"。其中，南京理工大学与地方政府、企业、科研院所之间的合作在"高等学校创新能力提升计划"实施的过程中逐步深化，并构建和完善产学研协同创新基地。目前，服务区发展取得明显成效；南京农业大学产学研协同创新基地建设较为完善，尤其是产学研一体化的模式和理念实施较为完善，并将学校科研理念与企业生产理念有效结合，与技术研发、人才培养和提升服务等诸多领域有效结合，目前已取得初步成效；合肥市高校通过搭建协同桥梁和纽带，培养符合学生要求的协同创新能力，促进产业链和创新链的进一步发展。

二、高职产学研协同创新发展中存在的问题

随着各行各业对高素质技能型人才需求的不断增加，如何最大限度地提高人才培养质量，提高学生的综合素质和就业竞争力，已成为当前高等教育的重中之重。面对当前高校协同创新政策环境不完善、协同创新动力不足的问题，

要认清未来协同创新的发展方向，促进协同环境的优化，构建协同办学机制，促进高校协同创新的发展。

（一）协同创新的政策环境尚未健全

产学研协同创新基地虽然已在构建，但是由于当地的政府政策及导向不完善、方向不够清晰等，产学研协同创新在具体实践执行中无法取得政策支持。当前，已经出台的政策尚未形成体系，如核心类的技术、税收、知识产权的保护等分配无法形成较为完整的法律体系。此外，在人事、考核、税收等方面，各级政府无法进行准确的指导，也就无法调动产学研的创新和协作积极性。尽管有国外的现有经验作指导，但是结合我国的具体国情时，在缺乏政府政策和资金的有效支持下，产学研协同创新基地只能摸着石头过河，举步维艰。

（二）协同创新的动力后劲存在不足

产学研合作的内在动力和外在发展条件不充分。高校注重与企业的合作和科研开发，但缺乏成果转化的经验。目前，在保障利益的前提下，产学研不能完成根本合作，统一的合作基础不可靠。企业重视经济效益，科研机构重视技术保留，而高校过于重视学生的就业率。因此，产学研合作所涉及的成本和风险，三方都会"踢皮球"让合作伙伴埋单。这样，合作就会停留在表面，各种矛盾就会层出不穷。虽然政府出台了一些文件加以引导，但合作环境得不到有效改善，产学研合作创新的内外动力无法持续供给。

三、高职院校技术创新方面存在的问题及原因

技术创新是高职院校的重要使命，技术服务是高职院校的重要职责。目前，高职院校的技术创新主体大多是一个单一的分散体。在创新方面，存在着研发能力发展不平衡、服务水平差异大、成果应用转化率低等问题。

（一）高职院校创新方面存在的问题

本节的研究对象是国家示范性高职院校。经过多年的发展，国家示范性高职院校的内涵建设和综合实力可以说代表了国家高职院校的较高水平，具有一定的典型性和代表性。这些高校也基本覆盖了"双高计划"时代的主体建设高校。本节将运用SPSS24.0软件，通过主成分分析法构建高职院校技术创新能力评价模型，得出高职院校技术创新能力综合指数，并对高职院校的技术创新能力现状进行描述性分析，找出存在的问题；其次通过相关性分析法分析不同省份、城市、区域以及院校类型等因素对技术创新能力的影响；最后，根据实证分析结论提出针对性的改进对策与建议。

本节根据教育部科技司公布的《2019 年高等学校科技统计资料汇编》数据，选取了统计名单中的 98 所国家示范性高校的科技统计数据作为分析依据。技术创新能力评价模型的建构：借助 SPSS24.0 软件对采集到的科技统计资料数据进行处理和分析，并采用主成分分析法，建构一个高校技术创新能力评价模型。其中，选取靶标数据是根据《2019 年高等学校科技统计资料汇编》的分类标准，剔除了"鉴定成果数""成果获奖数"等绝大多数院校数据都为 0 的重复性较大指标，选取"教科研人员总数""高职称人数""当年拨入科技经费—政府资金""当年拨入科技经费—企业资金""当年拨入科技经费—其他资金""科技课题总数""专著""学术论文""高层次学术论文""专利数""发明专利数""技术交易到款"等 12 类指标作为分析处理的靶标数据。

其中，F 即技术创新能力综合指数；F1 主要载荷"教科研人员总数""高职称人数""学术论文""高层次学术论文"四个指标，对 F 的解释比重为 21.8%；F2 主要载荷"当年拨入科研经费—政府资金""当年拨入科研经费—企业资金""发明专利""技术交易到款"四个指标，对 F 的解释比重为 20.91%；F3 主要载荷"当年拨入科研经费—其他资金""科技课题总数"两个指标，对 F 的解释比重为 20.89%；F4 主要载荷"专著"一个指标，对 F 的解释比重为 11.31%；F5 主要荷载"专利数"一个指标，对 F 的解释比重为 8.64%。根据技术创新能力综合指数的模型，可得出 98 所院校的技术创新能力综合指数 F 及其排名，进而可对高职院校技术创新能力的发展现状进行深层次解构和描述性分析。本节主要是对高职院校技术创新能力的现状及影响因素进行整体性分析，故对单个学校的技术创新能力指数不做具体分析或排名。

1. 高职院校技术研发能力发展不平衡

通过比对分析可知，F1 和 F2 对 F 的权重占比最大。F1 主要载荷数据反映的是研发人员和学术成果的数量，F2 主要载荷数据反映的是应用技术研发和服务情况。这两个数据反馈的都是院校的应用技术研发与创新能力。其中，"当年拨入科技经费—政府资金"数据反映了学校承担国家各级政府科技管理部门组织的基础研究和应用技术研究的规模。

根据我国科技计划项目体系，"发明专利"数据一般反映的是在技术开发和新产品开发过程中取得的技术水平较高的成果。科技项目通常是通过竞争性选拔获得的，项目的重要性、难度与政府资金的多少成正比。从各院校的技术创新能力 F 指数排名来看，排名靠前的高职院校的"发明专利""当年拨入科研经费—政府资金"两项数据均表现较好。F 指数排名前 15 位的院校，"发明专利"数据也远超其他院校，拉开较明显的梯队。F 指数排名前 10 位的院校

"当年拨入科技经费—政府资金"数据与其他院校拉开较明显的梯队，排名前3位的院校在该数据上比其他院校高出2倍以上。而F指数排名靠后的10所院校与排名前10的院校相比有数十倍的差距。可见，应用技术研发能力体现的是服务创新发展的核心竞争力，但目前各示范院校的发展却非常不均衡。

2.高职院校产学研合作服务水平缺乏优势，差异巨大

"当年拨入科技经费—企业资金"数据体现的是高职院校与企业之间的产学研互动，反映的是高职院校技术创新服务企业、服务产业的水平。根据各院校的技术创新能力F指数排名，进一步分析98所国家示范性院校的"当年拨入科技经费—企业资金"数据，可以发现各院校之间横向技术服务水平差异显著，呈现明显的四个梯队，且各梯队之间差距极为悬殊。第一梯队是排名前5的院校，当年企业资金到款额均在1000万元以上，排名第一的院校当年企业资金到款额将近3000万元；第二梯队为排名6—22的院校，当年企业资金到款额均在100万元以上，且仅有2所院校到款额在500万元以上；第三梯队为排名23—46的院校，当年企业资金到款额为0—100万元；第四梯队为排名47以后的52所院校，它们的当年企业资金到款额均为0，没有横向技术服务到款。由此可以看出，即使是全国重点示范高校，产学研的整体服务仍处于弱势水平，高校发展不平衡，差距巨大。

3.高职院校科技成果应用与转化的水平仍然很低

"技术交易到款"数据体现的是高职院校技术成果转化为企业生产实际的水平，可以反映高职院校技术创新的应用性和经济性。根据各院校的技术创新能力F指数排名，进一步分析98所国家性示范院校的"技术交易到款"数据，发现其整体呈现的梯队及差异与上文所述的"当年拨入科技经费—企业资金"数据呈现的相接近，也表现出从2000万元到0元的四个梯度的显著差距，不同示范院校之间发展极不均衡。

同时，高职院校科技成果转化的整体规模仍非常小，98所国家示范性高职院校2017年当年技术交易到款总和为3亿多元。根据《中国科技成果转化年度报告2018》中的2017年全国高等院校技术交易到款排名来看，3亿多元的到款总和仅能位列第43位。排名第一的清华大学技术交易到款为20亿元，是98所高职院校到款总和的7倍。科技成果的应用与转化水平体现的不仅是一个院校科技成果的"技术值"与"含金量"，更是院校与企业之间的"合作度"与"互动值"。可见，当前高职院校与企业的互动、合作并没有达到预期的效果，不仅高职院校与企业开展的技术研发缺乏明显的规模优势，而且高职院校所产生的技术成果也没有投入企业中转化为生产力。

4.不同院校类别与技术创新能力综合指数 F 的相关性

根据目前高职院校发展实际，本研究认为，高职院校的技术创新能力与其所在的省份、城市、区域、主要办学经费来源、学校举办者性质等 5 个层面的类别关系紧密。学校所在的省份、城市以及区域呈现的是高职院校技术创新服务面向的主要服务域以及其产业经济的发展水平；主要办学经费来源和学校举办者性质不仅体现了学校发展的经费保障能力，也反映了学校办学的综合实力。借助 SPSS24.0 软件，本节将 98 所国家示范性高职院校的技术创新能力综合指数 F 与上述 5 个不同层面的院校类别进行了相关性分析。院校所在城市与 F 存在相关性，相关系数绝对值为 0.26；学校举办者性质与 F 存在相关性，相关系数绝对值为 0.252，所在省份、所在区域以及主要办学经费来源 3 个因素的相关性则不显著。

（二）高职院校创新方面存在不足的原因

基于以上不足，我们对高职院校创新方面存在的问题进行分析。

1.所在城市的经济发展水平未能推动技术创新能力

我们对所在城市编号方式从 1—4 依次是县级市、地级市、省会城市、一线城市，不同级别的城市对高职院校的技术创新能力综合指数 F 呈现了显著的正相关关系。同时，观察技术创新能力综合指数 F 排名，排名前 6 的院校均建在一线或省会城市，这表明建在一线城市或省会城市的高职院校的技术创新能力普遍高于建在地级市或县级市的院校。

从 2016 年起，我国开始发布"高等职业院校服务贡献五十强"榜单，从近三年入选的五十强院校来看，这些学校的地方性和行业性特点鲜明。以 2018 年为例，中西部地区进入五十强院校的学校有 15 所，占五十强院校的 30%，覆盖河南、湖南、重庆等 10 个省份。其中，重庆、四川、湖南、贵州、云南 5 个省份各有 2 所院校入围。沿海经济发达省份院校在服务贡献五十强中的集中度相对较高，仅江苏、浙江和广东三省就有 29 所院校入选，占比超过一半。这一分布形态在一定程度上反映了我国高职院校对经济社会发展热点区域的服务贡献和支撑力度。但是，从 2018 年 32 个省、自治区、直辖市的 1312 所高职院校研发服务到款额的统计数据来看，到款额排名第一的浙江省为 328.7 万元，排名最后一位的吉林省为 2.1 万元，二者相差有 300 多倍；在安徽省 73 所高职院校中，有 34 所院校的研发服务到款额小于 10 万元，占到全省高职院校数的将近一半。以上数据反映出我国高职院校的技术服务能力和水平是不平衡的，在地区和个人方面存在较大差异。

从我国高职院校发展的实际情况来看，一线城市的产业集聚程度明显高于二、三线城市。产业集聚程度和发展水平的显著差异对技术创新服务需求的水平和数量有显著影响，从而导致高职院校技术创新能力的差异。高职院校技术创新服务与产业集群融合互动的频率和深度，直接影响高职院校适应产业转型升级需求的敏感性和有效性。更为密集和活跃的产业集群一般集中在一线及省会城市，面对这样的形势，高职院校有更多的机会为产业转型升级提供技术创新服务，能够更快地把握产业改革发展的趋势，久而久之形成更强的技术创新能力。

　　2.高职院校的技术创新服务不能有效聚焦于区域社会

　　研究发现，不同省份和不同区域对高职院校的技术创新能力综合指数 F 的相关性不显著。因此，可以发现高职院校的技术创新服务并没有有效地聚焦于区域社会。根据我国的经济发展实际，不同区域或省份的产业经济发展状况存在较为显著的差异，普遍认为华东、华南等区域，江苏、浙江、广东等省份的产业发展更为强劲，中小微企业也更具活力，而西部省份则会表现得相对薄弱一些。不同经济发展态势的区域或省份理应会产生不同的产业转型升级的发展需求，根据职业教育发展定位，高职院校理应结合所在区域或省份的技术服务需求，提供与之相适的有差异性的技术服务。

　　然而，区域和省份等因素对技术创新能力的相关性不显著，说明了目前高职院校开展的技术创新服务与国家政策设计的初衷还存在一定的差距，发展状况未及预期。2017年12月出台的《国务院办公厅关于深化产教融合的若干意见》中明确指出，要统筹职业教育与区域发展布局，按照国家区域发展总体战略和主体功能区规划，引导各地结合区域功能、产业特点探索差别化职业教育发展路径。但是，根据以上分析，可以得出结论：目前高职院校的技术创新服务没有有效地着眼于区域社会经济发展的需要，服务方向过于宽泛，未能有效凸显职业教育的地方特色。例如，华东或华南沿海省份的高职院校并未普遍表现出更强劲的技术创新能力，与其所在的区域经济社会发展程度仍不相匹配。

　　3.学校举办者性质与技术创新能力密切相关

　　我们对学校举办者性质的编号方式从 1 到 4 依次是教育部门、其他部门、企业、行业。不同举办者性质对高职院校的技术创新能力综合指数 F 呈现出显著的负相关关系。这表明，由教育部门或其他部门等政府部门举办的高职院校比由企业或行业举办的高职院校技术创新能力普遍要高。从技术创新能力综合指数 F 排名前 50 的国家示范性院校来看，教育部门举办的有 31 所，其他部门举办的有 16 所，行业举办的有 2 所，企业举办的仅有 1 所。导致这种不均衡现象的原因主要有两个：一是办学经费的保障力度不均衡。由教育部门或其他部门等政府部门负责的高职院校，其办学经费主要来源于政府公共财政的资助，经费基本能做到规范、及时地到位，在经费充足的情况下，实验实训仪器设备配置与更新情况良好，为技术创新提供了坚实的物质基础。但是，企业或行业举办的高职院校的办学经费主要来源于学费收入，较少来自政府公共财政的资助或社会捐赠。办学经费的紧张，直接导致这些高职院校在实验实训仪器设备配置与更新上较为落后，技术研发条件较差，许多技术研究课题无法完成，直接影响其技术创新服务的水平。此外，受办学成本的影响，企业或行业举办的高职院校更倾向于开设成本低但招生热门的管理类、文化类、财经类等专业。全国民办高职专业大类分布情况的数据显示，7142 个民办高职开设的专业中属于财经大类的专业数量最多，占比达 20.4%。这类的文科类专业在技术创新服务上的表现，无论是数量还是规模上都难以与理工科类专业相比，因而也是导致企业或行业举办的高职院校技术创新能力相对落后的原因之一。[①] 二是举办者对于技术创新服务的重视程度不同。教育部门或者其他政府部门对高职教育投入经费时，希望未来能对社会经济发展提供服务与支持。因此，政府部门鼓励高职院校为区域内的社会企业提供技术创新服务，非常重视引导高职院校将办学重点落在提高技术技能和创新服务能力上，落在提升高职院校服务经济社会发展的水平上。从高校层面来看，也是如此，技术创新是高职院校的重要使命，技术服务是高职院校的重要职责。2015 年，教育部印发的《高等职业教育创新发展行动计划（2015—2018 年）》（教职成〔2015〕9 号）提出，"在 2018 年底之前建成 500 个左右以市场为导向多方共建应用技术协同创新中心"。此后，各省教育厅组织开展了高职院校应用技术协同创新中心的申请工作，得到了高职院校的热烈响应。然而，企业或行业由于功能不同，就业教育更为短视。在这一理念的指导下，学校主要以学生就业为重点实施教育，考虑到当前就业所需的知识和技能因素很多，只能开发出自己企业发展所需的技术服务。因此，这在一定程度上是这类高职院校不重视对外技术技能创新服务的原因之一。

① 朱丽娜，陆万多．优化创业教育评价体系，提升民办高职院校内涵建设的实践研究 [J]．吉林省教育学院学报（下旬），2015,31(09):97—100.

第三节　我国高职院校就业创业教育存在的问题与原因

一、高职学生存在的就业心理问题

（一）高职院校学生在就业创业教育中存在的心理问题

首先是迷茫心理。从入学到实习初期，职业学生只有两年的学校学习时间。大多数学生对所学专业缺乏清晰的了解，对个人职业方向的选择及职业发展计划缺乏准确的了解。他们不可避免地会在求职和就业过程中感到困惑。毕业时的高职学生，面对多样的工作岗位、不同区域的公司、不同类型的企业等，往往呈现出迷茫、不知所措的个人状态，不知道自己适合做什么工作，能够胜任什么岗位，为此不知道如何去做选择。其次是焦虑心理。焦虑集中体现为对某个事件或事物过度担心，从而导致紧张和焦虑。随着高职毕业生数量的逐年增多，面对当前复杂严峻的就业形势，大多数毕业生在实习就业的初期都会不自觉地焦虑起来，担心找不到合适的工作和满意的工作，担心自己的前途和发展前景。因此，很多毕业生在实习工作时总是处于焦躁不安的状态，很难冷静下来准备工作和积极应对每一项工作。再次是从众心理。从众心理是指个体在外部群体的影响下，为了达到与大多数人相同的心理状态而改变自己的思想或行为。实验表明，大多数人容易受到从众心理的影响，只有少数人能够保持独立，不受从众心理的影响。这也是大多数人的普遍心理现象。高职学生正处于"三观"形成的关键时期，其人格尚未完全成熟，容易受到不同社会思潮和外部观念的影响。在求职过程中，大多数高职生往往处于观望或集群状态。他们总是关注同一专业、同一宿舍、同一班级学生的就业情况，而忽略了自己各方面的实际情况。他们盲目地跟随周围人的脚步，不知不觉地失去了就业机会。最后是自卑心理。自卑感也是高职生常见的就业心理问题，主要表现在以下几个方面：对自己缺乏正确的科学认识，认为自己不如别人，主观上会产生消极的抑郁和悲伤情绪。由于受教育程度低、知识水平有限、综合素质不足、专业技能不扎实、社会对高职毕业生认可度低，高职毕业生容易缺乏自信、不敢展示自己，在实践和就业中产生犹豫等消极心理。在这些负面情绪的影响下，毕业生逐渐失去信心，无法充分发挥个人优势，甚至不敢主动向用人单位推荐自己或与他人竞争。他们一再受到求职的阻碍，很难获得就业机会。

（二）高职学生就业心理问题存在的原因分析

导致高职学生就业心理问题的原因是多方面的。具体表现在以下几个方面。

一是个人层面原因：高职学生尚未为就业做好充分准备。在事物的发展过程中，内部因素起着决定性的作用，是影响事物发展的根本因素。鉴于高职毕业生的就业心理问题，学生自身的因素自然是造成这些问题的根本原因。一方面，高职学生对自己还没有形成全面的认识。对个人专业兴趣、专业能力、个人特征、优缺点等的理解不足，对所研究专业的发展方向、职业选择和社会需求缺乏了解。另一方面，高职学生普遍缺乏拼搏的精神品质，在求职时更注重企业的工作环境、住宿环境、饮食环境等外部条件，对工作收入的高度重视，使就业期望与实际情况大相径庭，导致许多心理问题，如焦虑和自卑。二是学校层面原因：缺乏强有力的就业指导与心理健康教育。学校层面的管理水平也是影响学生心理问题的重要因素。高职院校的大多数就业指导工作还没有形成总体规划和充分参与的工作模式。在学生的职业规划、专业素养的培养以及求职技能的普及和宣传方面做的工作较少。与就业有关的课程设置较少。已经开设的课程设置的学时也较少，教学内容缺乏创新性和新颖性，教师的专业素养也不强。关于学生的就业心理健康教育，许多高职院校通过职业咨询、就业协助、心理咨询等多种形式开展了心理健康教育工作。但是，一定程度上仍然存在学生参与兴趣不足、教育力度不强的情况，往往表现在集体形式上的教育未能实现针对性的精准指导，实际效果有待提高。三是家庭层面原因：未能提供科学合理的就业建议。原生态家庭对一个人的影响是根深蒂固的，不能忽视。它在形成个人特征、价值观和个人成长与发展中起着至关重要的作用。家庭环境也是学生求职过程中的重要因素。一些父母受传统的就业观念的影响，不赞成他们的孩子在户口所在地以外的地方工作或选择临时的工作职位，并且没有充分尊重和考虑孩子提出的合理建议和意愿；一些父母的教育和知识水平有限，无法提供合理的建议，在求职和就业过程中无法为孩子提供科学、适当的指导和协助。甚至也存在极少数的父母由于忙于工作，无暇顾及孩子，把孩子全权交给学校，认为孩子在学校就应该由学校和教师负责，从而对自己孩子的学习、生活，包括就业问题毫不关心。所有这些都容易导致高职学生在求职过程中出现自卑感和焦虑心理。四是社会层面原因：不良社会思潮的冲击。社会环境是影响毕业生就业的重要外部因素。没有人可以置身其外，都会受到其影响。不难发现，当今社会一定程度上存在拜金主义、享乐主义、功利主义和极端个人主义等不良社会思想，对毕业生的就业心理健康发展产生了一定的影响。另外，随着我国高等教育的不断普及，社会对高等职业（学院）学历的认可程度不高。高职学生由于学历偏低，被许多中高端企业拒之门外。此外，个别用人单位对高职生有一定的偏见和歧视，无疑会给大学生造成很大的心理困扰。由此也产生了很多心理问题。五是择业观教育机制不够完善：高职院校校园为高职院校生提供了必要的学习、成长环境。同时，高职院校教育为引导青年人树立正确人生观、价值观、世界观提供主要平台，从校园毕业的高职院校生，其择业观充分体现了自身的人生观、价值观、世界观。因此，高职院校教育要重视给予学生树立正确的择业观并加强对高职学生的职业生涯规划。然而，事与愿违，当今高职院校生择业观教育存在颇多问题，具体如下：一是形式主义突出。当前高职院校择业观教育机制不够完善，形式主义较为突出。如学校不能本着实际让学生择业，没有健全的考核评价机制，没有充分发挥学校对当代高职院校生择业观的教育作用。同时，缺乏针对性的择业观教育。这些年党和国家都充分重视高职院校毕业生的就业问题，不仅出台了很多有利于就业的政策，还促使学校加大对在校生的宣传力度。但是，很多高职院校并没有认识到大政策的正确引导，没有引导学生根据个体发展需求、学校办学目标、专业类型以及地域特征等开展择业观教育，而只是运用填鸭式共性理论开展教学。二是缺乏系统性。某些高职院校择业观教育还缺乏系统性。要知道，我们不能将教育看作单一性的教学工作，而且高职院校生择业观教育涉及的方面比较广泛，如长期职业规划、价值观念以及社会长期发展需求等。基于此，高职院校需要充分发挥各方面的力量，共同努力引导学生树立正确的择业观。在现实中，不难发现很多高职院校的相关部门与机构是独立的，不仅缺少课程相互之间的紧密衔接，也不能构建出合理科学的系统。

就当前来说，课堂形式是大多数高职院校培养高职院校生择业观教育的主要方式，然而这些课程大多轻实践重理论，只是普及一下教育观理念，对某些政策传达、相关求职技巧以及职业介绍等比较注重，不能很好地转化教学成果，自然也不能引起学生的充分重视。基于上述情况，很多高职院校学生认为这些课程可有可无，根本不能对自己的就业产生有效帮助，在校学习期间只重视考试与学分，学分够了即可拿到毕业证。同时，某些高职院校对择业观的教育起步较晚，并采用传统教育方式进行，这种方式严重缺乏创新精神，再加上教师没有充分了解学生的个体差异，致使当代高职院校学生择业观教育效果受到严重限制。其中，社会环境因素和传统家庭职业观对于学生的择业影响最大。

1. 社会环境的影响

高职院校往往通过具体课程及集体活动等开展择业观教育，但是现在社会涌现出了多种复杂思想，这些思想对高职院校学生的价值取向产生了极大的影响，高职院校生在择业观上呈现出多重矛盾，由此可见高职院校学生的择业观受社会因素的影响较大。当今，随处可见所谓的"就业难"，问题的实质不在于缺岗，社会上一直就有很多就业岗位，但高职院校学生却总是找不到适合自己的岗位。在择业时，高职院校学生考虑的问题、因素较多。他们希望自己的学历能获取较多薪金，在就业时不会根据自己的能力和爱好去选择，而是太过在乎周围人的眼光，假如找到好的职位能获得较高的收入，周围人就会投来羡慕的眼光，认为"高职院校上得值"；如果职位不满意而且薪金较低，周围人就轻易判断"高职院校上得不够划算"。可以说，高职院校生在择业时往往受到他人眼光的左右。显而易见，这种社会压力影响了职业。高职院校学生思维异常活跃且有较强的接收信息欲望，对社会环境非常敏感，但受信息洪流的影响，他们不能对获取的信息进行科学筛选。其一，高职院校学生未形成内在价值。虽然很多高职院校学生在社会中受到了诸如模范作用的引导，获得了中国梦等很多的积极信息，但在求职时还是避免不了眼高手低。其二，社会中往往还散布一些负面信息，如社会环境中整体寻利行为等，高职院校学生在就业选择上极易出现功利主义。再加上某些社会的不公，致使高职院校生对就业公平性产生怀疑。因此，高职院校生在择业时往往会受到社会诸多正负面信息的交叉影响而产生复杂心理。伴随着近些年城市建设步伐的加快，很多原本位于比较偏远地区的高职院校也逐渐被热闹繁华的商业圈包围。高职院校学生相对缺乏社会经验，思想单纯，较容易受到校外文化的吸引。同时，某些外来文化也在不断充斥着高职院校学生的心理，比如名牌服装、名牌手表、名牌包等，这些奢侈品让某些学生眼花缭乱，再加上网络游戏的泛滥遮挡了高职院校生的正确视线，这些都对高职院校教育环境产生一定负面影响，高职院校生在就业时难免产生复杂心理。

2. 传统家庭职业观的影响

家庭环境对于一个学生的成长非常重要，学生在固定的家庭构成、家庭条件以及家长言行等方面受到较大影响。从某些方面来讲，高职院校学生职业选择理念反映了家庭教育的结果。因此，不正确的家庭因素对高职院校学生成长阶段也会造成很多不利影响，具体如下：①家庭期望过高。某些家长对子女教育的期望特别高，希望孩子能够按照自己所规划的人生道路走，希望孩子成为自己的骄傲甚至炫耀的资本。殊不知，这样的期望忽略了孩子的个性差异，每个孩子所经历的人生道路不同，因而就有了不同的人生目标，但家庭的过高期望却对高职院校学生的择业产生了重要影响。比如，某些家长在帮助孩子择业时只盯着企事业单位，想方设法让孩子在这些单位任职。在为孩子设定人生道路时，家长或许没有询问过孩子的想法甚至觉得其他的想法都是不切实际的。这些家长望子成龙、望女成凤，然而这样强加的想法却是对人性的束缚，不仅让孩子产生了无形的压力，也限制了孩子的择业空间。②拼关系。如今大部分高职院校毕业生都属于独生子女，他们的父母为了使他们在找工作时不至于碰壁受苦，会竭尽所能动员身边一切力量为孩子铺设好一切，这种做法形成了所谓的拼爹、拼妈、拼关系。这种现象既不利于孩子自身全面发展，也对其他高职院校学生的择业观产生了不利影响。③父母压力。据调查，学生最初择业观很大程度来源于父母对社会职业的评价。某些父母在孩子小时候就为其灌输很多职业思想，这些思想通常可能是父母自己没有实现的愿望，因而在培养孩子时有了刻意心态，希望自己年轻时未能完成的梦想在孩子身上实现。父母的这种心态潜移默化地影响了孩子的择业观。某些高职院校学生在毕业时不但要独自承受来自社会的压力，还要承受父母所给予的压力。

二、高职院校辅导员就业创业方面的问题及原因

（一）高职院校辅导员在指导学生就业创业方面的问题

据第三方社会调查机构麦可思研究院发布的《2019 年中国高职院校生就业报告》（就业蓝皮书）显示，2018 届高职院校毕业生就业率为 91.5%，其中近两届高职高专毕业生就业率高于同届本科生。虽然数据显示高职院校近年来就业率保持在 90% 以上，但是随着高职院校的扩招，高职院校毕业生数量随之陡增，且在经济下行压力巨大的背景下，就业岗位的增长数量跟不上高职院校毕业生数量增长的脚步，高职院校毕业生的就业形势不容乐观这一事实不可否认，彰显出"僧多粥少"的局面。教育部预测，2022 年高校毕业生将超过 1 000 万人，规模增长必然使就业形势更加严峻。根据目前学校、各二级学院历年来双选会和单场招聘会的现场情况来看，学生的就业积极性普遍不高。每年 10 月份和 11 月初的招聘会还有部分学生参加，11 月底之后的校园招聘会现场甚至出现招聘人员数量大于应聘人员数量的情况。与学生参加招聘会意愿不强的情况相反的则是，学生希望找到适合自己能力的工作岗位，用人单位希望招聘到与工作岗位需求匹配度高的员工；学生抱怨"求职难"，用人单位反映"用工荒"。这明显反映出学生的"求职"与用人单位的"招工"之间存在着一

定的差距，从学生方面缩小这个差距，是高职院校辅导员落实"就业是民生之本"的基本任务。

（二）高职院校辅导员就业工作难以推进的原因

1.学生就业能力不强——学生不敢就业

目前，虽然不少高职院校学生选修甚至必修了就业指导相关课程，但是就业指导课程多开设在高职院校一年级，而学生真正就业却发生在高职院校三年级或四年级。这使得很多学生接受就业指导时还处于懵懂的状态，导致授课效果不理想，缺乏针对性。而且目前多数高职院校虽然有针对学生的相关就业指导课程，但大多数此类课程由于授课计划和课程标准变化不大，致使授课内容实用性不足，过于理论化的授课内容将来难以解决学生的实际就业需求，学生从相关课程获取的有用信息不多，最后使得就业指导课程流于形式，无法从根本上帮助学生提高就业能力和综合素质。

2.学校就业宣传不到位——学生不知就业

在高职院校中，招生就业处作为为毕业生求职和用人单位招聘提供专门指导和服务的机构，在为学生开展就业咨询与引导、办理就业毕业手续等方面也扮演着重要角色。但是，很多同学直到毕业交就业协议的时候才知道学校招生就业处在什么地方，个别同学甚至到毕业都不知道学校还有这个部门。由于前期各部门各方面的就业宣传不到位，因而增加了毕业季学生就业工作的难度。

3.大三毕业生就业意向多种多样——学生不想就业

根据对重庆某高职院校随机抽取 1543 名毕业生进行的就业意向调查，这1543 名毕业生中，准备找工作的有 712 人，准备专升本的有 632 人，准备自己创业的有 43 人，准备出国留学的有 8 人，还有 148 人目前对未来比较迷茫，不知何去何从。从以上数据可以看出，目前高职院校毕业生的选择面比较广，一半以上的同学目前没有就业需求。经对个别同学访谈了解到，少数同学存在着就业胆怯心理，他们将创业和专升本等作为自己的退路和借口，以此逃避找工作。笔者经调查了解到：目前在高职院校的毕业生中，专升本大军异常庞大，但据往年的经验来看，专升本录取比往往在 2∶5 左右，那么每年 4 月份专升本考试成绩出来之后，没考上专升本的同学到底何去何从？学生明显没有做相应规划。

4.学生家庭给予的就业指导较少——学生不懂就业

2020 届高职院校毕业生多为"00 后"，大多数学生属于独生子女家庭，习惯于依靠家里帮助，不愿面对社会，且大多数家庭能够给予学生的就业指导较少，有少数学生家长甚至还停留在学校可以包分配工作的层面上。这在一定程度上也对学生的就业工作造成了阻碍。

5.学生不了解现在的就业市场需求——学生不明就业

根据 2020 年对学校招聘会的现场情况的观察，笔者发现，虽然学校一直在营造紧张的就业氛围，辅导员也一直在强调面试的礼仪和着装，但是大多数学生并不买账。有的学生参加招聘会就像在逛菜市场，从来不带简历，个别同学甚至穿着拖鞋去参加招聘会。此外，根据单位的面试情况反馈，很多同学在面试之前没有做好准备工作，缺乏面试经验，就业能力不强。部分综合素质比较强的同学又存在着期望值过高，只想留在中心城区，不愿意去区（县）基层锻炼的心理。个别同学还存在挑三拣四、眼高手低的问题，认为低工资供不起自己的高消费。

三、高职院校教育教学方面的问题

（一）课程定位不准确，课程呈现碎片化和无序性

当下，我国大多高职院校就业创业教育尚处于起始阶段，不仅没有设置比较完善的教学目标体系，而且对就业创业教育认识远远不够。在这种情形下，高职院校在教育教学中自然不能将自身实际情况充分结合于就业创业教育，相关的课时配置存在诸多问题，教学资源配置有很多不合理因素。当前仍存在部分高职院校就业创业教育工作流于形式的现象。比如，部分高职院校将就业创业教育的进度当作固定噱头，想以此吸引更多的学生加入院校学习中来，但是从形式上来讲根本不重视教育的质量，也没有着手解决教育中出现的问题，以速成班的方式来开展就业创业教育，未能很好地将专业课程与就业创业教育相结合，就业创业教育的质量无法得到明显提升，不利于高职院校就业创业教育服务体系的构建。高职院校要把创新创业教育引入社会生活。传统的创新创业教育把目标定得过高（有的高职院校把学生是否自主创业成功作为创新创业教育成功与否的标准），致使创新创业教育的内容和方法与大多数学生的日常生活相脱离。教师在课堂上列举的案例脱离学生生活实际，忽视了现实生活中的很多创新创业活动与文化、家庭、社会政策和制度的互动关系。撰写创业计划是很多创业课程的必备要求，但"撰写冗长的创业计划有可能延迟甚至抵消了实现创业理想的行动——甚至更坏，阻碍了创业理想的产生"。此外，从硬件资源看，大规模扩招给本就紧张的高职硬件资源带来巨大压力。近十多年，特别是 2011 年 6 月 29 日印发的《国务院关于进一步加大财政教育投入的意见》

要求，"教育类支出占财政总支出比重不低于 14%"，职业教育也因此在硬件上得到较大投入。但是，教育投入增长速度是和高职招生人数增多同步的，大多数高职院校的教学资源和后勤资源都处于饱和运转状态，部分高职院校还不得不通过市场化租赁方式解决教学和学生住宿等现实需求，这又给学校管理增加了人力、物力成本。虽然学校开设了创新创业课程、举办创新创业竞赛、组织创新创业实践项目，但是这些活动缺乏必要的连接，无法把创新创业教育的课程与学生的思想道德教育、专业课程教育有机结合起来，从而导致了创新创业教育和专业课程教育"两张皮"的现象。许多高职院校为了推进创新创业教育，突出学校对创新创业教育的重要性，纷纷设立了创新创业学院。但是，在一些高职院校，创新创业学院的工作性质属于学生管理范畴，归口管理部门是学生部；专业课属于教学范畴，集中管理部门是教育行政部门（教务处）。这就导致了创新创业教育与专业课程的分离，创新创业教育成为与专业课程平行的独立课程。所谓创新创业课程开发，不是与基础课程和专业课程挂钩开发课程。所谓创新创业教学，是聘请创业导师单独授课。虽然把创新创业教育分开并非完全不合适，但这种分开确实使创新创业教育难以深入每一个班级、每一个学生、每一位教师，进而使创新创业教育难以形成合力，影响创新创业教育的有效性。

（二）教学模式不完善，课程评价呈现出非理性化

目前，我国很多高职院校的就业创业教育服务体系还不够完善，或多或少都存在着某些问题。比如，高职院校就业创业教育地位在很多人的意识中非常低，而且很多院校根本不将其当作重要课程，与其他专业课程明显区别对待。这种情况致使高职院校就业创业教育所设置的课程内容非常单一，让学生感到枯燥无味。同时，因为就业创业教育课程一直游离于专业课程体系之外，根本没有充分结合实际专业课与就业创业教育，使得学生在学习这门课程时往往提不起兴趣，也根本不明白这门课程的重要性，因而学生根本不能充分发挥专业优势。在实际调查中发现，很多高职院校就业创业教育课程设置得也不够合理，未能完全遵循本地化特色，也未能积极与本地企业建立良好的合作关系。当然，高职院校如果不能充分依托当地有利资源构建就业创业教育服务体系，就根本不能建立就业创业教育基地，而且在实际授课过程中高职院校喜欢依据传统授课方式进行填鸭式的理论灌输，很多教师认为基础理论课才是课程的重心，既不重视实际操作，也不重视学生是否能掌握真正的就业创业技巧。尽管创新创业教育具有十分重要的意义和价值，但是有的高职院校把"有多少学生

创业成功"看成创新创业教育的成果。而事实表明，"尽管各高职院校努力把创新创业教育融入课程，毕业后从事创业的人数还是寥寥无几"。目前，关于创新创业教育与创业活动之间正相关关系的实证研究还比较缺乏。究其原因，主要有以下几个方面：第一，创新创业教育的实施路径与结果难以建立有效的联系。教育从投入到产出往往需要很长时间，经济衰退等因素对创新创业教育的效果影响较大。第二，如何评价创新创业教育的效果尚不明确。比如，创新创业教育的成就是指创业的频率、在职业生涯中有创业行为、参与风险管理的频率，还是企业家自身的工作满意度。第三，课程的目标和教学方法是多种多样的，因而很难比较哪些目标和教学方法是可取的。第四，在创业评价中，大量使用二手信息，信息发布者有自我评价的倾向。总之，关于创新创业教育活动与结果之间因果关系的研究需要长期考察，并受到许多其他因素的影响。创新创业教育主要是培养学生提高从事创新创业活动的素质和能力。它具有未来创新创业的可能性，而不是必要性。然而，在创新创业教育的现实中，创新创业教育与创新创业现实之间关系的复杂性和持久性往往被忽视。只截取成功企业家的主观表达，通过非理性渲染，简单地用因果关系来匹配二者，片面夸大创新创业教育成果的意义和价值，导致学生对创新创业意识的片面理解和认识，导致对教育的错误认识，形成了创新创业的错误观念，如创新创业等于一夜暴富，创新创业只有成功没有失败，创新创业就是企业的成功建立，等等。

（三）管理机制不完善，教育目标单一化

我国广大高职院校就业创业教育仍处于启蒙阶段，就实际而言，还需要在教育过程中不断摸索、不断总结，当前尚未找到一整套比较完善的管理方法。正是因为缺乏健全的管理机制，所以高职院校创业教育职责分工不明，教学活动开展也比较混乱。此外，某些高职院校根本没有专业的就业创业教学师资队伍，只是聘请某些兼职教师授课，必然会出现教学不规范等情形。而且专职教师较少，使得开展就业创业教育时，不同学院不能进行有效的沟通交流，也不能进行有效的对接，难以确保筹备的相关活动及信息传递有较高的时效性。高职院校需要面对"就业好"挑战。近些年，我国职业教育就业率普遍在90%以上，"就业好"也成为众多社会人员选择报考高职院校的重要原因之一。当前，高职院校大规模扩招，有应对经济下行压力加大、就业形势严峻的现实需要，但1—2年后，这部分扩招群体将和其他高职院校毕业生一同进入就业市场，就业压力势必进一步增大。如何帮助更多学生实现就业创业将成为高职院校不得不提前面对的问题。一旦大量毕业生无法实现就业，职业教育多年积累

的"就业好"形象破碎,势必进一步降低职业教育吸引力。将创业局限于经济领域,甚至狭隘到"等同于小企业的自主管理和自主经营",这本身就是一种对创新创业的认知束缚。事实上,现在的创新创业概念已经突破经济领域渗透到所有领域,成为开发潜能的方式,创新创业教育的范围已经大大地拓展。莱塞姆(Lessem)将创业划分为不同的类型,并且认为不同类型的创新创业所要求的人格类型和素质是有差别的。这些创业者的人格类型中,尽管有一些是同质的,但有着不同的侧重,甚至可能存在冲突,如权威型的组织和控制与社交型的随意和价值共享。因此,以某一创业类型作为标准进行创新创业教育,有可能对其他类型的创新创业有所抑制,甚至产生损害。有的学者甚至认为,依照不同创新创业人才所要求的不同心理品质,不存在统一形式的教育。

高职院校需要面对"教好"的挑战。高职扩招对象为退役军人、下岗失业人员、农民工、高素质农民、在职职工及应(往)届毕业生等。这部分人群成长背景各异,从业经历不同,学习基础偏弱、年龄结构跨度大、学习能力相对较差,这让习惯了培养升学考试类学生的高校一时难以适应。高职院校需要面对"管好"的挑战。生源的复杂性大大提升了学校的管理成本。扩招对象大多都具有一定的人生阅历,年龄从20岁到60岁不等,其求学目的存在较大差异,学校不得不重新研究和适应这部分学生的心理状态。当前,职业教育成为"有教无类、开门办学"的教育类型,要改变"高等职业教育零门槛"的尴尬形象,需要政府坚定落实"把职业教育摆在教育改革创新和经济社会发展中更加突出的位置",既要在硬件投入、师资培训上加大投入,也需要适当增加高职院校人员编制,选派有能力、有担当、有职教情怀的领导干部充实到高职院校。社会各界,特别是产业经济界应给予职业教育更多关注,实现产教融合、校企合作。每个人都从事不同的职业,不同工作领域对创业活动的要求也不尽相同,甚至大相径庭。"事实上,没有典型的创业。'典型的创业者'是一个矛盾的说法。通过比较'典型'创业者的'典型'经验就可以发现,即使是同一创业过程中创业者获得的经验也是五花八门的。"我们不否认统一创新创业教育的必要性,而仅仅局限于统一的创新创业课程和形式,可能不得不牺牲其专业性和深刻性,以简单化、形式化和肤浅化为代价。教育和学习本质上是社会文化实践的一部分。在特定环境中的有效模式不一定保证在其他相同或不同的环境中仍然有效。创新创业教育本身就是植根于社会文化环境中的实践,把创新创业教育作为一门学科或形成一个共同的模式是有问题的。

（四）资源配置不合理，师生比较懈怠

我国并没有在高职院校教育中投入过多的精力，因而教育经费的投入也远远不够，这些费用只能满足基本专业教学活动，没有过多资金去推动就业创业教育的发展。教育教学不能得到充足的教育投入，因而无法合理优化固有的教学资源配置。而且很多创业教育的教师在当前阶段没有足够的自主创业经验，只停留于在理论上对学生就业创业教育进行基本指导，使得课程内容枯燥无趣且与学生实际要求不相符合，学生就业创业所需的具体知识与相关技巧没有得到有效传输。如何"教好"成为高职院校教师一项紧迫的课题。从2020年3月份李克强总理在《政府工作报告》中做出承诺，到方案出台，实现招生，实际上只有几个月的时间。课程体系、人才培养方案、教学组织形式等都要有大幅度调整，现实是，大多数高职教师还在摸索中开展教学。在创新创业教育概念最初出现的时候，很多人将其理解为有关劳动者自主创办企业、学校创办创新创业教育的课程，同时也是按照这一逻辑来实施的。但是，教育是有计划、有组织地对受教育者的身心发展产生积极影响的活动，其目标是实现个体身心健康的积极和全面的发展，而创新创业素质是高职学生全面发展的必备素质之一。英国高等教育质量保障局对创新创业的定义是这样的："创新创业在这里的定义是指在实践中运用创造性的观点和创新的方式。这一普遍概念可以应用于所有教育领域。其中包含了创造性观点的形成、表达，如何解决问题，沟通和实践活动能力。""创新创业教育的目的是使毕业生具备根据需求提出新观点的意识和技能，并能付诸实施。简而言之，能够学以致用。"根据学者的研究，创新创业教育课程内容不仅是商务课程的一部分，更是人一生要学习的内容。创新创业教育是激发人的潜能的活动。创新创业教育的成果不仅包括经济效益，还包括丰富人生意义、解放自我、实现自我。当然，学生自主创业与健康发展、潜能激发并不矛盾。对于一些具有自主创业素质的学生来说，通过创造和利用适当的条件，可以激发自己的潜能，实现人生的价值。高职创新创业教育课程的具体学习目标分为以下四类：一是创新创业意识，要意识到创新创业对自己的意义和价值。二是创新创业思维，主要包括人格和社会的自我定位；进取心、动机和明确的目标；自信和适应能力；自律和自我管理；突破限制实现目标的能力；容忍不确定性、冒险甚至失败的能力；具有一定的道德、亲社会和环境保护的个人品质。三是创新创业能力，包括具备基本的行动能力、素质和技能；具有创造力和创新能力；能够发现、创造和判断机会；在批判性分析和判断的基础上做出决策；通过领导和管理实现自己的想法；能够反思和行动；具有人际交往能力、沟通和决策能力。四是创新创业的效能，包括能够独

立引导自己；能够推进目标和更新方法；能够实施创新创业计划；能够自主创业和优化职业选择；敢于探索创意企业；能够理解和创造各种价值；能够判断创业的市场目标。

（五）忽略心理素质培养，师生比较忙碌

高职院校就业创业教育比较笼统，因而某些学生即便有了创业的心态也总是表现出观望犹豫的盲目感，简单而言就是不能走出第一步。创业的初衷是追求快乐，追求梦想，追求财务自由的生活，改变自己的现状。但是，很多学生只拥有创业的初衷却没有实际行动，究其原因，高职院校创业就业教育没有重视学生的基本素质。创业需要的一个最基本的素质就是乐观。不管在什么样的困难情况下，都能够抬起头来重新做或者重新开始，任何困难都能解决，这是创业比较基础的一个方面。有追求快乐的心态，有非常强大的内心动力支撑，才能克服诸多困难。某些高职院校只重视理论式的讲解，而忽视了如何提升学生心理使其面对困难时积极挑战。创业过程实际上是一种人生极致苦行，在创业过程当中，创业者永远是开拓者，永远要想办法要把脚下贫瘠的大地变成富饶的沃土。因为有了胆怯退却的思想，某些学生在课堂上与教师讨论得非常激烈，但是热情只洋溢在讨论中。中国现在处在非常开放、非常有活力而且有机会的时代，希望大家能够充分抓住这个时代的发展机会，利用我们所拥有的知识和技术快速地行动起来。因为当自己能够想到的时候，多数人都会想到，但是真正去做的人却很少，真正能够做得成功的人会更少。创业一定会有投入，而且是持续不断的投入。在创业就业教育中，高职院校没有清晰地告诫学生创业是一项需要不断投入的事情，所以使得诸多学生在面临经济的投入、时间的投入以及精力的投入时，总会感到乏力。在创业的过程中，生活质量很有可能会下降，只有做好心理准备才能勇于迎接各种挑战。一个人要想通过创业实现自己的梦想，达到一个更高的人生层次，那么在迈上这个更高的人生层次前，你首先要做什么？就好比我们要跳上一个更高的台阶前，首先要做什么？要蹲下，而不是直立着双腿去跳，因为那样是跳不高的。只有先蹲下，才能跳得更高。然而蹲下，具体又意味着什么？意味着首先你要放下自己，放下自己的尊严和面子。同时，自己还要把所有的精力、时间以及金钱全部投入进来，以实现自己的"深蹲"，为后续的一跃积蓄力量。创业对所有即将毕业的学生来说都是一条辛苦万分的路，永远都没有歇息的时候。因为时代在不断地发展和变化，任何项目都不会一成不变，处于创业中的你需要不断思考下一步要做什么。当然，做事情要有自己的想法，不要盲目跟风。不管是创业还是工作，不

但要讲究诚信，还要持之以恒。纵观高职院校创业就业教育内容，普遍缺乏对学生的心理素质以及开拓创新精神的培养。

从以上论述中可以看出，高职院校需要进一步深化对创业的价值认知。现如今，很多人对创业的理解还停留在"创业就是办企业"的认识上。诚然，创业可以是创办企业，也可以是求职，但创业就是开创事业，追求抱负。创业要注重创业质量。作为受过良好教育和培训的青年知识分子，要充分利用自身知识和专业优势，在战略性新兴产业、高技术、高智力、高知识密集领域取得长足发展，下大力气，以创新创造引领创业，充分发挥风险投资和创意的作用。需要强调的是，创新对聪明人来说不是一闪而过的智慧，聪明人也需要努力。创新需要坚定而不屈不挠地工作，绝不屈服于挫折和激进。创新需要毅力和不屈不挠的精神，这些都是创业的精髓。在科学发现、技术发明、产业发展三者关系中，高职院校、科研院所和企业应当充分发挥各自的比较优势。科学发现和技术发明是高职院校科技创新的一项重要任务。高职院校应该并且要善于提出新的科学理论、探索新的技术方法，瞄准世界科技前沿，紧跟国家发展的重大战略需要，在基础研究和应用基础研究中发挥主体作用。产业发展是企业创新的重要任务。企业更善于通过工程化、产业化、商品化，提高新技术的应用水平，开发和推广新产品。高职院校和科研院所在科技创新中的"发现与发明"作用，与企业在成果转化中实现产业"发展"的作用相辅相成，这些共同构成了产教融合、协同创新的基础。产教融合的核心是融合，可以解决科研与市场需求脱节的问题，缩短科研成果转化周期，更好地把高职院校的科研成果转化为企业的新生产力和经济发展的新动能。产教融合要坚持以市场为导向、以企业为主体，针对企业创新发展中存在的突出问题和实际需要，着力提高企业创新能力，深化产学研紧密合作，开展多种形式、多方向、多层次、多样化的科技合作，使合作从简单的产品开发和技术开发贯穿包括工艺流程在内的整个过程，实现"政、产、学、研、用、融"的协同创新。产教融合不仅可以直接支持企业创新，也可以在一定程度上反馈科研成果。通过产学研合作教育，将企业需求融入人才培养的各个环节，从而培养面向行业未来发展的学术精英、行业领军人物等社会人才。

第五章　产教融合与就业创业教育的关系

第一节　产教融合的内涵及演化

一、产教融合的内涵

讨论产教融合的政策不能"就政策而言政策"，而是要回归实事本身，即何谓产教融合？如何理解真正意义上的产教融合？

首先，何谓产教融合？从真正意义上去理解"产教融合"源于2014年6月23日习近平在全国职业教育大会召开前的一段批示："坚持产教融合、校企合作，坚持工学结合、知行合一，引导社会各界特别是社会企业积极支持职业教育，努力建设中国特色职业教育体系。"在这个批示中，基本形成了一种对职业教育本质的认识，即"四合"或"16字"。一是产教融合，这是职业教育发展理念层面，即必须产教融合，其指向主体是政府部门，就是说政府部门要统筹规划产业、经济与教育等发展。二是校企合作，这是院校办学层面，其指向是企业与院校作为办学主体要合作办学，这种合作办学不是一种单一个体行为，是要建立在产教融合基础上的，否则就难以持续也无法深入融合。三是工学结合，这是教学层面，其针对的是教师教学模式，不同于普通教育。四是知行合一，这是指学生（即培养什么人层面），要培养学生成为知行合一、德技并修的人才。因此，"四合"的解释是职业教育理论顶天与实践立地的一种完整表述。当然，这样一种表述实际上是符合经济社会发展、产业转型升级大背景的，也是符合职业教育作为一种与经济产业发展最为紧密的教育类型特征的。其次，如何推进产教融合？通过对我国职业教育产教融合的历史考察不难发现，真正意义上的产教融合至少需要两个条件：一是地方政府的统筹规划和推进；二是一定的产业发展基础条件。两者缺一不可。为什么这样说？其一，职业教育管理以属地管理和地方省、市管理为主，地方政府不重视，不统筹规划产业、经济与教育人才的事情，产教融合就没有可能。比如，无论是 1996年的《职业教育法》，还是 2005 年的《国务院大力发展职业教育决定》、2016年的《国家教育事业发展第十三个五年计划》都一再强调地方政府（地市级政府）对职业教育的统筹规划的主体责任。实际上，如果没有地方政府对产业与教育等统筹规划，真正意义上的产教融合是很难实现的。其二，产教融合必须要有产业发展作为基础，否则也难以真正落地。这可以从历史和现实中寻找佐证。中华人民共和国成立至改革开放前，产教融合的工具化形态就是明证；今天国家产教融合型城市试点方案中省市的选择，"三位一体"（试点分城市、行业、企业和五大任务）的综合改革试点布局，无不体现着产业作为产教融合基础性条件的假设。因此，产教融合不是抽象的，而是具体的，不是工具化和形式化的，而是本质的存在。推动产教融合政策落地要因地制宜，有的放矢，不能跟风而上，追求时髦。

二、产教融合的演化

　　产教融合在演化过程中经历了融入、融通、融合三个层次，详细来说，这三个层次诠释了产教融合逐步演化和逐步递进的具体过程。就融入来讲，前提是供需的精准对接。因此，高职院校要敢于向传统教育宣战，勇敢突破传统教育的界限并积极开放现代教育模式，这样才能使长久以来封闭办学且自我循环的不利局面得到根本改变。而且融入还需要精准对接社会需求与行业实际需求，将企业的具体生产环节与研发环节融入其中，将产业技术进步链条融入其中，还要将行业的整体发展趋势和未来方向融入其中。融通，即高职院校要勇于担负起社会人才培养、深化科学研究、完善社会服务、弘扬文化传承、倡导国际合作等职能之间的有效集成连接并形成协同效应，融通也是高职院校的核心使命。高职院校在与企业或产业进行合作时，还要努力打通人才培养、行业应用研究以及职工培训等关键环节，从而实现在重要节点上的贯通连接。融合，即在融入融通基础之上实现更深程度、更大范围的密切交集，如果说融入和融通是你中有我、我中有你的关系，那么融合就演变成了你就是我、我就是你的关系，实现有目的性的合二为一，使其成为一个密不可分的整体。在不断的发展演变中，产教双方为了形成一个全新生态的良性互动的体系，各种资源要素之间进行了相互转化与相互支撑。

融合机制所形成的核心途径为转化、创造、共享，产教融合各方的同步规划、设计、发展是融合机制形成的具体需求，将资源要素进行转化并创造利益共同体从而实现最终的价值共享，适合新途径。因此，第一步，就要使产教资源要素实现彼此的互相转化，不仅要将创新要素与教育要素转化为现实中行业、企业以及产业所需要的实际生产力、生产要素、生产创新力、竞争实力，还要将企业的各种生产要素、实际生产过程以及所需要的创新要素向学校教育方面转化，转化为学校的教育场景、实际教育要素以及充足的教育资源，在互相转化过程中实现产教要素的双向转化机制。第二步，就是要努力创造出产教融合的利益共同体。在这一过程中，不仅要对各方价值诉求进行深度挖掘，以找到实际利益共同点对接相应需求而促成价值交换，还要对价值交换的顶层设计进行逐步完善，如搭建有力的价值交换平台，从而形成在利益共同体各方之间建立起长效的合作机制。第三步，使各方参与产教融合的积极性被积极调动，从而实现价值共享。在这个过程中，要严格遵循市场机制与价值规律，这样才能对产教融合进行有力促进，最终形成一个可以和谐进步且保持勃勃生机的融合发展大格局。由此可以看出，融合发展的关键要素集中体现在资源、平台、机制三个方面，正是因为我国高职教育无法长期实现产教融合，从而缺失了资源、平台、机制三大关键要素，最终不能形成产与教的叠加贯通，不能形成集成转化的生态系统。

三、产教融合政策演进特征

本研究把改革开放 40 多年来我国职业教育产教融合政策演变改革归纳为四个方面的基本特征。第一，不断追求长效发展的价值取向。改革开放以来，我国产教融合政策的价值取向在效率发展与长效发展之间不断取舍并逐步趋向于长效发展。纵观改革开放 40 多年产教融合政策变迁，完成了由追求生产效率提高的价值取向过渡为致力于促进职业教育长效发展价值取向的价值选择。[①] 第二，积极倡导多元主体的合作参与。产教融合政策历来倡导多元主体的积极参与与合作，逐步探索校企合作、工学合作、订单式培养等多元主体参与的产教融合人才模式。产教融合政策促进了职业教育链条化、集团化、双主体化发展，实现了对职业教育的统筹协调。深化产教融合，促进教育链、人才链、产业链、创新链有机衔接，将教育、人才、产业与创新等主体对象连接成

① 张皖玲.关于深化产教融合的理论认识与实践 [J]. 安徽冶金科技职业学院学报 ,2020,30(02):75-77.

线，构成职业教育链条化发展；建立由职业学校及相关企事业单位以契约或资产为连接纽带而组成职业教育办学联合体。产教融合政策倡导在政府的统筹领导下，产业部门相互联合，统筹协调多元主体并建立持久广泛的合作关系，对产业与职业教育进行科学规划与合理布局。第三，始终重视"双师型"教师队伍建设。"双师型"教师队伍建设是产教融合政策中始终坚持的重要主题，各个时期的产教融合政策都将"双师型"职业院校的教师队伍建设作为重要的政策文本内容，不断创新"双师型"教师队伍建设思路，通过拓宽人才渠道、搭建师资平台、完善教师培养制度、健全评价体系、扩大职业院校教师聘任的自由度与选择权等一系列建设路径，建设一支结构合理、专兼结合、师德崇高与技艺精湛并存、扎实理论知识与卓越实践能力充分融合的"双师型"教师队伍。这也是培养新时期应用型技术技能人才的基础。第四，持续完善职业教育与产业的精准对接。随着改革开放的深入，进一步促进职业教育与产业需求的精准对接。产教融合政策作为职业教育与产业之间关系的黏合剂和平衡杆，一系列政策措施将职业教育精准对接产业需求，有效改变"一头热"的尴尬局面；平衡了二者之间的利益关系和发展水平，使其日益成为合作协同、互惠公平的共同体，促进我国社会与经济的高水平、高质量稳步发展。以上这四个方面是文章所总结的改革开放40多年来我国职业教育的产教融合政策演进变革的基本特征。从政策梳理和研究的角度，我们也可以对产教融合有另外一个层面的深层的认识。

四、产教融合型企业的投资认定

如果说企业具备了产教融合型企业的基本资格和条件，就可以纳入产教融合型企业目录的话，那么，企业到底可以享受到多大的政策优惠呢？这就涉及一个关键词——"投资额"，即指产教融合型试点企业对职业教育投入的货币性资产和非货币性资产。货币性资产应当按照投入的金额计算；非货币性资产应当以其公允价值计算。也就是说，认定企业对职业教育的投资额是确定企业享受优惠政策的核心和依据。符合条件的试点企业兴办职业教育投资的构成要素包括：一是试点企业兴办职业教育的投资范围。相关文件对试点企业条件给出了企业投资职业教育的相关范围，即企业通过独资、合资、合作等方式，利用资本、技术、知识、设施、管理要素，依法举办或参与举办职业教育，在实训基地、专业、教学课程建设和联合技术研发等方面开展校企合作。二是企业兴办职业教育投资的具体形式。根据企业提交的申报材料及对企业的调研发现，企业投资的具体形式包括货币资金直接投入、固定资产投入、人力资源投入、无形资产投入、相关资产使用权投入、对学徒制学生的补贴等六个方面，其总投资额即为这六个方面的总和。据此计量方式，有的企业能明确测算出对职业院校的投资额。以下对企业投资的六个方面的具体内容进行了说明。货币资金直接投入包括合作办学经费、日常经费开支、专项经费、其他货币资金。它是以实际投入的货币资金为计量方式。固定资产投入包括房屋，计量方式以房屋的账面净值计算；仪器设备，以购入的货币金额计算；教学用具，以购入的货币金额计算；使用过的固定资产，以账面净值计算。人力资源投入包括与企业有雇佣关系的人员，如经营管理人员、专业技术人员、高技能人才到职业院校进行教学指导，它的计算方式是耗用的小时数 × 工时费；企业外聘专业技术人员到院校进行教学指导、举办讲座、比赛评审等与教学相关的活动，它的计算方式是支付劳务费。无形资产投入包括技术特许使用权（有市场价值，可对外销售），以销售价格计算；软件著作权（有市场价值，可对外销售），以销售价格计算；特许使用权（无市价），以评估价值计算；软件著作权（无市价），以评估价值计算；知识产权（企业将自己独有的技术、在生产过程中总结的经验、岗位标准、管理方法等提供给院校使用），这个无法准确计量；其他无法计价的无形资产，无法准确计量。相关资产使用权投入包括土地使用权，以评估价值计算；资金使用权，以借贷或贷款金额 ×（市场基准利率 - 实际利率）计算；机器设备使用权，按折旧金额计算。对学徒制学生的补贴包括服装费、保险费、在校期间生活费、就餐补贴、交通补贴，这些都以实际支出金额来计算。以企业投资类型及计量方式为标准，系统归纳产教融合型企业投资的计算范围和计算方法，这为认定产教融合型企业、确认产教融合型企业的实际投入，以及根据实际投入进行奖励都提供了非常好的工具，值得我们产教融合型企业参考使用。

第二节　高职院校就业创业形势与背景

就当前而言，可以把我国所有高职院校分为中心高职院校与边缘高职院校。显而易见，与边缘高职院校相比，中心高职院校无论是整体声誉还是经费投入，无论是学科设计还是技术改革，无论是生源还是师资力量，无论是基础设施还是政策扶持，都拥有无可比拟的绝对优势。因此，在这种强大的优势下，边缘高职院校根本不具备与其竞争的绝对实力。在这种前提下，很多边缘高职院校在办学定位上也逐渐向中心高职院校趋近。其中，部分应用型高职院校在这种发展背景下陷入了进退两难的局面，这是因为边缘与中心的距离在实际教育中越落越大。应用型高职院校在深化产教融合的进程中存在如下问题：首先是定位比较模糊。我国地方高职院校往往将深化产教融合培养应用技术型人才当作错位发展的突破口，然而诸多地方高职院校却始终在中心边缘等级下的暮霭中被笼罩，因而需要对哪些人才需求市场及相关产业进行深化产教融合依然不够明确。其次是就业形势不容乐观。2020年高校毕业生人数达到创纪录的874万人，比2019年增加40万人。新冠肺炎疫情对民营经济、中小企业、传统服务业、劳动密集型企业的冲击比较大，企业的用工需求量明显减少，整个行业不景气随处可见，而这些企业、行业正是吸纳就业的主力军。同时，新冠肺炎疫情发生时段正是毕业生就业、求职的黄金时期，这也对高校毕业生的就业形成巨大冲击，2020年被称为毕业生的"最难就业季"。高职院校毕业生就业存在的问题有以下几个方面：一是新冠肺炎疫情发生比较突然，它在很大程度上对我国经济的正常发展造成了冲击，导致很多企业经营困难，就业岗位大量减少，使得整个社会对人才的需求不足，就业面临严峻挑战。二是新冠肺炎疫情发生在毕业生求职的关键时期，以前高校毕业生的就业都集中在线下，线上的指导很少或者几乎没有，这也导致了学校就业服务水平的降低和就业培训的不足。三是高职院校不少学生学习积极性不足，毕业生就业的竞争力不强。同时，毕业生就业的地域局限性大，就业学生的离职率较高。四是新冠肺炎疫情不但放慢了经济发展的速度，也在一定程度上使得不少毕业生就业意识薄弱，就业的主动性、积极性有所下降。

"三位一体"高职院校毕业生就业的应对策略：政府部门积极行动，不断加大对高职院校毕业生的政策扶持力度。为深入贯彻习近平总书记关于统筹推进新冠肺炎疫情防控和经济社会发展工作的重要指示精神，加快恢复和稳定就业，2020年3月，国务院办公厅发布了《关于应对新冠肺炎疫情影响强化稳就业举措的实施意见》。截至当前，很多省、自治区、直辖市相关部门都出台了符合本地区的促进就业的通知和办法，但面对比较严峻复杂的就业形势，政府部门应出台更加细化的措施，在加大中小企业等市场主体的复工复产、吸纳就业、支持创业等方面下功夫。政府要更加鼓励高职院校、用人单位进行线上招聘，出台政策支持它们通过互联网进行供需对接，实行网上面试、网上签约、网上报到。政府的公共就业人才服务机构尽可能通过信函、传真、网络等方式为毕业生办理就业协议签订、报到手续，更好地为高职院校、毕业生做好服务工作。具体而言，主要分为以下几个方面：

一是以线上为主，高职院校为毕业生提供更全面的就业服务。开展"互联网+"服务,当好毕业生就业的知心人。新冠肺炎疫情让"互联网+"更快地走向各行各业的前台,就业工作也可以充分发挥互联网的作用。高职院校要进一步响应教育管理部门进行网上招聘的要求,在校内积极开展网上"春风行动"。学校要加大对毕业生就业工作的科研投入,力争将更多就业服务的内容上线。学校也可以充分运用教育部就业平台、各省级就业平台、高职院校就业网和社会招聘网站,为毕业生组建就业大市场,通过学校和学院专门的就业微信号、网络向毕业生推送相关信息,借助移动终端、电脑终端等及时发布各种岗位信息,更好地开展网上就业全方位立体化的服务。同时,不断加大对网上用人单位和招聘信息的审核,共同推动各地各高职院校开展网上面试、网上签约以及网上办理就业手续。

二是提供"互联网+"培训,进一步提升毕业生的就业能力。高职院校要利用互联网,积极搭建"网上就业讲堂"进行线上求职应聘指导和培训。学校可以充分利用部分国家精品就业创业在线课程、书籍等资源,定期对毕业生进行就业培训,包括线上和线下的简历制作、面试技巧等内容,以帮助毕业生更好地进行简历制作、面试准备、考试应答,切实提高他们线上、线下求职应聘技能,有效提升毕业生的就业指导工作水平和应聘成功率。同时,学校要响应国家号召,就新冠肺炎疫情特殊情况,开发一批有学校自身特色的线上就业指导课程,开通就业咨询热线,做好毕业生的心理辅导工作。高职院校要积极发挥辅导员、班主任、毕业论文指导老师的主观能动性,运用好互联网、大数据,继续探索利用"互联网+"手段开展远程培训,通过个别辅导、小班辅导、集体辅导等灵活多样的方式做好网上就业的培训工作,支持、帮助毕业生实现多渠道就业。

三是发挥毕业生主体作用,切实提升自身就业创业能力。就业的主角是学生,重点要放在毕业生身上。政府部门、高职院校正通过以线上渠道为主、线下为辅的方式,定期向毕业生进行宣传和教育,毕业生要充分利用一些在线咨询、就业指导、创业指导等课程,不断提升自己的就业认知和应聘技巧。在求职过程中,只要毕业生摆正心态,端正动机,合理定位,"先就业后择业",积极行动起来,沉下去,到基层去,到一线去,发挥自身的主观能动性,就一定能找到适合自己的工作岗位。同时,毕业生要积极响应祖国号召,在国家加大创新创业人才培养支持力度的政策下,用好用活创业支持各项制度,不断激发自身创业热情,用创业去实现自身的价值。

四是从多层面加强对高职院校毕业生的就业创业指导。对于学校层面而言:改"就业指导"为"职业生涯辅导"。在设置就业指导课程的时候应贯穿整个高职院校生涯，重在职业规划与辅导，而不是前两年上课，毕业季给学生办手续这么简单。对于招就处层面而言：在就业指导课程的教学形式上要遵循成人学习的特点创新教学方法，让就业指导课程更具体验性。这就需要努力打造一支稳定的专业化师资队伍，既要引进受过科班训练的教师，提高就业指导教师专业化水平，又要设置一条专门面向就业指导教学老师的晋升路径，稳定教学老师队伍。对于辅导员而言：要提高学生就业能力，通过比赛或其他形式组织模拟招聘，让学生切身感受求职应聘流程，认清自己的优势和不足，提高实践能力。就提高学生就业技巧而言：要通过就业主题班会给学生做好职业规划，让学生认清就业形势，提高学生就业技巧。就强调就业安全而言：提醒学生提高警惕，防范人身安全、财产安全、信息安全及套路贷等。向学生强调在就业过程中增强防范意识，防传销、防就业陷阱。就培养学生就业礼仪而言：通过就业知识讲座和培训等，增加学生的就业礼仪知识。另外，提醒学生认真对待简历，端正就业态度。

五是加大就业宣传。就业工作不能唱成独角戏，这不是个别教师和学生的事情，而是需要毕业班师生全体参与。辅导员需要更好地做好以下工作：第一，多转发就业宣传资料给学生，营造就业氛围，提醒学生及时查看就业信息，鼓励学生宽口径就业，并提醒学生积极参加招聘会。第二，增强就业意识。受国内外经济形势的影响，当前的就业工作难度确实增加了，辅导员不仅要提升自己的就业意识，还要动员学生积极参加招聘会，提高学生的就业意识。第三，营造就业氛围。通过就业主题班会、走访寝室等方式向学生进行面对面就业指导，通过QQ、微信、网站、学校张贴就业宣传资料等途径传达就业信息，进而营造就业氛围。全面撒网，重点捕捞，定向培养。学生集中顶岗实习之前，辅导员可以通过就业主题班会、查寝、谈心谈话和就业意向统计等方式对学生进行就业摸底调查。针对不同类型的人群，开展有针对性的就业帮扶。在推动学生去求职的过程中，辅导员要积极主动，该单独提醒的要提醒，该个别谈话的要谈话，该一对一指导的要一对一指导，不要只是做面上的推动。第二，促进家校合作，形成教育合力，展望美好未来。家校之间要建立良性联动机制，有效的沟通是关键。学生的就业离不开家庭，辅导员要在学生的就业教育上与家长取得共识。笔者所带学生自步入大三以来，笔者接到过十多位学生家长的电话，所有家长找笔者都离不开"就业"二字。从与众多家长的沟通中了解到，大多数家长很关心学生的就业问题，尤其是对于农村来的孩子，读高职院校的唯一目的就是找到好工作。因此，在毕业季，要想落实"就业是民生之本"，很有必要与学生家长沟通，了解家长对学校就业的相关要求，以及向家长介绍学校在毕业方面的相关安排，实现家校互动，共同推进学生就业工作。第三，搭建校企沟通桥梁，助力学生成长发展。作为学校辅导员，当自己培养了两年多的千里马要出去寻找伯乐之前，为帮助学生走出象牙塔、拓宽视野，助力学生成长成才，辅导员有必要深入招聘会现场，了解每年招聘企业的相关情况，如公司基本概况、发展形势、薪资待遇和发展规划等，感受企业文化，了解企业人才需求。同时，也要督促学生参与到招聘会中，这样才能对企业的人才需求有更清晰的认识和了解，从而服务于自己的职业生涯规划。也可向用人单位介绍学校的人才培养模式和学生的特点，让单位更好地了解学校、了解学生，让千里马和伯乐能够缩短磨合期。通过真抓实干，多措并举，进一步拓宽就业渠道，提升就业质量，为学生的就业发展保驾护航。第四，教育上坚持就业导向，以专业设置、课程设计为抓手，系统性设计、一对一指导、一体化推进毕业生创业就业工作，逐步形成一整套指导毕业生创业就业的基本经验和做法，取得了良好的效果。笔者所在学校毕业生就业工作连续10年荣获省教育厅毕业生就业目标任务考核一等奖。第五，系统性设计，以能力素质养成助推就业。结合高职教育特点，完善机制、强化指导、坚持就业导向，从专业设置、招生计划、课程设计入手，不断加强和改进教育教学工作。坚持将各专业就业率、就业质量第三方追踪评估的数据作为调整招生专业和招生人数的主要依据，将招生计划与毕业生就业状况挂钩，促进专业建设及结构调整。在人才培养方案中注重学生实际动手能力培养和职业生涯设计。不断完善从招生宣传、新生入学、在校教育、顶岗实习到毕业设计全过程的就业指导体系。坚持专业群对接岗位群、产业链，加强各专业部分课程的相互渗透与交叉，使学生能够适应多个工作岗位群，从能力素质养成过程入手拓展学生就业面。第六，一对一指导，个性化服务助推就业。建立就业信息联络小组，充分利用现代信息技术手段发布就业信息和相关政策。辅导员、班主任深入了解掌握毕业生思想动态、家庭情况、就业意愿，根据学生的需求和个性特点、特长，进行动态、个性化指导，帮助毕业生解决实际困难和问题。第七，针对不善交流的学生，加强心理支持和应聘技巧培训；针对就业期望值过高的学生，引导其正确评估自己的能力，调整就业期望值；对缺少社会实践经验的学生，分批开展岗前培训，分析就业形势；对有学习意愿的学生，解读"专升本"考试政策的新变化，介绍考试经验和学习方法；对有入伍意愿的学生，采取多种形式将士官直招信息、入伍优惠政策及时传达；同时，用身边的典型案例鼓励自主创业，投身新农村建设。高度关注重点群体就业，对建档立卡贫困家庭学生和家庭经济困难学生开展"一对一""一对多"的就业帮扶，努力实现建档立卡贫困家庭毕业生 100% 就业。第八，一体化推进，全过程贯穿助推就业。高职院校应坚持把就业指导贯穿学生培养始终，坚持把能力素质培养和职业生涯设计紧密联系，坚持就业意向和顶岗实习岗位相结合，坚持校内资源整合和实践基地建设服务学生就业，一体化推进人才培养和学生就业工作。坚持教学过程一体化，把就业指导贯穿学生培养始终。新生入学教育、开学第一课和主题班会就是就业教育第一课，对学生进行专业认知、专业发展教育，帮助学生了解就业方向。一、二年级的专业课、高职院校学生职业规划等课程培养学生专业能力、动手能力、就业观念，提升学生就业"核心技能"。三年级重点开展就业培训和教育，加强择业技巧和面试技巧的培养。同时，鼓励毕业生充分利用"三支一扶"、高职院校毕业生村干部、农村特岗教师、专升本、应征入伍、直招士官等就业政策，拓宽就业视野，到基层、到艰苦地区、到军队去建功立业。第九，主动对接产业链，瞄准就业岗位开展多种形式的实习实践。积极拓宽省外就业市场，定期走访省内外企业、接待省外咨询洽谈企业、召开顶岗实习学生座谈会，夯实学校、用人单位、毕业生的联动机制，巩固传统就业市场，与省内外优质企业加深联系，采用"订单式"培养、顶岗实习、外出实习、校内实习等多种方式，提前切入就业岗位。第十，及时更新毕业生信息，完善校友数据库建设，加强与校友的联系。每个毕业班设置一名校友联络员，通过校友返校周等活动，开拓就业思路，丰富岗位需求信息，拓展就业渠道。

第三节　产教融合与就业创业教育结合的必要性

产教融合、校企合作是职业教育研究领域的重点课题，更是国家职业教育改革发展的基本战略。在党的十九大提出"完善职业教育和培训体系，深化产教融合、校企合作"之后，国家出台了《关于深化产教融合的若干意见》。2019 年初，《国家职业教育改革实施方案》从国家战略高度规划了职业教育的全面深化改革，重点提出了"促进产教融合，校企'双元'育人"的要求，"产教融合性企业""高水平专业化产教融合实训基地"等新型产教融合抓手应时而生。2019 年 10 月，《国家产教融合建设试点实施方案》勾画了职业教育产教融合的"新蓝图"与"施工图"，文件要求"试点布局建设 50 个左右产教融合型城市，在试点城市及其所在省域内打造一批区域特色鲜明的产教融合型行业，在全国建设培育 1 万家以上的产教融合型企业，建立产教融合型企业制度和组式激励政策体系"。可以说，中国职业教育的产教融合站在了新的历史起点。然而，我国职业教育与产业仍是"两张皮"，"壁炉现象"十分突出，严重限制了职业教育的内涵发展。新时代，随着经济社会的转型，技术结构不断升级，产业结构持续变化，就业结构和职业教育供给结构也不断变革。因此，研究和讨论职业教育产教融合的课题具有重大的理论与实践价值。

一、产教融合政策的理论思考

产教融合、校企合作作为职业教育的基本办学模式，是职业教育发展的关键性举措，已上升为国家战略。推动产教融合、校企合作是推进人力资源供给侧结构性改革的迫切要求，更是新形势下提升人才培养和教育质量、培育和寻求经济发展新动能、推进经济转型和技术迭代、增强国家结构性竞争力的重要途径。近年来，政府高度重视，出台了一系列政策推动产教融合、校企合作发展，实践中也取得了一定成效，但仍面临诸多问题，突出表现为企业参与主体作用缺失，缺乏广度和深度，未形成产教合力。[①] 如此一来，企业参与校企合作预期也很难达成。当前企业参与校企合作的获利能力到底如何？笔者运用混合研究方法，对浙江、上海地区的企业进行了调查，获取了 161 家企业成本收益数据，并进行了系统性的实证分析。

从短期来看，企业的货币化收益为正值，整体处于获利状态。

总体而言，企业参与校企合作期间处于获利状态，投资回报率为 18.6%，即企业每投入 100 元的成本获得 18.6 元收益。具体来看，第一，不同企业的获利能力差异较大，有 54.7% 的企业盈利，45.3% 的企业亏损。第二，企业的成本收益主要发生在第三学年学生顶岗实习期间，在前 3 个月，企业都处于亏损状态，在第 4 个月时，企业达到盈亏平衡点，但最终要在第 9 个月时才能收回前期所有成本。第三，企业成本收益构成较为单一，主要是与学生相关的人力成本和人力收益。成本构成中，"企业支付给学生的实习补贴及其他福利成本"最高，占比为 66%，其次为"企业付给指导师傅的工资及产能损失成本"，占比为 27.9%，其他如"信息搜寻和决策成本""设施设备折旧和材料损耗成本"等占比共计为 6.1%。收益构成中，"学生顶岗实习的生产价值及其节约的费用"最高，占比为 95.8%，其他如"利用学校资源的使用收益""获得政府奖励或专项补贴等补给收益"占比共计为 4.2%。

从长期来看，企业的非货币化收益不高，未能达到企业预期。

---

① 　卢忠敏.基于产教融合下的高职现代服务类专业创新创业人才培养途径 [J]. 课程教育研究 ,2017(49):240.

除了参与校企合作期间能获得收益外，企业在校企合作结束后也能获得一定的非货币化收益，如"人力资本投资的长期收益""参与合作的长期市场收益""政府给予的鼓励收益"等。但是，绝大部分收益都取决于学生留任率。研究结果显示：第一，学生首次留任率、一年后和三年后的留任率均值分别为39.3%、26.32%和12.29%。这表明学生的留任率和稳定性都不理想。第二，较低的学生留任率直接阻碍了企业非货币化收益的获得。尤其许多以技能人力资源储备为主要目的参与校企合作的企业，他们在短期内投入大量成本，希望以短期亏损换取学生留任带来的长期收益，但现实却是"竹篮打水一场空"。

区域统筹，利用政策杠杆激发相关利益主体的积极性，增进企业利益获得。

企业的本质是以营利为目的，其使命是追求剩余价值。这是产教融合、校企合作面临的最关键问题。政府作为主要利益获得者，可发挥其政策杠杆作用，保障企业既得利益的获得。第一，发挥区域优势，增强产业与专业的匹配度。地方政府可发挥各部门职能，以区域优势为基础，根据职业教育的办学定位，搭建可视化信息平台，建立职业教育与产业发展的空间区位版图，提高区域产业和专业发展的匹配度，优化产教资源配置效率，降低校企合作信息搜寻、沟通、人才培养等交易成本。第二，突破制度障碍，探索校企合作新模式。选取区域重点支柱产业，通过财政、金融、税收等制度举措，树立典型示范，推动校企合作从浅层"用人"合作到深层"育人"合作，拓宽企业利益获得渠道。例如，校企共建产业学院，探索混合所有制模式；鼓励企业开发教育产品，支持学校购买专项服务；引入社会资本，允许龙头企业建立企业高职院校，并给予文凭授予资格。第三，建立激励机制，激发关键主体内生动力。教师、师傅、学生是校企合作的关键主体，也直接决定校企合作的质量。当前，教师和师傅普遍缺乏积极性的根源在于没有利益驱动和考核评价机制。地方政府可制定激励措施，激发其参与的积极性。例如，在优秀师傅中评选产业教授，按一定标准认定教师服务企业的横向项目为纵向课题等。同时，通过建立职业启蒙实践基地，开展职业性向测试、加强企业考核评估权重等方式，提高学生专业认同度和实习质量，提高学生留任率，增强企业长期收益。

二、教育跨越式发展的需求

迄今为止，中国通过普及九年制义务教育和扩大高等教育招生规模，实现了教育的跨越式发展。与此同时，在收获人口红利期间，劳动年龄人口比重高且增长速度快，接受了更多教育的劳动力大规模进入劳动力市场，也显著改善了劳动力的整体人力资本存量。然而，随着 2010 年 15—59 岁劳动年龄人口达到峰值并随后转入负增长，新成长劳动力增速明显放缓，城市就业增长主要依靠农村转移劳动力供给。继而，农村 16—19 岁年龄人口（即初中和高中毕业生）也于 2014 年达到峰值，随后转入负增长，并导致农村转移劳动力增速进一步下降。相应地，全国新成长劳动力所拥有的人力资本总量呈现负增长，劳动力存量人力资本改善的速度也开始放缓。在分解经济增长因素的各种模型中，劳动者受教育年限是一个重要的人力资本代理变量。以往的实证研究也显示，人力资本积累对于中国改革开放时期的高速经济增长做出了显著贡献。因此，人力资本改善速度放慢，也成为一个在人口红利消失后经济增速下行的因素。按照党的十九大做出的中国经济由高速增长阶段转向高质量发展阶段的判断，以及提出的转变发展方式、优化经济结构和转换增长动力的要求，人力资本应该在经济增长动力中做出更大贡献。因此，人力资本培养也面临着一个重要的攻关期，要从教育发展的数量和质量两个方向努力跨越关口。为此，文章提出，要以技能培训延长人口红利。正规教育不是唯一的人力资本积累途径，技能培训作为一种继续教育手段，必须发挥起不可或缺的作用。针对中国发展面临的特殊挑战，即人口老龄化日益严峻、人口抚养比提高和产业结构调整加速，从劳动力供给、养老资源可持续性以及解决劳动力市场技能供需匹配等几个角度看，都迫切需要加大对在职劳动者的技能培训力度。

作为人口年龄结构变化趋势所要求的必然举措，党中央已经确定了渐进式延迟退休年龄的方针。由于人口抚养比提高，劳动力短缺成为常态，养老资金缺口也将加快积累，延长劳动者的就业年限可在一定程度上缓解这些矛盾。当前的制约因素在于，接近退休年龄的劳动者具有较低的人力资本禀赋，现有的技能并非市场和企业所需，潜在的失业风险使得这个群体不愿意接受延迟退休年龄的安排。新一代劳动力成长起来固然可以解决这个问题，但远水不解近渴，必须从劳动者存量的技能培训入手，创造条件让已经临近退休年龄的劳动者群体有能力、有意愿延长就业年限。党的十九大报告提出大规模开展职业技能培训，注重解决结构性就业矛盾，对鼓励创业带动就业的要求做出了战略部署，应对了这个严峻的就业挑战。推动这项工作，应该坚持使市场在资源配置中发挥决定性作用和更好发挥政府作用的原则。首先，产业结构变化和相应的就业岗位自动化、人工智能化是必然趋势，也是符合建设现代化经济体系所需要的。但是，在这个过程中产生的就业矛盾，既要求按照市场信号进行劳动力资源的重新配置，也需要政府提供公共就业服务，特别是与产业结构变化方向相符的技能培训。其次，职业技能培训应该以市场需求为导向，要求培训的供给和组织形式多元化，并形成竞争。最后，鉴于技能培训对于转换方式、调整结构和转换动力的至关重要作用，政府应该将其作为公共产品对待，最大限度承担责任，尽可能充分地投入公共资源。王培安认为，"劳动年龄人口规模虽然下降，但是经济活动人口和就业人口的数量仍然持续增长，劳动力供给并没有减少。一直到2030年，我国总的抚养比低于50%，仍处于人口红利期"。尽管从总体上看，我国劳动力数量仍然充足，2015年中国15—64岁劳动年龄人口总量为10.03亿，是欧美发达国家总和的两倍，但是我国现阶段劳动力的生产率仅为欧美发达国家的1/8，通过产业升级和技术创新提高劳动生产率的空间很大。因此，未来中国的经济发展必须深入贯彻新发展理念，必须深刻推进供给侧结构改革，也必须创造劳动年龄人口发展的新优势。有专家测算，我国改革开放以来的40多年间，人口红利对中国经济高速发展的贡献率高达26%。但是，自2012年以来，中国15—59岁的劳动年龄人口连续6年下降。2017年劳动力规模由2011年的9.35亿降至9.05亿。尽管中国的人口红利正在逐年缩水，但是并没有彻底消失，目前还处于这个窗口的下端，人口红利依然部分存在，初步预计人口红利会在2035年左右彻底消失。众所周知，有人口红利就会有人口负利。人口红利不可能永远存在，我们千万不要再留恋人口红利的明日黄花，必须与时俱进，加快人力资本投资，必须用人才红利替代人口红利的消失。如果把职业教育改革实施方案放到用人才红利来代替人口红利消失这样一个大的背景下，我们可能有很多更新、更深刻的理解。

三、深化更大范围的产教融合，促进更高质量的区域发展

（一）新时代区域发展呼唤职业教育有所作为

党的十九大报告指明了我国发展新的历史方位——中国特色社会主义进入了新时代。中国的发展正处于重要的战略机遇期，为促进区域的协调发展，国家先后推出了京津冀协同发展、长江经济带发展、长三角区域一体化发展、粤港澳大湾区建设，并将制定黄河流域生态保护和高质量发展新的国家战略，为我国区域的协同发展提供了行动指南。同时，随着我国经济社会的不断发展，"城市群"的不断出现成为我国区域经济发展的重要特点之一。京津冀城市群、长三角城市群、珠三角城市群、关中城市群、中原城市群、川渝城市群、长株潭城市群、长江中游城市群、海峡西岸城市群、辽中南城市群、山东半岛城市群等城市群的出现为城市群辐射带动作用的发挥和区域间的协同发展奠定了重要基础。

习近平总书记指出："中心城市和城市群正成为承载发展要素的主要空间形式"，如何更好地促进区域间创新、协调、绿色、开放和共享发展，谋划区域科学发展新路子，是新时代要解决好的重要议题之一。从经济学的主流观点来看，区域经济的发展主要取决于供给和需求两个方面。从供给侧来看，劳动力、资本、土地、技术、管理等要素的投入和生产效率的提高速度（全要素生产率）决定了区域经济的发展水平。职业教育是区域技术技能型人才的主要供给者，是区域供给侧结构性改革的组成部分。根据第六次人口普查结果，我国15—59 岁劳动年龄人口在 2010 年达到峰值，随后开始减少，人口抚养比相应上升，人口红利在逐渐消失。经济增长速度换挡期、结构调整阵痛期、前期刺激政策消化期"三期叠加"影响持续深化，经济下行压力加大。在这样的时代背景之下，探寻新的增长动力、引领和适应新常态成为亟待解决的时代课题。新时代区域的创新、协调、绿色、开放和共享发展呼唤职业教育有所作为。

（二）新时代职业教育在区域发展中大有可为

"坚持产教融合、校企合作，坚持工学结合、知行合一"是关于加快我国职业教育发展的重要指示。新时代我国经济社会发展的阶段性特征，要求我们进一步优化经济结构、转变经济发展方式、转换增长动力，不断满足各行各业对技术技能人才的迫切需求，职业教育的作用和地位日益凸显。"凡益之道，与时偕行"，在新时代职业教育必将在我国区域的发展中扮演越来越重要的角色。首先，从职业教育的规模来看，仅以学校职业教育为例，根据教育部公布的最新数据，截至 2019 年 6 月，我国的高职高专院校共计 1423 所，占全部普通高职院校总数（2688 所）的 52.94%。这些高职院校分布于 308 个地市级行政单位。占我国高等院校"半壁江山"的高职院校在我国高等教育普及化的过程中起着举足轻重的作用，在各地区经济社会的发展过程中也发挥着重要的作用。2018 年，高等职业教育在校生数为 1133.7 万人，成为我国高素质技术技能型人才培养的重要"生力军"。从中等职业教育的规模来看，截至 2018 年，全国共有中职学校 1 万多所，在校生 1555.26 万人，中等职业学校在我国技术技能人才的培养过程中也发挥着重要的作用。其次，从现实需求来看，不同的区域之间对职业教育的发展有着不同的现实诉求。例如，东部地区与位于东部的城市群需要立足其经济转型和产业转型升级的需要，进一步发挥高等职业教育在培养高素质技术技能型人才方面的优势，不断提升高等职业教育的人才培养水平，服务好企业特别是中小企业的产品升级和技术研发；中西部地区和位于中西部的城市群则需要各类职业教育发挥其服务地方优势特色产业的能力；

连片特困地区则需要发展以中等职业学校为依托的技术技能人才培养体系，以适应当地经济社会发展的现实需要。总之，无论是职业教育的现实体量，还是区域发展对职业教育多元化的现实诉求，都决定了职业教育将在区域创新、协调、绿色、开放和共享发展中大有可为。

（三）促进新时代职业教育在区域发展中作为的重要性

产教融合、校企合作是职业教育的灵魂，大力促进产教融合、校企合作、工学结合是职业教育的重中之重。新时代的职业教育要牢牢把握服务发展、促进就业的办学方向，在区域的发展中有所作为。为了进一步提升职业教育的社会服务能力，《国家产教融合建设试点实施方案》对促进教育链、人才链与产业链有机衔接，进一步深化产教融合做出了具体部署，并从"产教融合型城市、产教融合型行业、产教融合型企业"等层面勾勒了产教融合推进的"四梁八柱"。为更好地促进产教融合，更高质量地促进区域发展，我们还应进一步加强城市群等更大范围的产教融合，以专业群建设为抓手，以产业链为依托，深化更大范围的产教融合，促进更高质量的区域发展。为深化更大范围的区域合作，首先，应固本培元，打造不同层面产教融合的典型模式。"求木之长者，必固其根本；欲流之远者，必浚其泉源。"更大范围的产教融合需要落实到每一所高职院校、每一个具体的专业（群），各职业院校应根据所在区域的产业结构和特色优势产业，按照"人无我有、人有我优"的原则，因地制宜，打造自身的特色优势专业（群），探究微观层面的产教融合典型模式，为更大层面产教融合模式的形成铸就"基础"与"精元"。在此基础上，进一步促进不同区域之间优势互补，进而实现不同区域错位发展与良性协同。其次，积极借鉴国外典型成功经验。"他山之石，可以攻玉"，德国的"双元制"、英国的现代学徒制、澳大利亚的"TAFE学院"、美国的社区学院、加拿大的合作教育等特色鲜明的职业发展模式为我国职业教育产教融合的开展提供了诸多鲜活经验。最后，外优环境，守正创新，利用好各类政策手段，为更大范围的职业教育产教融合提供各类政策保障，进一步清除各类政策壁垒，促进知识、技术、人才等创新要素的充分流动。同时，做好现有模式基础上的创新工作。"明者因时而变，知者随事而制"，根据产业链需求的变化、区域发展现实要求的改变，不断创新不同层面产教融合的具体模式，以深化更大范围的产教融合，促进更高质量的区域发展。

（四）区域产业集群化亟待专业建设的群集化发展

当前我国区域产业发展已呈现出十分鲜明的集群化、链条式发展特征。例如，浙江省的台州黄岩塑料模具集群、横店影视产业集群、舟山船舶修造产业集群、宁波服装产业集群等。《国务院办公厅关于深化产教融合的若干意见》（国办发〔2017〕95号）明确指出了"深化产教融合，促进教育链、人才链与产业链、创新链有机衔接"。因此，呈现链条式发展的区域产业集群对技术技能人才的数量与规格的需求必然发生转变，这就迫切需要教育供给侧能够因应产业发展对人才的新需求，而专业建设的集群化发展正是应对这一趋势的关键。随着区域产业发展呈现高度集群化特征，一系列具有紧密关联的技术技能型工作岗位开始出现并逐步呈现岗位聚集的现象，共同的产业与行业背景决定了这类人才之间具有共通的知识、技能和素质基础，产业集群化发展亟待以服务区域经济社会发展为使命的职业院校在专业建设上走向集群发展道路。

专业群建设对于职业院校自身而言同样具有重要的价值意义。其一，有利于节约资源投入，高效利用教学资源降低办学成本，大大降低了各类教学资源的投入以及教学组织管理的复杂性。其二，有利于增强职业院校适应区域产业机构调整变化的能力，专业群可以根据外部环境变化灵活调整专业方向和自身的内部结构，各专业通用共享的技术平台和资源可以得到持续利用，这就保证了专业群的生命周期要远大于单一专业。其三，有利于发挥资源整合优势，提升服务能级和品牌影响力，专业群建设可以为区域产业集群提供全方位的技能人才解决方案，而且通过专业组合形成合力，更易创造出特色和品牌，提升学校知名度。当前绝大部分职业院校已经如火如荼地开展专业群建设的实践探索，但由于受到学科群思维的羁绊以及传统专业建设模式的影响，职业院校专业群建设存在着如下一些亟待解决的问题。

1. 专业群组建"随意拉郎配"

专业群组建是专业群建设的首要问题，唯有实现专业群的科学组建才能够真正发挥"集群"优势。倘若所组建的专业群在没有展开深入的产业调研基础上就随意"拉郎配"，不仅不能发挥专业群资源共享、协同发展的优势，反而会造成群内各专业之间的相互"扯皮"和"内耗"。有的职业院校在缺乏对区域产业发展趋势及岗位人才需求进行深入调查研究的基础上，仅凭自身的主观经验就将一些原有专业组建成群。这种组群方式与路径属于典型的学校中心主义，由于未能考虑到区域产业发展的需求，将会造成在开展校企合作过程中，各个专业之间由于所属产业、行业之间存在着较大差距，而无法为当地区域特色产业发展提供全产业链的人才供给，影响合作的规模与效益。

2. 专业群整合"形聚而神散"

专业群组建仅是专业群建设的起始阶段，更为重要的是如何打通专业之间有形和无形的边界，实现群内资源的多维深度互融。然而，当前众多职业院校在专业群建设上仅重视前期的组建工作，将专业群建设等同于专业群组建，专业群建设仅停留在纸面或对外宣传上，组建工作完成后，各个专业仍然是"各自为政"，不仅各专业之间未能够形成良好的协同发展态势，反而存在着互相排斥与资源争夺现象。

3. 专业群优化"关起门造车"

当前职业院校专业群的动态优化调整同区域产业集群之间的关联度并不高，这首先表现为针对专业群的评价主要限于院校内部和政府部门，行业、企业以及第三方无论是在参与主动性还是在参与路径上都存在着明显的不足和缺位，当缺乏全面、客观而必要的外部反馈尤其来自产业界的声音时，无疑将会使专业群建设陷入闭环之中。除此以外，众多职业院校在专业群建设上也普遍缺乏行业、企业等产业主体的积极参与，缺乏产教融合的交流合作平台，从专业群人才培养方案的制定到实施，行业、企业的参与度都呈现较低的水平。[①]

对此，我们首先需要构建多元主体参与专业群建设的协同治理机制。专业群优化调整不应该仅局限于院校自身，作为院校管理者的政府，作为人才需求方的行业、企业，都是专业群优化调整的治理主体。唯有各方充分发挥自身在专业群优化调整中的作用，才能够真正建立基于产业结构调整驱动专业群改革的联动机制，实现区域产业集群与专业集群之间的紧密对接。这就需要运用整合思维重构政府、市场和高职院校在专业群动态调整中的关系生态，优化改进各方主体的职责权限，搭建利益诉求协调博弈的互动平台，继而能够使各方主体都能够基于自身不同利益诉求参与到专业群的调整优化之中。在专业群动态优化调整中，政府应主要发挥宏观管理调控的作用，减少对职业院校直接的微观干预，尊重职业院校在专业群动态优化调整中的自主权，促进市场竞争机制的完善。在具体实践层面则要深化校企合作，建立由多方组成的专业群建设委员会以及对话交流机制，通过"职教集团""产业学院""校企共同体"等途径深化校企在专业群建设上的协同合作。其次，需要建立基于数据决策的专业群评价反馈信息系统。职业院校专业群建设是一个不断与区域产业集群人才需求进行动态优化匹配的过程，而如何实现这一匹配不仅需要相关主体的多元协同合作，同时也需要技术手段的支撑。政府应运用信息技术手段搭建全省专业群动态监测和预警平台，通过逐步建立健全专业群办学过程的动态监测和预警机

---

① 张艳利,徐小云,杨瑞红,等.产教融合背景下高职院校就业创业服务体系探索[J].福建茶叶,2020,42(01):185-187.

制，为职业院校加强办学条件建设、深化人才培养模式改革、完善内部质量保障和评价制度提供依据，从而为合理调整与优化专业群布局提供决策参考，不断提升人才链与产业链的匹配度。就院校而言，也应该借助大数据分析与应用构建学校内部的专业群评价反馈信息系统，可尝试以专业群建设的目标建构为基础对专业群的资源配置、运行实施、成果绩效进行全方位评价，对每一评价维度进行逐步分解，细化评价指标，并根据每一指标的特征找寻能够对其进行量化评价的数据观测点。例如，针对专业群建设的成果绩效就可以通过就业率、招生计划完成率、社会培训服务收入、技术服务收入等指标进行测量。再次，需要增强职业院校建"群"意识并规范其建"群"路径。专业群建设是比传统的专业建设更为宏观系统的一项工程，涵盖了人才培养模式、课程与教学体系、实习实训体系、师资队伍建设、专业教学资源建设等多个方面。为了能够真正实现对专业群建设的系统推进，亟待职业院校认识到专业群建设对推进学校人才培养模式改革所具有的重要价值和意义，并明确专业群建设的方向与路径。一是基于所服务区域产业集群内部职业岗位群的分布特征科学组建专业群，在明确区域产业集群的类型特征及其所服务面向的职业岗位群之后，方可依据职业岗位群之间的关联模式组建与之相匹配的专业群类型。二是构建适应专业群建设的创新型组织管理模式，根据专业群建构的类型与特征建立与之相适应的专业群管理组织，打破专业之间的隔阂，建立专业间的内在联系与协同机制。最后，系统规划打造"平台＋模块"的专业群课程体系，根据专业群所面向的产业链中的职业岗位群的内在逻辑关联，构建"底层共享、中层融通、高层互选"的专业群课程体系。除以上内容外，师资队伍、实践教学体系、教学资源体系都应该以专业群课程体系为指针进行系统构建。

作为一项密切关涉区域发展水平、产业结构特征、政府治理模式、院校发展实际等复杂要素的制度设计，产教融合受时空制约，不同时期、不同区域形塑不同的产教融合样态。在学界聚焦经济发达区域及高等职业教育产教融合的语境之下，基于课题组对西南地区十余个国家级贫困县职业教育产教融合情况的田野调研，在此直面贫困县域职业学校产教脱嵌之困，并探寻纾困之道。

首先，贫困县域职业教育发展脱嵌县域产业发展。受制于封闭的地理交通环境、薄弱的经济发展基础以及劳动力的大量流出，贫困县域以传统农业为主要经济发展模式，第二和第三产业底子薄、规模小、效益差。虽然各贫困县建设有规模大小不一的工业园区，但园区大多入驻如服装制作厂、食品加工厂等低技术含量、低薪酬回报、高劳动强度、长生产时间的劳动密集型企业，且这些企业普遍生产环境差、用工制度不规范、生产周期不稳定。单一、低端的产业结构和产业水平既无法充分吸引、吸纳职校学生，也不利于技能人才培养。在此背景下，县域职校出于生存的考量，通常在两种选择中徘徊：一是舍近求远，将产教融合的目光定位于省城或东部发达城市，面向第二、三产业开设时髦专业、输送技能人才；二是淡化、弱化产教融合，将主要办学精力投入升学教育，培养升学人才。无论哪种行动选择，县域职校与县域产业各行其道、脱节发展。

其次，贫困县域职业教育校企合作脱嵌技能人才培养过程。产教融合是我国职业教育人才培养的重要模式。产教融合只是手段，人才培养才是目的。在贫困县域，校企合作主要流于"资源交换"，企业通过无偿提供实训设备、实习岗位等物质资源交换职校学生实习、就业的劳力资源，学校和企业在人才培养方案制定、课程体系开发、实训基地建设等人才培养环节则融合不够甚至大多没有融合。其中有两个方面原因：一是贫困县域职校主动寻求合作的企业往往跨区域、跨省域，物理距离很大程度上限制了深度融合的可能；二是主动谋求与贫困县域职校合作的企业大多基于用工冲动，缺乏校企合作的经验和能力，其更多是将学生作为生产岗位的员工使用，而几乎无视技能人才培养的基本规律和要求。

最后，深化贫困县域职业教育产教融合需要多边治理。一是强化省级政府统筹职业教育发展的功能，把脉诊断贫困县域职业教育产教融合的痛点、难点，并在政策、项目、经费等方面给予重点支持，鼓励和扶持省内有条件的企业将生产线、培训基地等建在贫困县域职教中心。二是做实"职业教育东西协作行动计划"，充分发挥东部职业学校在产教融合理念、经验、资源等方面的引领、帮扶作用。三是组建县域之间职业教育产教融合联盟。县域职校之间通过开放经验、共享资源缓解产教融合困境。四是构建县域产业发展与县域职校发展的命运共同体。县域政府在认识上要更加重视职业教育功能，在行动上要加大对职业教育投入，并督促县域企业规范用工制度、优化用工环境、强化校企合作。五是提升贫困县域职校产教融合能力。县域职校要自觉求变，精准定位与区域产业（如"互联网＋"现代农业）融合的契合点，不断优化专业设置，在保障学生权益的前提下瞄准企业需求、主动对接企业、创新人才培养模式。

总之，在产教融合的路径选择上，高职院校应该大胆探索、勇于实践，通过推动院校与产业之间形成多种融合形态，从而科学理解高职教育产教融合的多样途径与多元特征。从产教融合的具体方式上看，高职院校一方面当然应该寻求与前沿产业、大型企业的深度融合，使人才培养、技术技能积累以及社会服务体现经济社会和产业发展的最新需求与趋势；另一方面也要"俯下身躯"，到乡村去，到基层去，直面当前乡村产业兴旺的种种现实约束，主动将自身发展同农村精准扶贫与乡村振兴战略结合起来，与乡村产业的优势与能力互补，形成高职教育产教融合的另一种实践样态。走向乡村，既是高职院校服务社会、服务国家战略职能与功能的具体体现，更是推动高职教育产教融合、实现高职院校自身专业结构调整、能力建设和可持续发展，从而在各自关键领域实现重点突破的重要战略选择。乡村产业涵盖了基础种植业、养殖业，乡村手工业、乡村服务业以及乡村文化产业等，它们共同构成乡村产业兴旺的体系基础。高职院校应基于自身基本专业结构布局和发展优势，深入研究乡村产业体系的基本形态，从乡村产业生产回报率提升、产业链延伸与结构调整、产业融合与产业功能扩展以及特色产业发展等方面，准确把握乡村产业的发展状况和需求重点，定位走向乡村的产教融合新方向。具体来说，高职教育与乡村产业深度融合主要有以下路径：一是联合当地政府与企业，深入研究乡村产业重点、难点、痛点与增长点，确定乡村产业人才与技术服务的方向与重点。这是解决乡村产业要素回报率低的先决条件。二是搭建人才与技术通向乡村产业的"桥梁"。例如，通过名师驻企、毕业生输送以及为乡村企业定期开展技术培训班等方式，解决人才进村、技术下乡、技术传承创新等问题，主动寻求乡村产业发展过程中人才瓶颈的解决方案，提升乡村产业创新贡献度，这是提高乡村产业要素回报率的现实基础。以数量充足、素质优良的农村人力资源供给，实现农村产业的结构性优化，进而吸引更多的技术、人才与市场，充分发挥教育作用，提升乡村产业要素回报率。

在经济高质量发展和供给侧结构性改革的背景下，我国农村产业兴旺既要依靠要素回报率提高来夯实要素供给，又要依靠技术、组织、市场创新来提高要素组合效率。高职院校要充分依托自身的专业力量和组织优势，引导乡村企业在自身组织变革的基础上，实现技术升级与产业结构调整，适应市场需求。一是在学校优质专业的人才、技术和知识的全方位支持下，校企合作技术攻关与技术开发，如乡村非遗技术传承现代创新、特色农业技术改进与推广等，突破乡村产业发展的技术瓶颈。二是将部分专业办到乡村，贴近产业，如在乡村设立学校工作站，专业建设随时与企业相联系，实现专业建设接地气、产业发展有方向。三是依托高职院校的技术与信息优势，引领乡村产业内部结构顺应城乡市场消费需求变化，开发新产品，培育特色产业，逐步形成适应高品质城乡居民需求的产品供给体系。同时，还要以有效机制引导优质资源持续通向乡村，促进高职教育全面融入乡村振兴战略进程。通过与县域建立对口帮扶和全面合作机制，如"县校合作"（高职院校与县域建立全面合作关系）、"校校合作"

（高职院校与县域农村中职学校建立全面合作关系）等方式。高职院校要不断完善优质教育资源持续通向农村的机制与模式，不断发挥自身对县域经济社会发展与乡村振兴战略的支撑引领作用，促进县域和乡村的优质高职教育消费能力与消费水平提高，持续改进县域和乡村的产业容纳能力和人才集聚效应。此外，高职院校应不断改进自身与县域产业的对接水平，强化学校与乡村企业、农业合作社等一系列小微创业型企业的协作关系，以优质教育资源持续通向乡村的方式，在构建高职院校与乡村产业紧密融合关系中促进高职教育全面融入乡村振兴战略进程。

自 2013 年起，政府开始以深化产教融合为突破口推动部分地方普通本科高职院校向应用型高职院校转变。经过 5 年多的探索，应用型高职院校供给侧改革动力不足、校企合作不深入以及教育链、人才链、产业链、创新链衔接机制不畅等系列难题仍未明显缓解。究其根源，是因为应用型高职院校产教融合形成了难以逾越的治理陷阱：以政府为主导的高等教育治理机制是应用型高职院校与产业发展不相适应的重要缘由，如果不变革高教治理机制，改变这种不适应只能继续依靠政府。走出这种治理陷阱的上策为建立以市场为中心的高等教育共治机制，主要依靠共同利益和市场竞争激励应用型高职院校和社会企业积极深化产教融合，通过分散决策和优胜劣汰协调应用型高职院校和社会企业的适应关系，并利用政府治理和自组织治理弥补市场治理失灵。中策为弱化政府对应用型高职院校的管制，扩大社会企业参与应用型高职院校治理，努力建立政府、社会企业和应用型高职院校"鼎足而治"的教育治理新格局。下策为以善政为导向提升政府治理能力，并通过渐进式的诱致性制度变迁将市场治理引入应用型高职院校产教融合治理。从当前态势判断，走向以市场为中心的共治面临种种观念、利益和制度上的阻碍，短期内无法实现。善政引导下的小范围市场治理只能缓解病痛，不能祛除病根，还可能积累更大的风险。当下，应取中策，先探索形成"鼎足而治"的应用型高职院校产教融合治理机制。具体策略如下：

第一，政府主动放权，弱化对应用型高职院校的管制。政府要意识到，由于政府的有限理性和有限权力，以及市场经济的大范围扩展和各类自组织的不断涌现，政府的一元化治理根本无法有效推动应用型高职院校深化产教融合。如果不改变治理思维，继续依靠政府的指令、项目、政策、评价和监督推动应用型高职院校深化产教融合，等待政府的只能是更多的政策项目激励、更严格的评价引导和监督约束、更少的产教融合活力、更多的应付造假，以及产教关系的持续不适应，这极有可能引发民众对政府治理能力的不满和质疑。因此，政府要尽快转变治理思维，下决心放权，让应用型高职院校逐步面向市场依法办学。具体策略为下放专业设置权，让应用型高职院校根据地区产业发展变化自主调整专业；下放招生权，探索建立应用型高职院校申请入学制度；深化事业单位人事制度改革，让应用型高职院校自主用人治事；下放经费分配与使用权，放松对应用型高职院校的经费使用管制。

第二，按贡献索取回报，激励社会企业参与应用型高职院校治理。社会企业参与应用型高职院校产教融合的积极性不高，主要是由于缺乏利益激励。一方面，受高等教育中心—边缘系统结构、高等教育就业市场化、高等教育营利性限制等因素的影响，一般的社会企业很难通过和应用型高职院校合作而获利；另一方面，企业的生存逻辑是赚取利润，仅靠少数社会企业的"慈善"支持应用型高职院校发展，产教融合无法长久、深入。因此，想让社会企业参与应用型高职院校治理，必须为其提供合理合法的报酬，否则就是在损人利己。具体策略为放宽应用型高职院校的营利性限制，允许符合条件的应用型高职院校向营利性高职院校转变，鼓励社会企业举办营利性应用型高职院校；探索公办应用型高职院校股份制和混合制改革，允许社会企业以资金、场地设备投入等形式部分分享应用型高职院校所有权；在应用型高职院校经费预算中，单列校企合作报酬，根据成本和贡献向企业支付报酬；建立相关法律制度，完善社会监督体系，防止国有资产流失，惩罚校企合作中的寻租与共谋行为。

第三，调整内部治理结构，扩大社会企业参与学校治理。应用型高职院校的内部治理结构是内向型的，政府和学校内部人员是学校治理的主导力量，所以应用型高职院校倾向关注教育系统内部的关系而非产教关系。近年来，在政府倡导下，多数应用型高职院校建立了囊括各类教育利益相关者的理事会（或董事会）。但是，理事会在学校治理中的权力非常有限，仅负责决策咨询、支持学校发展，以致社会企业的需求不能有效传导到学校内部各环节。因此，应促进应用型高职院校内部治理结构从内向型向内外结合型转变，有必要扩大社会企业在学校治理中的影响。具体策略为增强理事会在学校治理中的权力，提升其地位，形成学校党委领导下理事会、校长办公会、学术委员会三方协商决策的机制；保证社会企业人员占理事会成员的比例不少于三分之一，政府官员占理事会成员的比例不多于三分之一；理事会中的社会企业单位可以从学校获取合理报酬，但须履行支持学校发展的责任。

此外，"鼎足而治"的治理机制要注意平衡三方力量，防止政府凌驾于学校和社会企业之上，防止学校失去约束，防止学校和社会企业共谋，保持教育内部关系和外部关系的平衡，保持学术权力和行政权力的平衡，保持各方权力和责任的平衡。

产教关系是人类教育史上常议常新的问题之一。从马克思"教育与生产相结合"，到早期的产教结合，如今，产教融合成了新时代的新课题，更是国家职业教育改革发展的基本战略。尽管职业教育产教融合已经有了数十年的理论研究与实践探索，国家也先后出台了多个文件，但是我国职业教育与产业仍是"两张皮"，"壁炉现象"十分突出。事实上，职业教育系统与产业系统之间的融合是非常复杂的，职业教育产教融合各种问题的原因也是多元的。[1] 职业教育产教融合多年的改革实践在这种复杂的关系结构中取得了非常突出的成就，但是也因为这些复杂的关系结构和多重原因而陷入了"心有余而力不足"的困境。因此，新时代职业教育产教融合需要在传统实践模式上不断创新，探索新时代职业教育产教融合的发展实践路径。

（1）关注就业，从"产业结构—就业结构—教育结构"的角度分析职业教育产教融合的供需

在直观的经验和实践上，中国职业教育产教融合的传统改革思路就是在产业系统和教育系统之间寻找供需的平衡点与融合的着力点。这种系统论、双变量的分析思路在很大程度上有效洞悉了职业教育产教融合的现实状态，也能够有效预测职业教育产教融合的改革路径。但是，这种双变量的分析模式与改革思路侧重于产业系统和教育系统对接、专业设置与产业需求对接、课程内容与职业标准对接、教学过程与生产过程对接、毕业证书与职业资格证书对接、职业教育与终身学习对接。因此，这种发展思路有三个局限：一是使复杂的产教融合过程过于简化，在结果上往往既没有完成相应的产教对接，也很难通过五个对接实现产业系统与教育系统的深度融合；二是过多地关注产教之间的对接，忽视了学生的真实需求和教师的工作规律，其结果是学生很难获得直接性的收益，教师也缺乏主动性；三是忽略了产教两个系统之外的关系变量，在产教融合的政策制定与实践思路上缺乏应变。因此，新时代职业教育需要拓展改革的思路与视野，从"技术结构—产业结构—就业结构—教育结构"的角度来思考产教融合的改革思路。特别是要重点关注就业，从新时代新技术分析中国产业经济的新结构，在新的产业结构中，进一步分析产业结构中的劳动力就业结构，对职业岗位、职业能力、现有劳动力基础进行深度分析，落实到职业院校的人才培养过程中，以此引领职业教育的供给侧改革。从更加丰富的变量分

---

① 李晓平.高职院校学生创业教育现状及发展途径研究 [J].中国成人教育,2015(08):88-89.

析之中找准职业教育产教融合的供需，从更加人本的视角，考虑产教融合中的人才培养。

（2）立足区域，从"国家—区域—院校"的角度布局职业教育产教融合"三位一体"行动

尽管我国职业教育产教融合实践探索由来已久，实践模式也是千姿百态，但是从行动起点上，我国职业教育产教融合主要有两种行动路径：一是政府主导的"自上而下"行动；二是地方政府或者职业院校自主推动的"自下而上"行动。不可否认，在多重实践模式的共同作用下，职业教育产教融合取得了不错的成就。但是，国家主导的"设计模式"往往着眼于全国，在具体区域中的改革则往往很难发挥高效的指导作用，学院或者企业的自主探索又缺少了必要的资源保障。因此，新时代中国职业教育产教融合要立足区域，从"国家—区域—院校"的角度布局职业教育产教融合"三位一体"行动。事实上，我国地域辽阔，区域差距悬殊，因而要有效推动国家产教融合政策，需要以区域为单位进行调研。县市区域太小，产业结构不完整，理想的分析单位是具有整体性特征的经济发展区域。在我国辽阔的疆域版图上，东北综合经济区、北部沿海综合经济区、东部沿海综合经济区、南部沿海综合经济区、黄河中游综合经济区、长江中游综合经济区、大西南综合经济区、大西北综合经济区等是具有典型差异特征的经济区域。因此，新时代中国职业教育产教融合需要立足区域，根据区域经济社会的发展需求，在国家政策精神的指引下，从"技术结构—产业结构—就业结构—教育结构"角度分析区域内职业教育产教融合供需情况。根据多变量、多结构的分析结论，探究区域内职业教育实体单位（要素）与产业体系单位（要素）的有机结合。

（3）聚焦课堂，从"校企合作—工学结合—知行合一"的角度夯实职业教育产教融合基础

产教融合在宏观层面定格了职业教育与产业系统的关系，但在中观层面和微观层面，职业教育产教融合的落地依旧需要产业系统的实体单元——企业和教育系统的核心单元——学校来完成。因此，职业教育产教融合也需要校企合作、工学结合与知行合一等其他模式来支撑。事实上，不管职业教育产教融合采用何种融合方式与行动路径，也不论职业教育产教融合处在何种水平，产教融合最根本的结合点依旧是职业教育的人才培养。企业和产业不愿意参与产教融合、校企合作的重要原因之一就是职业院校能力与水平不够，职业院校所培养的人才不能满足产业和企业的需要。因此，新时代职业教育产教融合需要聚焦课堂，从"校企合作—工学结合—知行合一"方面夯实职业教育产教融合的基础。具体来说，

一是致力于高水平课堂的打造，通过课程、教材改革，加强教师教学能力建设，为职业教育优质课堂的建设打好基础；二是拓展职业教育课堂空间，从传统的第一课堂转向第二课堂，在校企合作、工学结合的过程中，探索"项目主题式课程""对分课堂""设计—体验教学"等新的教学方法，提高职业院校教学效益，助推产教融合；三是突出职业教育的类型特征，以实践导向、能力本位为价值尺度，引导职业院校课堂学习知行合一，整合理论学习与实践学习，全面提升学生的培养质量，为职业教育产教融合提供高水平的学生供给。

四、新时代高职院校创新发展的使命与挑战

为了更好地适应新时代，满足人们对美好生活的多样化需求，适应经济社会发展的需要，高职院校的发展应以供给侧结构性改革为主线，以解决问题为导向，以促进发展方式转变高职教育模式，在培养创业创新人才中回归人文意识，要解决专业技术技能教学问题，就要把握好精英教育与大众教育的关系，努力实现创新与突破。在创新驱动、转型发展的新背景下，高职院校以技术技能积累和创新服务为己任，提升学院服务能力和水平，融入国家创新战略，增强高职教育的核心竞争力。

（一）引领职教改革：激发贯彻新发展理念的行动自觉

理念是行动的先导，新理念引领新行动。"创新、协调、绿色、开放、共享"的新发展理念为新时代高职院校创新发展实践和职业教育深化改革提供了重要指引。在"双高计划"的引导下，高职院校落实新发展理念的自觉首先体现在要把创新放在发展实践首位。技术创新，永远是高职院校的核心竞争力。但是，长期以来高职院校技术创新能力普遍比较薄弱。据统计，2018 年全国1403 所高职院校共获得发明专利授权 2165 项，平均每校 1.54 项。此外，创新能力的另外一个重要指标是成果转化和技术创新服务能力。《2019 中国高等职业教育质量年度报告》显示，2018 年 75% 的高职院校利用技术创新为社会企业提供服务的收入到账额不到 100 万元，而 10 万元以下的高职院校将近半数，横向和纵向技术创新服务到款额均为 0 元的院校分别占了四成和二成。

因此，高职院校应加强技术技能的积累和创新，提高技术研发和社会服务能力，营造良好的创新生态系统，使高职教育步入高质量发展的良性轨道。同时，高职院校作为与社会企业密切相关的教育类型，面向每个人，教育培训面向教育，必须树立开放理念，面向国内外，加强国内外交流与合作，坚决放弃封闭办学；树立协同共享理念，积极探索和尝试产教结合的校企合作新模式，

共享优势和发展成果，解决社会企业参与产教融合动力不足的痛点，实现多办学主体协调发展、共享发展。在贯彻落实新发展观的过程中，高职院校要自觉承担起深化职业教育改革的责任，进而引领职业教育的创新发展，实现素质的全面提高。

（二）凸显中国特色：推进职业教育类型化发展的迫切要求

职业教育不同于普通教育，其有自身的特点。《国家职业教育改革与实施方案》从国家政策的战略高度明确了职业教育的类型和身份。但是，要使职业教育真正成为需求广泛、功能明确的类型教育，必须全面实施"双高计划"，在诚信创新方面下更大功夫，努力推动职业教育从借鉴普通教育向特色教育转变，使中国特色职业教育体系充分展现出强大的自我完善能力和更加旺盛的生命力。不可否认，我国职业教育的类型化发展还不够，职业教育的地位还没有得到社会的充分认可，现有的以职业学校为主的职业教育形式已经不能适应经济社会发展的需要，职业教育制度的不完善影响和制约了职业教育质量的进一步提高。因此，注重职业教育类型的特色和创新理念应贯穿于中国特色高水平职业院校的建设之中。高职院校要在专业建设、人才培养、社会服务、技术创新、校企合作、内部治理、国际合作与交流等方面进行系统的综合改革，推动重点领域重点突破，拓展职业教育的内涵和外延，丰富职业教育的类型和层次，完善职业教育的双元教育培养形式，促进职业教育转型升级，建设特色鲜明的教育类型。

（三）支撑转型发展：响应服务现代化经济体系建设的强烈诉求

当前，互联网产业化、工业智能化、产需一体化迅猛发展。这一阶段，我国产业转型升级加速，尤其是数字化改造进程明显加快，岗位更迭、技能迁移的广度和深度持续增强，新业态和新市场不断涌现。因此，培养满足新时代需求的创新型、复合型技术技能人才成为职业教育创新发展的迫切需要和重大使命。当前，我国职业教育与产业发展对接机制还不够健全，与高职院校合作的企业多是当地的中小企业，行业龙头企业和骨干企业较少；高职院校专业建设和课程建设无法紧跟产业发展步伐，以致所培养人才的技术水平明显低于社会企业现行的技术标准。一方面，高职院校培养出的人才层次不高，"人才培养供给侧和产业需求在结构、质量、水平上还不能完全适应"；另一方面，专业教师水平较低，高学历、高职称教师较少，因而其技术能力和产业贡献度不高，均处于较低层次。因此，高职院校应以产业发展需求的精准对接为导向，创新办学资源与产业资源相互整合的运行模式，积极探索产教融合、校企融合的新模式，转变观念，促进职业技术人才培养由高校供给驱动向产业需求驱动转变，提高技术人才供给质量和效率，为中国产业走向全球产业价值链中高端提供支撑。这既是新时期高职院校创新发展的目标，也是新时期高职院校服务现代经济体系建设的强烈要求。

（四）比肩世界水平：体现服务国家战略的时代担当

在新的时代背景下，随着我国经济转型，国家越来越重视发展职业教育，把职业教育摆在更加突出的位置，赋予高职院校服务国家战略、促进产业升级的使命。2019 年 2 月，教育部新闻发布会公布的数据显示，全国现有职业院校 11700 所，年招生 928.24 万人，其中高职（专科）院校 1418 所，年招生 368.83 万人，在校生 1133.7 万人，招生和在校生分别占高等教育的 46.63% 和 40.05%，发展规模为世界最大。然而，长期以来受传统观念、学历层次、教学质量、就业歧视、发展前景等因素的影响，职业教育并未受到社会和学生家长的普遍认可，被认为是"低层次教育"，其吸引力不足一直是困扰高职教育发展的难题。究其原因，一是高职院校学生学历层次较低。虽然国家已经启动本科职业教育试点，但数量较少，整体上看高职院校还是属于专科层次建制，毕业生大都是获得专科学历。二是教育质量相对偏低。高职院校教师大多是中专升格而转来的，同时由于高职院校办学层次定位较低和学生生源素质比较差等，使得毕业生就业层次和薪酬水平较低，对社会企业的贡献度一直在低位徘徊，其发展前景堪忧。这也意味着高职院校高质量发展的格局尚未完全形成，其支撑国家战略、融入区域发展、促进产业转型升级等功能价值尚未得到充分开发。为此，高职院校要积极对接和准确服务"中国制造 2025"等国家创新驱动发展战略，提高发展定位，提升办学水平和技术创新服务能力，深化产教结合、校企融合，打造中国特色职业教育模式。

五、政策演化视野下的必然选择

进入 21 世纪以来，在不同的政策引导下，高职院校经历了"四大专项"的发展和规模扩张阶段。当前，他们在不断探索、调整、改革和反思创新发展的理念、内涵、目标和思路。在"双高"规划的指导下，高职院校需要进一步明确未来发展的理念，明确发展定位，创新发展模式，重构高职院校创新发展的时代内涵，更好地承担国家赋予的历史使命。

（一）从"一元为主"到"多元共治"：确立以命运共同体为价值旨归的多元协同治理新理念

校企合作是近年来高职教育的一个热门话题。如何深化校企合作，促进产教结合，探索工学结合的新模式，提高人才培养质量，一直是高职教育的追求。2006 年"国家示范建设计划"提出，高职院校要加强与社会企业在人才培养、技术开发应用等领域的合作。这时主要强调高职院校要加强与企业的合作，同时引导企业积极参与到学校建设中去，在此过程中处于主导地位的是学校，而企业则处于被动参与状态。2010 年"国家骨干建设计划"提出，职业教育的首个目标任务就是"校企合作体制机制建设"。在这一建设任务期，高职院校通过理事会、合作委员会等体制机制创新，强化校企合作的广度和深度，重点则是强调要同时发挥校企双方的优势，增强企业参与合作的作用。2015 年"创新发展行动计划"提出，我国要推动职业教育集团化发展，探索混合所有制办学，鼓励行业参与职业教育，发挥企业办学主体作用，深化校企合作发展。这意味着企业参与高职教育的形式得到进一步拓展，在校企合作结构中的作用进一步加强，在高职教育中的办学主体地位进一步突出。2019 年"双高计划"提出，高职教育要创新与产业融合发展的运行模式，推动高职学校和社会企业形成命运共同体。这主要强调高等职业教育要与产业融合发展、发挥企业办学的主体作用，更深层次地要求高职院校提高校企合作水平，并进一步提升到打造"校企命运共同体"的高度。"命运共同体"实则是一种"共商、共建、共享"的治理理念。"校企命运共同体"概念的提出，更加形象地描绘了高职院校与社会企业相互依存、深度共生的融合关系，在价值认知和发展导向上凝聚共同的未来愿景和使命追求。同时，"双高计划"还提出要扩大二级院系管理自主权，发展跨专业的教学组织。这进一步从微观层面优化了以产业需求为导向的内部治理结构变革。目的就是要将产教融合、多元协商共治的管理体系落到实处，完善以专业群为单位的教学组织形态，灵活组建跨专业教学组织，推动高职院校自下而上的内部治理结构的系统改革，适应日新月异的市场需求。至此，校企合作不仅是推进合作办学、合作育人、合作发展的方式与手段，也是将其全面融入学校治理层面，使企业成为高职院校完善治理结构、优化治理体系、提升治理水平的重要参与方，推动高职院校内部治理逐步从封闭式、内生式单一管理模式向开放式、协作式的多元治理格局转变的重要方法。

（二）从"服务发展"到"引领改革"：确立以高端产业和产业高端为服务面向的质量发展新定位

职业教育是国民教育体系的重要组成部分，肩负着培养多样化人才、提升职业技能、推进技术研发转化、促进就业创业等"服务发展"的重要职责。2006 年"国家示范建设计划"提出，示范院校要积极为社会提供技术开发与服务，大力开展职业技能培训。其目的就是把高职院校建设成区域性技术创新和技术服务的中心，为全面建设小康社会、走新型工业化道路、推进产业结构优化升级、转变经济增长方式、建设人力资源大国服务。2010 年"国家骨干建设计划"提出，高职院校要面向区域开展高技能和新技术培训，参与企业技术创新和研发，增强服务国家区域发展战略的能力。在我国从经济大国向经济强国、人力资源大国向人力资源强国迈进的关键时期，在第一批示范院校社会服务能力有所增强的基础上，高职院校进一步优化提升了传统服务职能，进一步强化了服务现代职教体系建设、服务国家区域发展战略等方面的能力，自觉承担起服务经济发展方式转变和现代产业体系建设的时代责任。[①] 2015 年"创新发展行动计划"提出，高职院校要进一步增强其服务发展的能力。高职院校要提升高职教育对产业发展的贡献度，促进区域协调发展，服务社区教育和终身学习，支持优质产能"走出去"，以及服务技术技能积累，尤其是服务"中国制造 2025"战略。我国在经过三轮政策引领创新发展之后，高职教育发生了翻天覆地的变化。在此基础上，国家对高职院校服务范围与能力有了新的要求：从服务某一个区域经济社会发展到服务区域之间协调发展；从服务国内产业发展到支持优质产能"走出去"；从服务国家区域发展战略到服务国家重大发展战略。高职教育要在服务国家"四个全面"战略布局和创新驱动发展战略中发挥更加突出的作用。2019 年"双高计划"则旗帜鲜明地提出，高职院校要聚焦高端产业和产业高端，服务国家战略，融入区域发展，促进产业升级，成为国家重点产业和区域支柱产业发展的支撑。未来产业能否提升至现代化、国际化，能否提升至世界一流水平的关键在于高端产业和产业高端。只有将高职教育聚焦在高端产业和产业高端，站在技术发展的制高点，站在产业发展的前沿，站在国家发展的历史方位，主动参与、积极引领技术创新的潮流，才能够为中国产业走向全球产业链中高端提供高素质人才支撑和技术支撑，引领职业教育改革和产业变革，将高职院校推到世界舞台的中央。

① 　常飒飒.基于核心素养发展的欧盟创业教育研究 [D].长春：东北师范大学,2019.

（三）从"办学层次"到"教育类型"：确立以标准化建设为统领的内涵发展新模式

长期以来，作为高等教育重要组成部分的高职教育，一直被认为是普通高等教育在数量上的一种补充。随着经济社会转型发展对技术技能型人才需求的愈加紧迫，作为培养应用型人才与技术型人才的主要阵地的高职教育，日益受到社会的广泛关注。我国明确提出要建立健全以职业教育和普通教育"双轨"运行为标志的、与经济社会发展和深化教育改革相适应的新时代中国特色职业教育体系，使高职教育逐步由高等教育的规模补充走向结构互补，并使其作为职业教育的类型特色逐步凸显。2006 年"国家示范建设计划"旨在通过重点专业领域建设、教学建设和教学改革、社会服务能力等内涵建设项目，提高示范院校的办学实力、教学质量、管理水平、办学效益和辐射能力。2010 年"国家骨干建设计划"提出，专业建设与人才培养模式改革、师资队伍与领导能力建设、社会服务能力建设等重点任务，核心是围绕体制机制建设，进一步创新高职院校内涵建设改革与发展方向，着力提高办学质量和层次。2015 年"创新发展行动计划"鼓励地方加强现代职业教育制度建设，积极探索现代职业教育体系建设的实现路径和制度创新，把完善现代职业教育的国家标准、国家机制和国家政策作为一项基本原则，将高职教育创新进一步提升到国家制度层面，高职院校内涵建设的标准进一步提高。"双高计划"是继"示范校"建设后，推动高职教育改革创新发展的又一项重大创新计划。它明确提出要形成一批有效支撑职业教育高质量发展的政策、制度和标准，打造完整的职业教育政策体系、制度体系和标准体系，形成中国特色职业教育发展模式。从强化办学质量、内涵建设以提高办学层次，到强调体制机制、路径创新以提升办学实力，再到突出类型特色、标准体系构建以形成中国特色高水平发展模式，"四大专项计划"在引领高职教育创新发展的历史演化过程中，清晰呈现了"从办学层次到教育类型，逐步确立以标准化建设为统领的内涵发展新模式"的变迁脉络。

基于"大职教观"的视野和分类，在现代职业教育体系中，职业教育类型丰富多样，在时间维度上可以分为"职前＋职后"的职业教育与培训；在空间维度上可以分为学校职业教育与校外职业教育；在形式维度上可以分为学历职业教育和非学历职业教育。联合国教科文组织 2015 年发布的"教育 2030 行动框架"将教育的使命扩大至全纳、公平和全民终身学习，提出到 2030 年，为所有年龄段的学习者提供能终身获得就业、获得体面工作及创业的职业技术技能机会，全面增加拥有相关技能的人员数量，以促进可持续发展。与之相应，完善学历教育与培训并重的现代职业教育体系，按照育训结合、长短结合、内外结合的原则，面向在校学生和全体社会成员开展职业培训，也是我国职业院校的法定职责和基本社会功能。"双高计划"在"提升服务发展水平"任务中提出，高职院校要积极主动开展职工继续教育，拓展社区教育和终身教育。同时，国务院 2019 年启动并实施了高职院校面向社会人员的百万扩招计划，突破了以往高职院校学历教育只能招收应届高中生和中职学生的政策限制。这些政策设计和举措是国际组织和国家层面对人力资本积累和劳动力生产效率提升的宏观思考和战略部署，赋予高职院校重要的社会功能和时代使命。当前高职院校的建设整体上还处于内涵提升和创新发展阶段，在内部提质培优和改革攻坚、外部增值赋能和空间拓展的同时，落实"提升服务发展水平"的功能性任务和使命，既是机遇也是挑战。高职院校受现实教学资源和办学能力的条件约束，有必要平衡学历教育和社会培训，开创高水平办学新格局。一是坚持校企二元教育培养，丰富高职教育形式。高职院校要改变现有的以"职业学校制"为主体的职业教育形式，建立健全以校企为主体的职业教育形式，充分发挥共建、共享、共同促进的优势，积极融合创新和引领新业态，消除社会企业参与度不足的问题，克服理论知识和实践技能脱节、学生就业能力弱、可持续发展后劲不足等弊端。二是完善教育培训相结合的管理体制和工作机制，加强学校资源整合，推进传统"以课堂为中心"的教学模式和"以学习者为中心"的形式改革，积极探索"菜单式"等多样化教育培训模式，"订单型""创业型"和"走出去"在空间、时间和内容上促进了能力要素和资源的集约利用。三是要抓住高职教育扩大社会人才招生的政策机遇，积极探索面向退役士兵、下岗职工和外来务工人员的社会人才招募。围绕现代农业、先进制造业、现代服务业、战略性新兴产业等急需科技人才的领域，广泛开展全日制学习，以及地方科技创新和产业发展重点群体体验教育和社会培训，探索岗位实践和技能证书成果认定、学分转换机制，促进教育培训一体化、相互促进，打造学历教育与社会培训并重的高水平办学格局。

第六章　产教融合背景下高职院校就业创业教育课程体系建设

第一节　产教融合背景下高职院校就业创业教育课程转型的必要性

一、产教融合对高职院校就业创业教育课程提出了新的要求

产教融合最基本的理念就在于推动教学和产业之间的融合。学生能够突破固有的角色定位，既是一名学生，也是一名工笔者，在双重身份的定位之下，学生能够依赖产教融合平台提供的多元化资源，推动自身在理论知识、技能实践、潜能等方面的最大化发展，无论是对个人的成长还是院校的发展都大有裨益。产教融合有助于学生的创业和就业竞争力直线上升。突破传统的课堂教学模式，学生能够近距离地接触企业或者产业，将自身学到的理论知识最大限度地消化吸收，并且将其运用到实践工作中去。这种理论和实践的结合，使学生可以将知识技能以及实践技能转变为自身的潜能，甚至是实实在在掌握的生存能力。同时，学生在实践的过程中会碰到各种各样的问题，自身的主观能动性以及灵活性可以得到进一步的调动，解决问题的过程，也容易让学生产生满足感，以及形成创新意识。除此以外，产教融合的背景要求高职院校的就业创业教育课程必须转型。高等职业教育院校必须考虑企业、行业、政府、社会等多领域对于人才的需求，进而对职业教育的教学模式、教学内容、考核方式等予以优化调整，致力于培养就业以及创业的复合型人才，以符合社会发展、企业发展、行业发展的实际要求。为此，在产教融合的背景之下，高职院校的就业创业教育课程亟待改革，新的背景自然代表着新的要求，对于高职院校的就

业创业教育课程而言，需要提出更加严格的课程建设标准。无论是企业还是行业，都对人才的需求进行了多样化、动态化的调整。因此，高职院校提出的就业创业教育课程必然也需要更加符合企业以及社会的需要。在现阶段产教融合背景下，针对高职院校就业创业教育课程提出的更加严格的标准，主要有以下几个方面。

（一）校企携手合作，共同引导高职院校就业创业教育课程更新

产教融合意味着企业未来将成为高职院校办学过程中不可或缺的主体之一，将和学校联手，打造多元化的办学机制，在携手共赢的状态下教书育人。这是高职院校教育史上的一次重大突破，可以说是里程碑式的一次改革，这也要求在高职院校就业创业教育过程中，必须考虑到企业需要，并且在帮助大学生明确人生目标的同时，增强学生就业创业的意识和信心。除此以外，在相应的课程指导、考核体系中增加和企业相关的教学内容、实践机制、考核评价标准等，促使高职院校就业创业课程教学效果能够再上新台阶，使校企携手合作、共同引导起到至关重要的作用。

（二）高职院校就业创业教育课程中渗透产业创新技术元素

想要真正地在产教融合的背景之下推动高职院校培养学生就业创业能力再上新台阶，创新能力至关重要。无论是对于企业而言，还是对于社会而言，创新都是增强个体竞争力的重要支撑力，而创新能力的主体又是人才。因此，这也要求高职院校未来的教育方向应集中在培养综合创新型人才上，以促进企业、产业和社会结构的内部升级。高职院校借助就业创业教育，将产业创新技术元素融合其中，推动学生提升创新意识和创业能力，继而能够深化创新行为，由此来提升人才培养的质量，从而进一步推动创新技术元素在产教融合领域的渗透。

（三）高职院校就业创业教育课程中不可以忽视产业发展需求

在产教融合背景下，高职教育的办学理念也有了进一步的优化和调整：必须贯彻落实产教融合机制，推动产业和专业之间的和谐共生，着力培养复合型技术技能人才，推动高职院校学生就业以及创业能力的提升。除此以外，高职院校的办学还要服务于区域经济产业需求，这也要求高职院校推出的就业创业教育课程应当与地方经济发展、企业、行业需求相吻合，考虑企业或者产业的人才需要，以其为核心帮助学生做好未来职业生涯的规划，确定就业以及创业的基本方向，通过创新意识的培养来带动就业以及推动创业活动，真正地将人才优势转化为科技优势、产业优势和实力优势。

二、产教融合背景下高职院校就业创业教育课程转型的必要性

(一)提升高职学生的综合素质

就业问题在民生问题中占据重要的不可忽视的地位。因此,解决就业问题就是解决民生问题。推动高职院校学生走向多元化的就业以及创业道路,关乎民众的基本生活。2019 年初,教育部出台了关于全方位落实素质教育的相关文件,文件中特别强调,除了培养学生的实践技能以及专业技能以外,在其就业创业能力的构建过程中还需要强化学生的创新意识。作为高等院校中一大主体的高职院校,如何贯彻党中央的精神,全面地落实育人要求,致力于培养具备综合素养以及创新意识的复合型人才,以满足创新型社会以及创新型国家的需要,是当前高职院校必须深入思考的问题。这既是时代赋予的使命,也是高职院校想要进一步发展必然需要迈过的门槛。高职院校就业创业教育课程转型已经到了关键时期。

(二)实现建设创新型国家目标的必备支撑

党中央提出了中国梦的宏伟目标,而创新是整个民族以及国家进步的巨大推动力,未来我国将着力构建创新型的国家,必然需要科学技术作为强大的源泉保证,而创新型人才则是该项保证的主体。高职院校培养的就业创业人才也必须具备一定的创新能力,这项光荣而艰巨的伟大使命给予了高职院校不小的压力,当然也是高职院校未来崛起之路上的强大推动力。

(三)推动深化产教融合的必然要求

产教融合的背景要求加快产业化进程,高职院校需要以产业化作为资源平台。就业和创业教育需要考量产业化的发展需要,一旦缺乏了产业化支撑,产教融合将失去其生命和活力。就业创业教育目前亟待改革的原因之一就是教育和产业之间的融合度不够。特别是处于经济发展较为落后地区的高等职业院校,其本身与企业合作的深度和广度尚且不足,相关课程的设置缺乏科学性,教学方法、考核模式、师资力量等方面也亟待改革,这些就业创业教育领域改革的缺失一定程度上阻碍了产教融合的进一步深化。

三、现阶段高职院校就业创业教育课程体系现状

近年来国家提出了一系列关于就业创业教育的改革战略,致力于调整优化就业创业教育体系,力求培养出具备就业创业能力的技术技能复合型人才。纵观现阶段高职院校就业创业教育课程体系的现状可知,在很多方面仍然存在着

薄弱环节。比如，就业创业实践相关教学内容的匮乏、课程机制的不健全、创新型人才培养目标的不确定性，等等。这些因素直接影响了就业创业教育的教学效果，不仅不能满足社会需求，甚至未能很好地提升高职院校的育人水平。主要表现在以下几个方面。

（一）课程体系待更新，实践教育匮乏

高职院校任何一门课程的设置都必须考虑到学生今后的就业或者是创业需要及市场的需求。现阶段企业以及社会针对人才招聘有了更加严格的标准和需求，高职院校传统的教学模式、教学方法、教材内容已经较为落后陈旧，不符合当前需要，因而身处产教融合背景之下的高职院校在就业创业人才培养方面必须完善课程体系，改革教学方法，第一时间调整优化教材内容，使其能够更加符合就业创业的教育需求。目前，部分高职院校就业创业教育仍然停留在喊口号阶段，并未充分思考基于产教融合背景，如何才能切实推动学生就业创业能力的提升，而"工学结合、产教融合、校企合作"等一系列的办学模式在落实过程中有极大的困难，使得学生无法借助这些平台来加强实践，产教融合和就业创业教育无法连接，最终的教学效果堪忧。而且高职院校的就业创业教育体系之所以效果不佳，归根结底还是受到理念的影响。至今仍有一大部分人在其逻辑思维中认可"铁饭碗"的职业设置，家长、教师、高职院校学生更加青睐于公务员、事业单位，认为只要能够考上公务员或者事业编制，就相当于拥有了"铁饭碗"，一辈子仕途有保障且衣食无忧、福利稳定。因此，不少学生在毕业之初就致力于考公务员，而忽略了就业创业这些项目。这些落后保守的思想认知对于学生的自我定位以及未来的职业发展都产生了极大的阻碍，限制了其发展道路，无法刺激其潜能的发挥，个人的创新意识、格局以及逻辑思维能力也被束缚。

高职院校不同于专业化的中等职业培训学校，也区别于本科教育，它属于二者中间的部分，其育人的根本目标是使学生具备扎实理论知识的同时，又能够有较强的实践动手能力。高职院校通过开展一系列的实践教育，能够帮助大学生夯实理论基础，将原理概念等变得更加立体化、直观化，所学和所用之间互相补充、互相促进，总体而言能够达到专业培养的最佳效果。高职院校进行就业创业人才培养必不可少的一步就在于实践教育。想要加快提升学生的实际动手能力，必须有足够的实践性课程训练来加以辅助。然而，现阶段很大一部分高职院校依然采用传统的教学方式来落实实践教育，主要是以讲授性、理论性的渠道来传递知识，实践平台也只是鼓励学生利用在毕业之前的时间自行寻找实习单位或者是学校推荐优秀学生去企业实习以及在寒暑假参与社会实践活动。学生很难在这种实践过程中建立自己的就业创业意识，培养发散性的创新思维。高职院校的人才培养模式。对于实践部分的侧重性不强，较为明显的就是实践教育和理论教育二者在教学时间、考核重点、师资力量等方面存在不均等现象。不可否认的是，实践教学和理论教学的平衡直接影响了出身高等职业院校的人才的基本水平和能力。现阶段大部分的高职院校给予学生的实践时间最多半年，但是参考国外同类院校可知，他们把理论教学和实践教学放到了同等重要的位置上，无论是教学内容、教学时间，还是考核模式、师资力量等都呈现了均衡分布的状态。产教融合背景下，我国高职院校的实践教学人才培养体系也需要优化调整，不仅要重视理论的传授，也要为实践活动提供成长的空间，共同致力于培养学生的综合能力，使其能够更加有信心、有实力应对接下来的就业和创业挑战。当然，也有部分院校和事业单位、企业单位达成共识，共同兴建了实习基地，为学生提供实践的场所。该方式极大程度上推动了高等职业院校就业创业教育课程的转型，值得大力借鉴和推广。

当前阶段，新媒体态势发展迅猛，有着良好的成长空间，学生获取就业创业知识的途径也较为丰富。不过，纵观高职院校目前关于就业创业相关课程的设置，依然沿用了单一的、陈旧的教学模式，并没有采用更多的新媒体路径来拓展教学内容，甚至于借鉴的经典案例也是多年之前的，导致了学生的参与热情不高、理论和实践脱节等问题，使得高等职业院校就业创业课程体系亟须更新完善。

（二）就业创业相关课程缺乏，保障措施不到位

现阶段国内的高等职业院校新建的人才培养课程体系更加倾向于对就业课程的普及，创业教育相对缺乏，主要表现在就业创业教育多数集中于企业家素质教育以及创新意识培养两方面。部分职业院校对于就业创业的经典案例、团队精神、执行力、管理力、领导力等基本素养做到了知识传输，但是这些都相对聚焦在基础理论知识和人格素养方面，缺乏就业创业实战的相关内容，特别是就业创业实际操作技能训练，受到多种因素的影响更是存在不足。举例来说，多数高职院校只是开设了就业创业基础教育的相关理论课程，总共需要36个学时，在学生的学分考核体系中只占2学分，这就体现出了课程体系设置的单一化。究其原因，最大的影响因素就是国内的就业创业教育没有足够多成功的经典案例和模式可以参考，对于就业创业教育课程的认知仍然停留在理论阶

段，认知范围较为片面。比如，部分职业院校渴望借助于就业创业之类的比赛来帮助学生提升认知，促进实践能力的养成，然而比赛终究只是竞赛性质，仅仅是阶段性的渲染，仍然缺乏就业创业课程体系的构建。

高职院校开展就业创业教育，其根本目标是帮助学生获得足够丰富的就业创业技能，推动其在日后的工作岗位上能够更加顺利地达成职业目标，在激烈的市场竞争中能够立于不败之地。众所周知，学生走上工作岗位之后，在工作实践的过程中会受到多种因素的影响，必然要经过一系列的考验才能收获事业的成功。然而，现阶段高职院校设置的就业创业课程能够提供的资源是有限的，无法保证学生在校期间就能够经受各种考验，积累足够丰富的经验。即便社会、行业、政府、企业等多方协作，一致为高职院校就业创业教育体系提供各种保障措施，但是仍然存在一定的缺失之处，使得学生在某些实践项目的执行过程中遭遇阻碍，一定程度上打击了学生就业创业的积极性和参与性。近年来，高等院校无论是本科院校还是高职院校，都在不断地扩大招生人数，这也使得毕业人数连年剧增，就业难、创业更难的问题普遍受到社会各界的重视。因此，无论是地方政府还是国家，都相继出台了一系列的帮扶性政策来推动高职院校大学生就业创业。有目共睹的是，政策在执行的过程中获得了一定的成效，但是和预期目标仍然存在着差距。究其原因，主要是没有为高职院校学生的就业创业提供一系列的有效保证机制，政府尚未建立一个健全的信息化平台，为学生提供功能齐全、高效的交流渠道。如今，虽然科学技术以及多媒体技术在全面化地普及中，但是高职院校大学生就业创业教育无法凸显信息化优势，交流渠道、人才招聘平台仍然较为狭隘，外部条件的不健全等导致了就业创业教育的效果提升艰难。

（三）高职院校就业创业教育师资团队不健全，就业创业教育与专业教育连贯性不足

总体而言，高职院校针对就业创业展开教育的时间较短、师资团队结构不合理、师资队伍不充足是不可避免的问题。在产教融合的背景之下，对于师资团队也提出了更加严格的要求。教师不仅需要具备帮助学生制定就业创业计划、选择相关项目的能力，还要能辅助学生分析得失，调动其参与热情和积极性。现阶段大部分高等职业院校的此类教师，无论是教学能力还是综合素质都不能够胜任此项工作，专职教师、兼任教师人员流动性较大，数量不足，甚至不少高职院校从事此项工作的教师只是辅导员。由于辅导员本身的日常工作较为繁杂，而在就业创业领域，自身的实践经验、理论知识储备都较为欠缺，无法精准地把握国家政策以及外部资源的走向，育人水平有待提升，也只能是较为基础性地完成此项工作，并不能够将关于学生就业创业的指导工作作为其整体工作中的重点来予以突破。从而在一定程度上不能很好地推动就业创业教育课程有效落地。当然，有部分高职院校从自身的发展出发，外聘企业专家、行业人士指导工作，但是这些企业专家并不熟悉高职院校的育人规律，授课具有随机性，无论是课程的内容还是课程的时长都有待丰富，使得整体的教育成果不如预期。

国家相关部门将高职院校大学生的就业创业教育工作上升到了战略决策层面上，认为高职院校要将就业创业教育作为首要工作来落实执行。目前，多数地区的高职院校就业创业教育如火如荼地进行着，积极性较佳，然而质量堪忧，一定程度上展现出了就业创业教育与专业教育连贯性不足的问题。典型表现就是就业创业工作只是作为阶段性的教育来予以落实，是一种短期行为，并不能成为长效的教育机制贯彻到高职院校的三年期教育之中。部分职业院校为了应付领导检查，盲目跟风，为了就业而就业，为了创业而创业，片面追求表面效果，而不注重落实过程中的细节，这就导致了无法从根本上帮助学生提升就业能力以及创业能力，更无从谈及创新教育，直接影响到了高等职业院校整体的教学水平，对于其育人模式也可能产生一定的负面影响。

（四）高职院校就业创业教育共享优势不突出，需要和产业脱节

高职院校就业创业教育共享优势不突出，主要表现在以下两方面：第一，由于行业、企业参与度不高，就业创业教育尚未实现与行业、企业之间的信息资源共享，特别是实践教学资源共享，导致高职院校实践教学以及就业创业实践演练缺乏平台，使就业创业教育未能发挥应有的作用。学校参与行业、企业的实践锻炼与科技服务缺乏激励机制，协同创新氛围尚未形成，高职院校服务产业的能力有待提高。第二，校企合作育人机制尚未建立，不能对接产业需求，"双导师"制度还不健全，行业、企业专业骨干、创新人才尚未参与到教育过程中来，还未形成教育教学的合力。高职院校自身因专职教师队伍人数不足等使得各高职院校之间的教育教学交流活动不多，学校内部的研讨和教研教改活动也流于形式，无法实现教育教学资源的共享，影响了高职院校就业创业教育整体水平的提升。

国内的高职院校在产教融合的背景之下，想要得到良好的就业创业教育效果，必然需要依托行业、企业来办学。但是，高职院校在开展就业创业教育中却存在对接产业需求、结合专业实际不紧密，掌握行业、企业的岗位要求、就

业需求信息不准确，对产业发展趋势不了解等问题，这会导致教育教学与行业、企业需求脱节，就业创业教育的针对性不强，从而影响高职院校整体育人水平的提升。

第二节　产教融合背景下高职院校就业创业教育课程转型的逻辑思维及影响要素

一、产教融合背景下高职院校就业创业教育课程转型的逻辑思维

身处于产教融合的背景之下，高职院校现阶段的就业创业教育课程必然需要更新。以产教融合作为基本的外部环境因素，促进产业和高职院校学生之间的对接，让学生在素质教育和实践教育中培养就业创业能力，注重对学生实践技能的培养，以学生的兴趣爱好为出发点，推动其和平台产业之间的融合，精准定位职业发展，不断加以训练，致力于培养综合性的创新型人才。高职院校在设置就业创业教育体系时，需要遵从的逻辑思维涵盖了基本遵循的就业创业教育原则、具体的课程设置内容、未来的职业规范以及整体项目的运行等多个方面。具体而言，产教融合背景下高职院校就业创业教育课程转型的逻辑思维需要遵从以下几点。

（一）高职院校就业创业教育课程需要坚持的教育原则

高职院校就业创业教育课程需要坚持的教育原则贯穿于教育的始终，以其为核心展开一系列的思想教育、实践教育、理论教育。具体又分为以下几个原则。

1. 系统性与交叉性相结合原则

高职院校就业创业教育课程需要坚持的系统性原则要求系统化、全方位地对课程的设置予以考量，涵盖了以下两部分：第一部分，对就业创业教育课程必须进行系统化的设置，有一个统一的教育目标，将人文科学科目和自然科学科目二者有机结合。这是由于就业创业教育需要各学科的共同参与。第二部分，高职院校的就业创业课程体系，需要将创新课程、公共课程、单科课程综合设置。每个课程缺一不可，要推动其共同发展。只有各个课程之间达成融合，才能共同为就业创业统一的教育目标而服务。

高职院校就业创业教育课程需要坚持的交叉性原则指的是：从改革开放开

始，我国的就业创业环境就在不断地完善发展，社会、企业、产业、高职院校等来自各方的资源共同致力于就业创业项目，为了各项资源之间的对接能够更加高效顺利，必然要坚持交叉性原则，加强各个资源的深化合作，共同致力于就业创业教育的发展。与此同时，课程体系的优化应当以技能为核心，以就业为根本，以创业为突破口，以需求为导向，力求课程的设置能够和人才的需求相吻合，使人才具备的专业能力符合社会岗位的需要，培养复合型人才。

2.理论和实践相结合原则

高职学生合格的个人能力，必须在实践活动中切实获得，特别是就业创业能力。实践活动是其就业创业能力的外在表现。当前阶段，我国的高职院校学生就业创业教育体系中的薄弱环节较多，最为明显的就是理论和实践的脱节。因此，在课程体系整改过程中需要坚持的逻辑思维里，必然有理论和实践相结合这一要求。教师应当鼓励学生积极地参与到就业创业的相关实践活动中来，在自身的动手操作过程中深化对理论知识的认知。不过多数高职院校资源平台有限，设备不健全，从而影响了学生实践活动的顺利开展。高职院校也要正视这一缺点并加以整改，以便为学生提供丰富的实践机会，帮助其获得合格的实践能力。高职院校在践行实践和理论相结合原则的过程中，需要积极地优化调整现行的教育体系，有针对性地对实践课程加以设置，无论是教学时长还是教学的内容、教材的选定，都需要有所改进。除此以外，高职院校要有意识地引进就业创业实践活动，帮助学生将课堂上的理论知识更多地应用于实践过程中，课程以递增式的方法来促进学生系统化、全面化地认知自身的个人能力，逐步积累知识。除了让学生走出校园参与实践以外，在校园内也可以举办项目孵化器、企业科技园、就业创业大赛等实践活动。当然，学生自身也可以借助于互联网多媒体的渠道，加入企业家论坛、微信群等，借助于这些丰富的信息交流平台，以更加开放的培养模式推动个人的成长进步，加深对就业创业知识的整体把握，推动由理论到实践的变革。高职院校在充分认知到实践活动的重要地位之后，就要克服资金困难、环境困难等不利因素，致力于完善基础设施建设，提高整体教育水平，力求能够为学生提供更多的实践活动。

3.普适性与针对性相结合原则

当前阶段，高职院校的就业创业教育体系存在着一个明显的规律，即具备普适性。这是因为放眼全球，就业创业问题是一大难题，对社会的政治、经济、文化等领域都产生了不可忽视的影响。高职院校学生一毕业就面临求职问题，能否找到就业创业的有效路径，直接和个人的发展、社会的和谐挂钩。一直以来，我国之所以对高职院校学生的就业创业教育倍加关注，就是为了能够提升就业创业的效率。显而易见，具备普适性的高职院校就业创业教育体系也需要有针对性，也就是因材施教。因材施教指的是在教育过程中，需要充分考虑到学生的个性化特点，有针对性地展开教育。这里所说的个性化特点包含了学生的兴趣爱好、发展方向、个人技能等方面。高职院校在就业创业教育课程体系的改良过程中，需要针对学生的个性化优势展开具有针对性的关注和辅导，如此才能充分调动学生的积极性和参与度，使其有兴趣吸收知识并且加以应用。总而言之，高职院校在就业创业教育体系转型的过程中，既需要考虑全体同学的能力，又要考虑个别同学对特殊课程的需求；在面向个人终身发展的同时，也要实现阶段性的自我成长；不能够盲目地否定个性，而是要尊重差异、尊重个性。

4.大就业创业教育与小就业创业教育相结合原则

就业创业教育工作在一定程度上反映了高职院校对于学生综合素质的关注，对系统化的素质教育产生了重要影响。借助于就业创业教育，高职院校能够督促学生深入学习关于就业创业的相关知识，并且有勇气、有信心、有能力在就业创业活动中有良好的表现。一般来说，发展高职院校学生的就业和创业教育，不仅是向学生灌输就业和创业知识，更重要的是，有必要提高学生的就业和创业技能与水平，提高他们的综合素质。无论是就业、创业还是参与特定工作，他们都能很好地应对并实现全面成长和进步。从这个角度出发，我国高职院校在发展就业创业教育时应着眼于"大就业创业教育"，以培养更多的就业创业人才，以实现我国人才强国的战略目标。

但是，我们不排除"小就业和创业教育"。就是说，高职院校通过开展就业和创业教育，培训具有就业能力和创业能力的高职学生成为企业家。我们必须相信，并不是每个企业家在出生之初就具有很强的就业能力和创业能力。他们的成就来自一点点地知识积累和实践。任何一个学生都有可能在将来创建一个企业。另外需要注意的一点是，高职院校就业创业教育的转型需要符合本校的实际情况以及区域内的产业特色，学校可以依托于自有的教学特色以及现有的科研成果来优化课程设置，充分借助于地方优势和人文特色来设计课程，使学生拥有的就业创业能力更加符合地方发展的需要。

5.开放性与合作性相结合原则

从目前的基本情况来看，高职院校的就业和创业教育已经更加开放。就业和创业教育的过程，将与社会各方面有着极为密切的联系。同时，随着时代的不断发展和进步，高职院校的就业和创业教育在整个社会的发展中发挥着日益重要的作用，越来越多的管理组织对其予以高度重视。研究人员阿米泰奇在进行研究和分析的过程中，把高职院校就业创业教育看作"社区服务站"。高职院校学生就业创业教育不再仅仅是为了培养知识精英，而是为整个社会提供知识源泉和智力支持。因此，高职院校开展对大学生的就业和创业教育时，必须与社会进行更多的交流与合作，以促进大学生素质的全面提高和进步。如果要实现这一发展目标，就必须改变原有的教育教学模式，使高职院校的就业创业教育更加开放。在教育过程中，有必要与社会开展更多的合作活动，并始终坚持这一发展路线。在开展具体的交流活动时，高职院校可以与一些公司合作，使学生可以更多地了解企业文化、经营理念、管理方法等。在这种情况下，可以在一定程度上培养和感染学生，也可以为高职院校的就业创业提供一个真实的平台，以锻炼他们的就业创业能力。

（二）高职院校就业创业教育课程需要科学规划教育内容

该部分所说的教育内容，涵盖了学生需要吸收学习的知识，以及建立在就业创业教育需要之上的教学细则。科学规划教育内容，能够使得教育过程有据可依。具体的细则涵盖了以下几个方面。

1. 帮助高职院校学生提升就业创业意识

对于高职院校的毕业生而言，求职率和任用率一直处于一个较为严苛的比例之中。帮助高职院校学生提升就业创业意识，能够使他们明确自身的正确定位，在成为一名就业者之余，也可能成为企业的创造者，立足于不同的角度，最大化地发挥个人优势，实现自身的价值。相比于传统的就业方式，创业更加具有挑战性。参考国外针对高职院校学生就业创业教育的相关研究可知，国家借助于一定的经济改革手段可以加快经济发展速度。除此以外，一系列的就业创业教育也能够帮助国家拥有更多的高素质高技能人才。这些人才为经济的发展提供了源源不断的推动力。帮助高职院校学生提升就业创业意识的驱动力是多种多样的。就个人的层面而言，可以借助于个人的兴趣、优势来创业。除此以外，教师也可以发挥其引导者的作用，帮助学生丰富关于就业创业的基础知识，引发其浓厚兴趣，使其认知到在创业过程中可以体会到种种乐趣及获得益处，推动其主动展开就业创业行为。

2. 就业创业素质的培养

对于高职院校的学生而言，拥有良好的就业创业素质，能够使其直面挑战，对于自身的职业生涯有着良好的规划，勇于开拓创新，有勇气、有担当、有责任地展开就业创业活动。高职院校在对学生展开就业创业素质培养的过程中，要教会学生摆正心态，充分理解就业创业过程中的艰难，要付出时间还有精力，想要不劳而获或者是得到一时的成功、巨大的财富是一种畸形的就业创业态度。因此，高职院校以及教师在对学生展开就业创业教育的过程中，需要发挥良好的引导和推动作用，不仅要鼓励学生勇于就业创业，也要帮助学生树立正确的价值观提高综合素养、培养良好的道德品质，面对就业创业过程中的困难能够迎难而上，不逃避、不推诿，寻找合适的、科学的方法突破困境，在职场上能够有所建树。除了正确的价值观、良好的道德品质以及较高的综合素养以外，学生在就业创业过程中需要的能力涵盖了多个方面。举例来说，人力资源管理能力、企业经营运作能力等，这些基本的技能是学生展开就业创业活动的根基，而这些能力的培养，多数高职院校目前也只是停留在了纸上谈兵阶段，无法从根本上帮助学生获得实践能力。高职院校就业创业教育体系在接下来的改革过程中，要帮助学生形成多种技能，在不断的实践、参与、动手过程中加强认知，夯实基础。

3.遵守就业创业的相关规范标准

高职院校学生的就业创业活动想要持久并且取得良好的效果，必然需要遵守相关的标准规范。因此，高职院校在就业创业教育体系转型的过程中也要针对相关的规范标准予以讲解。这些规范标准符合市场经济以及社会发展的内在规律，只有在其合理范围之内予以遵守，就业创业活动才能顺利进行。比如，当前阶段的多数自主就业创业活动需要较多的资金支持，刚刚毕业的学生多数无法承担这些资金支出，于是会寻求政府、社会、金融机构、合作方的帮助。基于此条件的影响，如何进行经营管理、选择什么样的投资项目、何时能够填补资金亏空等已经无法完全遵从创业者或者就业者的个人意愿，而是投资方起到了决定性作用。当然，这也就意味着就业创业者自身的自主能动性需要酌情减少，但是这依旧要求就业创业者在未来的职场工作中需要遵守如下规范标准：

第一，创新性原则。首先，尽管我国已实现全面建成小康社会的发展目标，但发展步伐并未停止，而是在全面推进现代化的道路上不断发展。当前社会对就业和企业家人才的需求正在增长，与时俱进地更新技术知识的速度也在加快。为了取得更好的发展成果，人们的生活和生产方式不断调整。所有这一切都归功于创新的力量。建设创新型国家是现阶段党和国家的重大战略决策。这是一个国家更快更好发展的核心，也是提高综合国力的关键环节。但是，建设创新型国家需要创新型人才的大力支持，培养创新型人才的关键在于教育。因此，在对高职院校学生进行就业创业教育的过程中，应将创新型人才的培养纳入就业创业教育的全过程，使就业创业教育能够满足国家建设的要求和发展的需求。为了建设创新型社会，实现建设创新型国家的目标，最关键的环节是培养相应的创新型人才，这些人才必须具备较高的综合素质、独特的创新思想和其他条件。从我国社会快速发展的现状来看，我国的就业和创业人才资源不足，人才素质不能满足当前的发展需要，这是当前人力资源市场渴求人才的主要原因。作为国家未来发展的后备军，高职院校的学生是最有潜力的群体，而就业和企业家精神教育则是全面提高其职业素养的重要途径，可以促进学生的个人能力和素养与创新素质相协调，从而使学生的职业素养符合国家建设对人才的要求。学生进入社会后，即使他们没有从事创业活动，也可能是其他创新事业的实践者和领导者。对高职院校学生的就业创业教育，可以使他们在良好的就业创业文化氛围中成长，并培养就业创业意识和提高就业创业素质，从而更好地进行职业教育。毕业后，就可以将创新的共识积极地融入创新型社会的建设活动中。在高职院校学生就业创业教育中，教师一方面必须激发学生的创新精神，另一方面还必须教育学生尊重他人的知识产权，保护自己的知识产权。尽管大多数就业、创业知识和技术知识都是公开的，但在公开和保密之间仍然存在紧张关系。有时，为了保护企业利益并尊重创新者的主动性，必须对技术成果保密。每个企业在技术上或多或少都有自己的核心竞争力，这可以确保企业最大限度地受益。我国的知识产权制度可以保证每个公众都有自由享有信息的权利，但也必须避免因信息披露而侵犯商业秘密、技术专利和个人知识产权。信息公开的目的是促进经济更好地发展，政治民主和社会的持续进步，而保密则是为了保护个人利益和公司利益。由此可见，两者虽是相互矛盾的，但却都不容忽视。这就要求必须在特定情况下很好地处理两者之间的关系。

第二，公益性原则。不可否认的是，当前社会存在一定的浮躁性，也凸显出部分不良诱惑，给社会的政治、经济、文化发展都埋下了祸根。高职院校的大部分毕业生，在就业创业之前首先考虑的就是利益问题，而且会着重考虑个人利益，渴望尽快在就业创业的活动中获得资金回报。这当然不是一个完全错误的立场，但是却需要在保护公众利益之余再关注个人利益，不能为了个人利益而损害其他人或者是社会的共同利益。国家之所以推崇就业创业，不仅是为了个人的发展之路能够更加顺利，还是立足于推动社会发展的角度综合考虑的。当前阶段就业创业能够带来的效果日益丰富，就业者或创业者自身的独立性和自主性有所提升，如果只是单纯地关注个人私利就会使得社会发展陷入怪圈，甚至严重的还可能产生违法乱纪行为，或者是有违道德观念的操作。例如，"分手公司""私家侦探"等，其是否应该成立引发了社会各界的激烈讨论。一个有着正确价值观的就业者或创业者，绝对不会将个人的职业规划置于这些领域之中。为了避免学生形成自私自利、以金钱为尊的错误观念，就需要在就业创业课程中给予学生正确的思想灌输，对其错误的行为予以纠正，帮助其建立正确的价值观，在整个就业创业教育体系中贯彻正确的规范标准，将经典的案例来作为正面或者是反面的教材参考，帮助学生认识到忽略公益性规则所带来的严重后果，督促他们从大局出发，在获得个人经济效益的同时，也能为社会的正向发展助力。高职院校学生的年龄特点以及心理状态决定了他们是否拥有就业创业的激情以及无限的发展潜力。在正确的教育方针引导之下，学生可以形成正确的思维逻辑，在日后的就业创业过程中遵循规则，不被金钱所迷惑，不被违法或有违道德的因素所诱导，拥有较强的社会责任心，在秉持道德规范、遵守法律法规之余使经济利益最大化。

第三，合作性原则。在目前阶段，由于就业和创业项目涉及相对广泛的领域，因而就业和创业活动无法由一个或几个就业创业者独立完成。这时，一个由投资者、职业经理人、金融机构和技术人员组成的就业创业团体就诞生了。广泛的合作已成为现代社会就业和企业家精神的显著特征。就业创业者进行合作的方式很多，不仅包括企业家之间的合作，还包括就业创业者与高等职业学院、投资者和科学研究机构及政府之间的合作。

在合作过程中，合作规范可以发挥非常重要的作用。它使合笔者可以优势互补，并在解决关键问题上进行合作，从而大大提高了工作效率。从长远来看，高职院校、政府与大型企业之间的合作呈现出不断深入的趋势，生产者、学习者和研究者三方的联系更加紧密，技术层面的研究方向也正在逐步走向产业化。团队合作是当今高职院校学生就业和创业的先决条件之一。为了实现就业和创业的成就，仅基于自我中心力量的就业和创业模式已不适合当前的社会发展，这可以从许多知名公司（例如 Microsoft、Google 等）的就业和创业历史中得到验证。因此，为了实现更好的成就，有共同就业和创业的伙伴或团队作为其强大的后盾是极为重要的。如今，我们社会需要的企业家是善于处理人际关系，善于组织、合作并能够协调人际关系的各个方面的，而不是不喜欢与人相处、性格孤僻，热衷单打独斗的孤胆英雄。因此，合作意识和团队意识是当代高职院校学生入职后不可或缺的职业素质之一。就业和创业团队的建设需要由一群高度互补的人组成。如果一个团队中有人筹集资金，有人拥有技术，有人拥有广泛的人际关系网等，那么这样的团队便更具战斗力。

第四，诚信原则。市场经营以诚信为本，诚信构建起了人与人之间和谐的道德关系，发展社会主义市场经济必须以诚信作为行为的约束准则，这也是一个合格的人所需要具备的最基础素质。高职院校学生在其就业创业的过程中，必须要秉持着诚信原则，建立诚信创业、诚信就业的观念，用实际行动来践行诚信标准。就业创业必然存在着经济往来，需要建立人与人之间的合作关系，此时诚信的作用也就越加明显。纵观诸多成功的企业家，当他们面对一定的经营危机的时候，往往是诚信给予了其一线生机，使他们的事业从失败的边缘脱离。由此可见，在日积月累的诚信经营过程中，能够获得的益处并不能用简简单单的经济效益来衡量，更多的是人与人之间的信任，是人格，是口碑，是尊重。现阶段，科学技术正处于日新月异的发展状态之中，就业和创业的过程中，个人的单打独斗有所减少，更多的是团队的共同奋战，而且就业创业活动多数和金融机构、政府职能机关之间都有着紧密的联系。此时，诚信的作用备受关注，无论是金融机构的借贷款还是行政部门的财税，都需要考核就业者创业者的信用程度。除此以外，在诚信原则的奠基之下，企业之间展开公正、公平、公开的竞争，也能够形成良好的产业氛围，产业和企业之间互相影响、互相促进，共同获得可观的经济效益。如果罔顾诚信、恶意竞争，必然使得整体产业经营进入一种恶性循环状态。企业自身在生产经营销售的过程中，诚信规范也应当是企业文化之一，只有秉承着诚实负责的态度，其所生产出的产品、提供的服务才能真正地符合社会的要求，赢得良好的口碑，获得最大化的经济效益，实现企业的永续化发展。

（三）设置合理的就业创业项目

高职院校就业创业教育体系转型的最终目的是提升高职院校学生就业创业的成功概率，促进其个人综合能力的提高。美国就业学专家拉斐尔特别强调，专家建议、社会需要、学习需要共同影响了目标的设定。因此，高职院校就业创业教育目标的确立，需要综合性地考量行业专家的建议、社会以及企业对于就业创业能力的需求。参考 2012 年教育部颁布的普通高职院校针对就业创业工作的基本要求可知，之所以展开就业创业教育，就是为了能够使得学生具备就业创业需要的基本理论知识和实践技能，使其在就业创业的实践过程中能够抓住机会，严格按照计划实现活动目的。作为社会活动中的重要组成部分，就业创业能够满足社会的需求，推动政治、经济、文化领域的发展进步，而且能够凸显就业者或者创业者的个人价值。当今社会需要的就业创业领域涵盖了方方面面。举例来说，在物质生产过程中，针对生产工艺、材料、技术、产品等项目的研发和利用，就需要就业者或者是创业者来填补研究空白，而激烈的市场竞争也需要就业者或者是创业者在技术、智慧等多方面表现得更加优秀。由此可见，由于社会需求的变动，高职院校学生在就业创业过程中需要通过不断地投入多样化的资源来产生价值和经济效益，这也就要求高职院校学生的就业创业规划必须符合社会的需求，贴近了社会需要，社会层面给予高职院校学生就业创业的辅助也就会进一步提升，二者之间自然呈现出一种良性互助的关系。如今，国家为了能够给高职院校的就业创业教育提供一个明确的方向，出台了一系列的条例和相关政策予以指导，总体来说其基本理念就是大力支持自主就业和创业行为，鼓励就业者或者创业者多多展示其优秀成果。在此教育方针的指导之下，高职院校学生积极展开了一系列的就业创业活动。国家在对就业创业项目予以设置的过程中，也存在一定的机动性协调，对于不符合当代社会发展规律和发展趋势的项目予以抑制或者暂缓，对于更加符合社会需求，能够推动社会进步的项目予以大力扶持，促进其快速成长，具体的扶持方式有资金补贴、政策支持。与此同时，国家在设定就业创业项目的过程中，也额外关注恶性竞争以及行业的畸形发展问题，为了避免其对社会产生危害，采取了一系列的措施。基于此，高职院校在把握就业创业项目的过程中，要参考国家重大发展战略的走向，考虑社会资源配置，选择良性的、能够促进行业以及社会发展的项目，以此来鼓励高职院校学生收获更多的经济效益，推动社会的和谐稳步发展。

二、产教融合背景下高职院校就业创业教育课程转型的影响要素

（一）师资力量

高职院校从事就业创业教育的教师必须肩负起以下责任：第一，作为教学活动的主体，教师将关于就业创业教育的相关实践经验以及基础理论知识教授给学生，发挥好指导者和传授者的作用，帮助学生培养就业创业的基本素质和技能。第二，主要承担教学活动，围绕教学目标以及教学任务设置教学环节，选择相应的教学方法和教学手段，来推动教学的顺利进行。第三，控制课堂活动的秩序。借助于优秀的管理方法帮助学生在有序的环境中愉快地学习，确保教学活动质量。第四，根据学生的实际情况以及潜能发挥，优化组合各项教育要素，最终使得教学活动能够符合社会以及行业的需要，这也就要求从事就业创业教育的教师，其自身的经验水平、综合素质过关，在就业创业教育上能够付出较多的时间和精力。当然，在普通教师自身的教学经验可能不足的情况下，高职院校也可以外聘专家，用他们的实际就业创业案例来进一步地向学生传授知识。

（二）国家政策及制度影响

想要确保高职院校的就业创业教育体系能够顺利转型，一系列的制度要素必不可少，如高职院校的管理制度、国家政策机制以及法律法规制度等。国家政治、经济、文化等任何一个领域的发展，政府的政策都起到了决定性的作用，特别是对企业而言，更需要考虑国家颁布的经济政策的影响，尤其是身处于产教融合的时代背景之下，经济政策的调整直接影响到教育行业，其他领域也不例外。国家颁布的针对高职院校就业创业教育体系的一系列政策或建议，都将直接影响到其优化路径。2015 年国家颁布了关于高等院校展开就业创业教育的相关改革建议，并且沿用至今。而且各省市政府充分考虑到了区域内的经济环境、产业文化等影响因素，出台了一系列的帮扶政策，以推动高职院校自主就业创业的发展。基于此，高职院校学生能够享受到诸多的优惠待遇。例如，在报批相关单位之后，高职院校学生可以在三年的时限之内免于缴纳行政事业登记费；成为私营业主或从事个体经营的高职院校学生，能够优先享受注册登记的快速通道；有意向展开自主创业的高职院校毕业生，政府可以给予一定的福利补贴以及最多 5 万元的小额贷款。除此以外，在档案保管服务以及公共服务领域，政府也致力于为就业创业的高职院校学生提供诸多的便利；而在高职院校自身的管理制度领域，确定了学分制的就业创业教育机制，将自主学习和课堂学习相结合，将课堂学习和网络教学相结合，推行选修制、主修制等一系列的学习机制。除此以外，高职院校设置有专业的、独立化的就业创业部门，负责体系内的工作落实，传递最新的就业创业信息、优惠政策、学术论坛会议成果等，力求推动就业创业教育的成效能够更加显著。

（三）高职院校就业创业团队

当前阶段的创业行为大多是以小团队的形式出现的，主要是由于个人的能力、精力、时间有限，而团队能够取得事半功倍的成果。因此，多数高职院校都借鉴了该模式，推出了就业创业团队，团队能否成功取决于成员之间的沟通效率、信任程度以及各自的优势范围等因素，这也就要求团队成员在发挥个人的主观能动性的同时，要有大局观。具体而言，需要满足如下要求：第一，成员的组成以自愿为基准，能够合理地、正确地看待就业创业实践活动，直面挑战，并有勇气、有担当地解决问题，促进自身就业创业知识和实践技能的丰富。[1] 第二，团队具有一致的目标感，无论每个人有着何种的优势，都必须有着统一的努力方向，吃苦耐劳，共同为同一个目标而努力。第

---

① 秦丽.高职院校团队项目体验法在就业创业课程中的应用性分析 [J].知识文库,2016(10):204.

三，高职院校的就业创业团队必须配备指导教师。指导教师的主要工作责任就是为学生在就业创业实践过程中提供正确的指导，整体性地把握项目进度和过程，推动成员之间的有效沟通，在其面对困难的时候能够提出有针对性的解决意见。

（四）管理组织

高职院校的就业创业教育体系是一个庞大的机制，涉及方方面面，因此必须有一个合格的管理组织来统筹运营。每个学校可以从自身的管理体制以及实际需要出发，设立相应的管理组织，这并非全国统一，完全可以有各自的特色。通常而言，大部分高职院校的就业创业教育体系管理机构的组成人员是校区党政领导、教学部门负责人、后勤部门负责人等，他们共同致力于管理就业创业教育工作。在其组织结构之下又设置一定的下属机构，以分管院校或分管系别为依托，充分考虑到各个专业的差别，有针对性地展开教育活动，推行差异化的实践探索或理论研究。关于实践活动的部分，通常以教务处、院团委、校团委为中心，组织策划相应的实践过程，由专业的就业创业教师以及外聘的专家组成评价团队，针对理论课程以及实践活动给予学生相应的指导和考核。

（五）课程内容

未来我国高等职业院校转型成功后的就业创业教育体系，在其课程内容中需要体现就业创业的相关教育思想、理念以及具体的教育路径，并且以课程内容作为关键点来确定最终的人才培养计划。当前阶段，课程内容分为三大模块：一是就业创业基础知识。该部分是整个就业创业教育体系的基础，主要集中于对基本理念的讲解。二是就业创业实践活动，主要是集中于针对如何进行就业创业来予以讲解，通过模拟以及实践来获得就业创业的基本能力以及实践经验。三是就业创业综合能力培养。以前两部分为根基，推动高职院校学生拥有就业创业的综合能力。由此可见，就业创业综合能力的培养串联起了基础知识和实践活动。为了能够推动学生尽快地培养就业创业能力，我国大部分的高职院校推行了就业创业比赛、社会实践、团体实践、案例解析等一系列的活动。而且高职院校普遍形成了统一的意见，以课堂为基础来普及运营知识、企业管理知识、基础型的就业创业知识等。举例来说，教学内容中包括的领导能力、销售能力、表达能力、市场分析能力都是就业者和创业者必须具备的特质。通过实践教育，就业技能和就业理念二者能够有效结合，突破传统教学课堂的禁锢，在开放性的实践环境中模拟就业创业活动，这符合产教融合背景的要求。

（六）教学环节

教学环节是达成教学目标的必要渠道。现阶段，国内高职院校展开就业创业教学有以下几个具体环节：

1.课堂教学

教师借助于课堂教学的渠道传播知识，使得学生能够进一步掌握到就业创业基础知识和技能，而且对整体的就业创业环境、要素、思维能有一定程度的把握。大部分关于就业创业的理论认知，都是通过课堂教学的方式传输出去的。

2.案例分析

枯燥的理论教学总是无味的，无法充分吸引学生的注意力，也无法提升学生的参与度。因此，借助于案例分析的方式，能够生动形象地表达教学内容，帮助学生更快地理解理论知识，而且师生之间能够有一定的互动。目前，大多数教师倾向于选择实际发生过的就业创业案例，能够有据可查的同时也有着较强的说服力以及可对比性。

3.集体讨论

参与集体讨论的对象可以是学生、教师、就业创业的成功者、相关领域专家等，他们基于经典案例展开集体讨论，能够在热烈的氛围之中推动学生深化理解就业创业活动，在体会酸甜苦辣的同时，也能够对整体的就业创业流程有更深一步的认知，并且深刻地了解政府能够提供的多项优惠政策和扶持渠道，增强其就业创业的信心及热情。

4.模拟就业创业活动

实践型的就业创业活动，能够检验学生的理论学习效果，借助于多元化的活动渠道，帮助高职院校学生培养就业创业能力。特别需要注意的是，模拟就业创业活动应当针对就业创业的全程展开，而不是只针对其中的某一个环节。模拟过程涵盖了商机选择、计划制订、成员选择、融资活动、管理活动、具体操作、市场分析、财务分析等内容。模拟就业创业活动属于较高版本的就业创业教育，需要各个方面的支持辅助。现阶段，高职院校举行的模拟就业创业活动往往依赖于实习基地或项目孵化器展开，场地和资金支持都存在一定的薄弱之处，但是该环节的实施确实能够在极大程度上推动学生实践能力的培养，使其在实践过程中能够积累下一定的经验。

第三节　产教融合背景下高职院校就业创业
教育课程转型的路径

　　与普通高等院校比较，高职院校致力于培养具备较强的综合素质以及较完备技能的实践人才。在产教融合的背景之下，创新是企业发展的动力，自然也就要求实践型人才具备一定的创新能力。高职院校就业创业教育课程转型要从办学实际出发，在充分参考区域内产业链的基础上，新建教育链、人才链，以就业创业能力为培养中心，帮助学生树立正确的就业创业观念，形成较强的就业创业实践能力，成为社会需要、企业需要的人才。产教融合背景下高职院校就业创业教育课程转型的路径分为以下几个具体的方面。

一、人才培养体系中纳入就业创业教育，构建完善的推动机制

　　产教融合背景下高职院校就业创业教育课程转型之路，首先就要在人才培养体系中纳入就业创业教育，将就业创业教育贯穿于人才培养始终，并且以此为导向展开一系列的教学活动。人才培养体系和就业创业教育之间的融合表现在以下三方面：第一，人才培养目标的契合。高职院校致力于培养技能型人才，就业创业教育致力于培养具备就业创业能力的人才，二者合二为一，共同推动人才技能的完备以及综合素质的提升。第二，专业教育和就业创业教育二者的融合。在具体的人才培养环节，专业教育不能够脱离就业创业教育，而就业创业教育也不可以和专业教育相背离，只有一体化的教育体系才能推动人才教育目的的实现。第三，产教融合模式。人才培养体系建立必须要基于产教融合的背景，借助于工学结合、校企合作等多元化的渠道，实现理论和实践环节之间的对接，在具体的操作过程中，学生可以深入理解社会、企业对于人员岗位、技术、能力的不同要求，企业、行业也能共同致力于培养学生的就业创业能力以及创新意识。总体而言，借助于以上三方面的深度融合，推动就业创业教育能够精细化落实、全方位开展。除此以外，为了能够切实地推动产教融合背景下高职院校就业创业教育课程的转型，必须新建一系列完善的推动机制。第一，从院校层面出发，充分地认识到就业创业教育工作以及课程转型的重要地位，规范好顶层设计，以此来推动相关转型之路的践行。第二，确保物力、人力、财力到位，借助于一系列的规章制度，后续的教育课程转型之路能够有所依据，做到专款专用，建立健全实践设备和环境，构建一系列的有利条件为

就业创业教育转型提供客观保证。第三，从行业、企业出发，新建一系列的激励机制。产教融合的背景，要求企业、行业更多地参与到高职院校就业创业教育过程中来，因此要推出一系列的激励措施，鼓励企业和行业提升参与度，共同致力于人才的培养。另外，高职院校、企业、行业也要建立有针对性的评价机制，正确地衡量就业创业教学的效果和质量，不断地查漏补缺，促使转型之路更加顺畅。

二、构建就业创业教育资源平台，加速课程开发

高职院校之所以构建就业创业教育资源平台，其根本目的就是推进资源的全方位流动，加速共享。因此，高职院校可以从以下三方面出发，汇聚资源优势：第一，创建就业创业基地，在各种校企合作以及人才孵化基地的支撑之下为就业创业提供空间，在企业和学校的共同帮助中推动校企合作基地以及人才孵化中心真正成长为企业实体，使得就业创业教育能够达到实体规模。从不同专业、不同企业及产业的各自要求出发，提供差异化的就业指导和创业教育。第二，以名师工作室作为载体来传授技能，推行师徒制，传承技艺，提升学生的实践能力，推动产学研一条龙平台的建成。第三，构建数字化资源库。各大院校之间形成就业创业联盟，借助于网络课程、线下交流分享等形式，营造资源共享氛围，加速就业创业教育课程的转型。高职院校的课程开发最基础的功能就是传授相关的理论知识，形成一体化的知识框架。除此以外，高职院校的课程开发也要考虑行业需求、企业需要以及社会需要，在推动学生就业创业能力提升的同时，培养其创新思维和创新意识，因此可以设置以下类型的课程：

（一）开发普适性课程，加强自然学科、人文学科以及艺术素养的培养

想要成为一名合格的就业者或者创业者，综合素质至关重要。高职院校现阶段的课程设置以学生未来的职业发展作为参考标准，形成了专业化、独立化的课程，任何一个专业都在其各自的领域里深耕，推动了知识往更深层次发展，当然这也导致了专业领域与自然学科、人文学科之间的冲突，学生能够掌握的关于自然学科和人文学科的知识相对碎片化，因此开发普适性课程至关重要。它可以打破专业性学科与自然学科、人文学科之间的鸿沟，促进二者的相互融合沟通。具备人文内涵的就业者和从业者更容易得到灵魂的升华以及综合素养的提升，在日后的就业和创业过程中表现也更加成熟。

除此以外，普适性课程中也需要涵盖艺术类的内容。高职院校的艺术类

课程不是简单的舞蹈、绘画、歌唱，或者是让同学们去欣赏几场文艺演出、歌剧、戏剧等，而是真正地学会传递美、评价美、塑造美、欣赏美。通过艺术和美，学生能够追求美的享受，提升艺术境界，将其作为一种思维方式，以此来影响自身的工作及生活。而且，艺术不能够只是作为传递美的载体，而应该成为体系化的文化素养。当代复合型人才除了要具备扎实的专业知识以外，还必须具有一定的人文艺术素养，美术、音乐这些艺术渠道能够极大程度地推动人文情感的培育以及感性思维的开拓。众所周知，高等学府对人才的培养无非是为了让学生可以在整体的综合素质能力以及专业技术能力上有一个较为系统的学习和培训。在这一背景下，高职院校学生能否熟悉、掌握并运用其在学校学习到的课程知识，影响着其在职业发展过程中的表现。因此，当高职院校在考虑设置就业创业教育体系课程时，同样需要参考上述的一些理念，一方面要将能够提升高职院校学生创业普遍意识和水平的课程设置为常规课程，另一方面在课程内容上应该将人文学科、自然学科的指导内容与就业创业专业内容教育结合起来。只有通过合理的教学设计，才能让课堂上的教学真正成为培养高职院校学生就业创业能力的一种高效方式。

（二）开发实践性和体验性课程，全面强化学生对创就业活动的认知

除了理论学习，现如今的教学对实践教育也愈发重视。当然，原因也是显而易见的，只有通过实践，才能从真正意义上将高职院校学生自身学到的理论知识加以利用，同时有利于高职院校生了解社会以及自身未来的工作环境，更深入、更具体地认识自己所处的职业环境究竟是怎样的。有研究表明：学生在企业实习的时间与学生对自身所处岗位的信息掌控程度是成正比的，这意味着实习得越久，越清楚工作的意义、职责、内容以及自身与职业要求间存在的差距。虽然现在网络信息技术十分发达，许多人在进入一个行业的时候通常都已经提前对这一行业有所了解，这种对职业信息的深入把控无疑十分有利于学生在行业中的发展，让他们的工作以及学习有了更加明确清晰的目标，但是这些对职业信息的了解仍然是流于表面的。美国的两位学者詹姆斯 H. 吉尔摩（JamesH. Gilmore）以及约瑟夫·派恩二世（B. Joseph Pine Ⅱ）都认为：体验这一过程就是指人们用一种在本质的、较为个人化以及主观化的方式来度过一段时间，并在过程当中获取到许多可记忆的信息、事件以及感受。为了将记忆更加具体化、可视化，他们还通过不同方式对信息获取的效率、内容进行了一个排序，得出个体通过阅读、倾听获得的信息最终分别剩下 10%、15% 的信息没有被遗忘，但在体验过后的一系列信息却可以有 80% 保留在了大脑当中，这让人们明确地意识到实践过程在学习当中的重要性及高效性。以往的教学模式中，教师作为一个主要的角色不断通过各种方式推动学生学习，单方面在课堂上进行知识的输入。这种"填鸭式教学"很显然无法和由学生通过亲自学习、思考，结合自身实际情况得出最有利、最有效的工作经验这一方式相比。由此可见，具有高度体验性的实践课程无疑是较为科学、具有较大优势的。高职院校可以通过设立一系列具有实践性、挑战性的就业创业实践课程，并在当中融入乐观积极的教学理念，让学生们在学习过程当中不断汲取行业的正能量，激发自身信心和工作激情，使学生能够充分感受到生活、工作、学习乃至人生的一系列美好及意义，激发学生的实践热情。

（三）开发个性化课程，满足学生的特殊需要

在产教融合背景下，高职院校就业创业教育体系的转型必然要开发个性化课程，来满足学生的特殊需要，这是由于个体之间必然存在一定的需求差异，从学生差异化的兴趣爱好以及不同的就业创业能力出发，设置个性化、有针对性的授课内容、授课方式以及评价模式，更有利于推动学生就业创业能力的提升。个性化的课程项目能够激发学生的学习热情，挖掘他们的个人潜力，能够满足不同企业、行业的需要。

（四）开发探索性、研究性课程，注重学生创新能力的培养

学者怀特海对高职院校存在意义的见解十分深刻，他认为高职院校之所以存在，是因为它在生命的热情及知识这二者之间架起了一座桥梁，成为老一代学者与新一代学者在学术上相互磨合、碰撞、创新、促进以及发挥想象力的一大平台。学术科研对想象力有着很高的要求，一位学者需要有想象力，才能去拓展那些人类仍旧未探索的领域，发现更多的问题。但想象力不是凭空出现的，而是在一系列已知知识上的天马行空。而高职院校无疑可以很好地容纳人们的天马行空，并结合经验，努力使其转化成可被证明的事实。许多高职院校设立的探索性以及研究性课程就是通过这种方式，巧妙地将原有的经验、创造力以及想象力结合起来的。在这一类型的课程当中，学生可以很好地根据自身学到的理论知识以及教师的教学经验，配合两者共同的想象力和创造力，通过一系列的研究、探索以及思考讨论，最终发现或者创造出新的知识，并对旧的知识进行更正或者补充。这一过程对学生而言无疑是极其宝贵的，对以往知识的更正能够让他们意识到不能迷信权威和已有的研究，而是要打破原有知识的束缚，借用辩证性思维和批判性思维去分析事物，同时对自身的创新能力、科研能力提升以及自信心树立都有很大的帮助，这对其日后的就业创业而言同样是十分有利的。

三、构建相关服务机制，加大政策扶持

高职院校要充分重视就业创业教育工作，并将指导工作落实到底，为就业创业教育构建一个信息化、系统化的交流平台，以此来促进问题的解决。除此以外，高职院校也要从自身的口碑和优势出发，全面性地整合教育资源及社会资源，聘请知名的专家学者来开展关于就业创业的相关座谈会。高职院校应当鼓励学生自发性地构建关于就业创业的相关社团，高职院校做好出谋划策的指导工作，避免学生在就业创业的过程中出现问题、承担风险。高职院校要牵头和区域内的勤工俭学部门、政府机构、知名企业展开进一步的合作交流，最大限度地为学生提供一些就业机会或创业岗位，以此来帮助学生积极地展开就业创业活动，建立相关的逻辑思维，为日后走上社会奠定良好的实践基础。

除了高职院校自身的努力之外，政府作为就业创业活动的力推者，应成为连接高职院校和企业、社会之间的桥梁，因此要加大政策的扶持力度，尽力地为就业创业活动扫清障碍，提供帮助。政府可以在一些职能机构，比如工商局、税务局等，为高职院校从事就业创业的学生开设相关的 VIP 通道，或者是联合当地的大型企业定时展开一系列的人才招聘会，为更多的学生提供就业和创业的机会。单纯的政策扶持力度较小，高职院校也要着力分析区域内的人才缺口，定向服务，为其培养一系列有岗位针对性的实践型综合人才，以此来带动区域内整体经济发展。

四、加快转型进程，实现教学模式创新

如今，高职院校正在积极落实人才培养转型工作，而就业创业人才培养以及就业创业教育体系的设立无疑是其中至关重要的组成部分。众所周知，学生的学习态度和学习效果在很大程度上受到学校的重视程度和教学内容的影响，只有用心、真诚地把就业创业教育作为一个单独的课程，科学化组织教学内容，才能真正让学生有在较短时间内效地提高自身就业创业水平。与此同时，还应该结合就业创业教育本身不同于其他传统课程这一特点，积极针对课程的形式、内容等多方面，加大改革和创新力度。在重视理论教学的同时，还应当积极搭配实践课程教学，帮助高职院校的学生进一步加深对行业的体验和了解，在激发学生们学习热情的同时，培养他们树立良好的自主就业创业意识。不仅如此，在激励政策上，还要加大力度进行制度规范化改革，如提高就业创

业课程的学分等，以此引导越来越多的学生加入就业创业能力培养的大潮中，营造出良好的就业创业能力培养氛围。让学生在不同于以往的学习体验中更加积极地参与其中，并在这一过程中挖掘自身能力，找到属于自己的就业创业定位。① 高职院校要充分借助自身优势，利用行业资源、企业资源、社会资源，加速就业创业教育课程的转型，借助于工学结合、顶岗实习等一系列模式，为学生提供有利的实践环境，培养他们的就业创业思维和能力。

随着产教融合的不断深化，高职院校在就业创业教育这一主题上不断创新，结合专业本身和企业与学生的个人需求进行综合培养，以学校导师经验及理论课程为基础，个性化地制定出有利于学生职业发展的道路规划。首先，可以通过课内外教学内容高度有机融合的方式，效仿传统课程的形式，在课外通过"技能特长""社会实践""就业创业"三大板块分别进行教学鉴定。"技能特长"板块主要涉及学生曾经获得的相关技能认定，参加的各级各类技能培训的经历，以及获得的相关荣誉等；"社会实践"板块主要涉及学生曾经参与的寒暑假社会就业实习、实践活动、岗位见习及其他实践活动的经历，还有参加国际交流访学的经历、获得的相关荣誉的经历等；"就业创业"板块主要涉及学生曾经参与的就业创业竞赛、各级别学术科研活动等经历，以及其获得的相关荣誉，还涉及学生出版专著、发表论文、取得专利、就业创业实践等情况。通过学分制的形式，对上述的三个板块进行计分考核，以此设立出一个较为规范、具体、系统，可量化的管理评价体系，让教师及学生对课程和自身能力的培养进程有更为准确的把握。另外，可以借助互联网技术在就业创业教育领域使线上培养与线下培养相结合。具体方式可以表现为拓宽教育资源及教育方式，如制作电子档资料、用慕课录制教学视频等。要注重理论教育及实践教育的相互配合，通过深入、科学、严谨的研究，结合专业以及学校、师资团队的实际情况进行理论课时和实践课时的合理划分和安排。只有通过合理的规划，才能让就业创业教育在真正意义上以理论与实践相互融合的形式得以深化，给予学习体验新鲜感，确保理论教学与实践教学衔接得当，科学地发挥出更为有效的教学作用，提高教学质量。

不仅如此，还应该根据学生个体的差异化，因材施教进行立体化的管理和教学，确保就业创业教学模式的多重构建。由上文可知，就业创业教育系统设立需要涉及的方面以及考虑的因素十分庞杂，其实在教学过程中对学生而言，

① 蒋君,张志强,肖志坚.高等学校创新创业教育工作开展的策略研究[J].高教学刊,2021(09):28-31.

这一课程在具有吸引力的同时，也同样具有不小的特殊性和挑战性。因此，教育系统要强化对教学质量的把控，必须针对不同学生差异化的具体情况进行深入特定的培育。了解学生在培育过程中有可能遇到的困难以及学习这一课程真正的需求点，在培养学生自主就业创业思维的同时，尊重并配合学生自主选择学习内容以及学习方向的权利。减少所需成本，学生经济情况可能会导致其在进行一些高花销课程选择时会受到一定的局限。因此，为了普及推广就业创业教育课程，可以放宽价格以及收费门槛，给学生们提供更为轻松简单的学习环境和学习条件。高职院校可以自行和企业达成协定，协商教育的授课形式和主要内容，教授最为基础的就业及创业理念、能力和知识，给学生营造一个良好的学习氛围，让学生可以自觉在理念及意识心态上进行转变，为自身实践课程以及职业发展做好充足的心理建设。因此，学校应与企业保持良好的沟通以及合作关系，确保企业能够在实践平台资源等方面提供保障，促使学生在就业创业领域的实践经验以及理论知识都有较为明显的提高。与此同时，从企业及社会的发展需要出发，加强就业创业教育的时效性、综合性和针对性。另外，高职院校在进行就业创业教育过程中要留意部分创业意愿强烈并且符合创业要求的年轻人，对其进行更为深入系统的培养和教育，帮助其促成创业项目的规划以及落地和运营。如果条件允许，可以与某些企业达成合作，在不违背学生意愿及创业想法的情况下开展创业项目，由学生进行选择和决策；抑或是可以给这一部分同学在创业时分配就业创业导师进行长期一对一的协助，帮助其有效且及时地开展一系列就业创业实践活动，在发现问题时，由导师进行专业性的指导，提供一些科学可行的就业创业建议，促进学生更快地提升自身能力。

五、充分利用互联网渠道和资源，"普惠 + 定制"相结合

借助于互联网资源的优势，坚持走"普惠 + 定制"相结合的道路，着力于高职院校就业创业教育课程的转型。各种网络资源以及信息渠道都可以成为新型就业创业课程的组成部分。举例来说，院校可以采取慕课、公开课、云课程直播等多样化的形式来升级课程内容库，并且采用积攒学分制度或者是在线课堂的学习模式，将整体就业创业课程体系分为实践模块、专题研讨等不同的部分，有针对性地向学生传递就业创业的相关知识，借助于互联网资源的优势，打破了空间和时间的限制，学生即便是利用碎片化的时间也可以充分地进行学习。而坚持走"普惠 + 定制"相结合的道路，就可以在普适性的基础上满足学生的个性化需要，从不同的专业、企业、产业需求出发，多用途、多层次、多类别地构建高职院校就业创业教育课程新体系。具体而言，可以从以下路径入手：

除了学生能在企业以及高职院校收获就业创业能力外，为了确保就业创业教育系统整体上同样与时俱进，并在教学过程中及时交流经验、解决问题，进行就业创业教育指导的导师们同样应该设立就业创业教育教学科研室，以确保教育内容质量及效果达标，并且还可以针对教育评定考核收集一系列相关资料和数据，从而确保高职院校就业创业教育课程的顺利开展，营造良好的教育教学氛围，提高就业创业教育团队协作能力。不仅如此，要想更进一步对师资团队进行利用，发挥其更为强大的效能，高职院校可以鼓励将就业创业师资团队以自身研究方向以及获得的专利或者科研成果作为创业项目，为学生就业创业的项目选择提供更多的机会。为了提高科研项目或者专利成果对学生的吸引力，高职院校可以加大资金方面的投入，以此使科研或者专利成果发挥出切实的效益，转化为具有商业价值的创业项目，打造学校产业或者院校品牌，而获取的利益则由学校、教师以及学生自行协商分配。这样，一方面可以提升教师科研工作的积极性，提高科研及专利成果转化效率，另一方面可以让学生切实参与到就业创业过程中来。除此以外，院校的口碑名誉也可以得到扩大，三方同时还能共同获利，无疑是互惠共赢的一大教育实践方法。但是，这一理念目前在我国还没有拥有较为成熟、系统的实践，欧美发达国家的高职院校早在20世纪初就建立了技术转移机构，形成了一套系统的能够将科研成果以及发明创造专利产出的完整体系，其中包括哈佛大学、麻省理工学院、加州大学伯克利分校、斯坦福大学、威斯康大学、芝加哥大学等高校。它们积极地把自身的研究成果转化为有利于人类社会、可以满足社会需求的一系列就业创业创新项目，并在制造成成品进行销售的同时，培养学生的就业创业能力，对研究成果进行进一步的经营和改良，并从中获得收入。

六、完善师资团队，推行多元化的评价机制

　　高职院校就业创业教育体系的转型，必然需要完善的师资团队来给予教育支持。实践经验以及教学经验丰富的师资队伍才能保证就业创业教育能够取得良好的效果。作为智力资源组成的师资力量，对于提高整个院校的育人水平发挥了不可忽视的作用。具体而言，可以从以下两方面入手完善师资团队：第一，打造三方结合的就业创业教育网络。实现这一环节需要学校将现有的校内资源和社会资源充分结合起来。首先，学校可利用的资源有一批优秀教师和研究团队，这是"教师网络"。其次，学校可以与社会多方达成合作，引进相关人才来参与到学校的教育中，形成"同行网络"。除此之外，还可以邀请相关企业家、专家来学校进行知识讲座宣讲，形成"教练网络"。由此就打造出三

层次的教育团体，从多角度对学生展开就业创业的教育，尽可能满足学生能力培养各方面的教学需求。第二，通过建立考核系统，打造和培养出合格的就业创业师资力量队伍。不仅要让教师加入就业创业的教育当中，也要为教师的发展提供平台。首先，在教学质量上，为了更好地实现理论和实践之间的连接，要统筹安排好校内教师和兼职教师的课程内容和开课时间，实现二者有机结合。另外，要加强对教师的教学技能和专业水平的培训考核。其次，从教师的发展层面来看，学校要支持就业创业指导教师将科技成果转让，满足教师的职业发展升级需要。

产教融合自然需要学校和其他社会资源的充分融合，因而不管是在教学阶段，还是在对学生学后成果的评价阶段，都应当充分发挥各个主体的作用。首先，学校、社会、政府、行业还有企业各方，要站在就业创业项目所处的外部环境角度，参考项目和市场既有的规定，评价就业创业项目的经营成效、学生在其中的表现等，建立起一个全方位的评价体系。从而借助这些评价标准量化学生在就业创业活动中的综合水平，有针对性地提高学生在相关方面的素养。其次，项目导师、项目成员以及同类型项目之间，也要从就业创业项目内部的角度出发建立评价体系，通过自评和互评的方式，让项目参与人员对自身和项目都能有更深刻的体会和认知。尤其是将学校内的项目与外部企业项目相比较，总结出学生所参与的就业创业项目的优缺点，让学生深入了解项目的前景和自己应当扮演的角色，从而找准改进的方向。

七、理念的转型，课程设置以及培养方式的转型

就业创业课程是近些年来新兴的高职院校课程，只有职业院校领导、教师、学生以及社会各界都对就业创业教育有着共同的正确认识，才会支持学校的教育工作，才能打下牢固的思想基础，才能顺利开展就业创业的课程。详细来分析，要从以下两个方面入手提升对就业创业教育的重视程度：第一，从学校领导层的角度来看，要积极响应教育部的规定，提高对就业创业教育的重视。学校作为学生接受就业创业知识的第一场所，学校领导的重视程度直接影响教学的质量。第二，就业创业理论课之所以要优化改良，是因为它极高的实践性能够很好地对学生进行素质教育。同时，在教学的过程中，还能有效提高学生的创造力和实际操作能力，为国家培养出更为优质的人才。除此之外，就业创业课程的开展促进了学校和企业的联系与合作，从而能够培养出更适应职场环境的优质人才，为国家和社会创造更大的经济价值。因此，就业创业课程对学生的教育十分重要，要引起高职院校领导层的充分重视，将就业创业的

教育切实落到实处。纵观其他国家，美国就业创业教育的发展非常成熟，这是因为院校领导充分认识到了就业创业教育的重要性，并且在实际的教育过程中做到了高度关注。比如，以任斯里尔理工大学校长雪莉·安·杰克逊为代表的美国高校领导，均提出了很多对高校就业创业教育领域的优秀理论。因此，我国高职院校的就业创业教育也应如此，必须先从高职院校的管理者抓起，要让他们从根本上认识到就业创业教育的必要性，从而自发地展开大量的教育活动，并吸收足够的教育资源。关于教学活动的展开可以从以下几点入手：第一，高职院校要着手打造校园内的就业创业教育环境。比如，引进相关的教育设施；激发学生和教师的就业创业欲望，一旦有人参与到就业创业的工作中，高职院校就需要在人、财、物方面给予足够的支持；建立资金扶持机构，提供多方面的社会资源，比如联谊会、基金会等机构；规范展开就业创业教育活动，就业创业教育活动有着很强的开放性和灵活性，需要更加严谨的制度来约束。第二，从高职院校的教师层面来看，要高度重视基于实践的就业创业教学活动。我国教育界的重要代表人物潘懋就对此有着非常独到的见解，他在深入了解我国高校的就业创业教育现状之后，发现我国在此领域的教育过程中，没有注意到对创新精神和就业技能的教育，要解决这个问题，就得改进当下的教学内容和方法。教师在解决这个问题中扮演了重要角色。首先，教师自身就需要重视相关教育；其次，教师要对自己的教学有信心，致力于打造实实在在的教育课堂。除此之外，课堂除了理论知识的教育，也要让学生认识到掌握实践知识的重要性。虽然就业创业课程是新兴课程，相关体系建设尚不成熟，但是教师不能抱着"怕、等、瞧"的态度，应当主动改进教学方式，从而不断完善我国就业创业教育体系。第三，从高职院校学生的角度来看，要在思想上具备接受就业创业教育的积极性，并主动参与。虽然现阶段高职院校就业创业教育的体系、制度尚不完善，但是学生掌握相关知识的时间不能等，学生要认识到学习就业创业知识的最终受益者是自己，应该具有充分的自觉意识。尽管我国高职院校开展就业创业课程的时间较短还未成熟，但是仍然给学生提供了广泛的资源，这并不会阻碍学生的学习进步。而且，这一课程展开的目的，并不是把所有人都培养成就业创业的天才，而是让学生对社会、市场以及个人的未来能有充分的认知，从而提高学生个人的综合素质。因此，高职院校的学生应当自觉主动地充分认识到就业创业学习对自己的好处，为个人的发展充分考虑，而不是刻板地按照教师或学校的要求应付。并且制定从个人角度出发的学习目标，积极利用学校提供的各种教学资料以及实践机会充实自己。这对高职院校生未来的职业发展具有重大意义。第四，从家庭的角度出发，父母应对子女在就业创业的学习上给予大力支持。家庭环境是对孩子教育影响最为深刻的因素，父母的言行举止会对孩子的三观形成产生不可忽视的作用。也正如教育界所说，父母是孩子的第一任老师，孩子往往会在今后的生活中参照父母的言行。从就业创业教育来看，如果子女在就业创业上有什么想法，父母表示出了支持的态度，那么学生对于就业创业就更有信心，学习热情随之高涨，并能够集中注意力投入其中；如果父母并不关心甚至反对孩子对就业创业学习进行积极的规划，那学生就会产生厌倦消极的态度，学习的积极性就会降低，在后续的就业创业学习活动中，往往不能达到预期的教学效果，各方面素养难以真正得到提高。因此，正确的做法是，如果家庭条件适宜，家长对于就业创业有一定的经验，就可以在孩子就业创业路上给予物质和精神上的支持；如果家庭情况不佳，家长就要注重对孩子的精神培养，让他个人的能力素养得到多方面的提高，能够更好地应对并解决就业创业过程中出现的问题。第五，从社会的角度来看，社会对就业创业教育也发挥着重要作用，应当为学生营造良好的就业创业教育环境。就目前我国高职院校就业创业教育发展的进程来看，就业创业教育起步时间不长，还没有在社会上形成广泛的意识，社会的积极推进作用没有发挥完全。因此，为了保证高职院校就业创业教育的顺利展开，要集结社会的力量。首先，要解决就业创业教育在社会领域的传播力不足的问题。如今是信息化时代，可以利用媒体、网络等信息传播手段，让社会产生重视就业创业教育的意识，从而赢得社会的支持。其次，加大社会对就业创业教育的资金支持，需要通过多种渠道来吸引银行此类资金大户与学校达成合作，支持学生的就业创业行为，从而促进就业创业项目顺利开展。再次，建立社会就业创业服务机构，学校不能永远参与到学生的就业创业活动中来，学生终有一天要步入社会，所以建立社会性相关服务以及咨询机构十分有必要，但目前我国在这一领域仍然存在缺口。最后，就业创业相关课程的开设也尤为关键，要遵循教育部对就业创业教育的培养目标定位建立合适的教育体系和教学方式。

（一）就业创业意识课程设置及培养方式

高职院校就业创业课程的开设要以实际案例为依托，收集相关成功创业的典型案例，再引出理论知识，共同编制到课本当中，以案例为主展开教学，进而培养学生的就业创业思维。除了教给学生理性的创业方法以外，还应当注重对学生的就业创业精神培养，开展理商和情商培养课程。除此之外，创新精神的培养也十分关键，鼓励学生积极参加创意活动，帮助学生形成就业创业动力，从而激发学生的灵感。最后，开设管理学课程，学生具备了创业的条件后，想要能够维持企业的长久运营，管理能力必不可少。除此以外，还需要与团队达成良好的合作共事关系。

（二）就业创业战略课程设置及培养方式

具备了就业创业理论知识和就业创业精神之后，也要有战略眼光，所以要开设就业创业战略课程。利用相关教学模型，对企业在市场上的竞争状况进行战略分析，让学生体会到企业在竞争中面临的挑战，了解存在的多元化竞争力量，学习到战略竞争的特点。再结合相关讲座，让学生用更加长远的目光开展就业创业活动。

（三）就业创业知识课程设置及培养方式

此类课程旨在培养学生作为管理者的能力。开设的经济相关课程内容包括供求关系、生产成本理论、市场均衡等；传授的法律相关知识内容包括国际商法、合同法、公司法。除了理论知识以外，还要结合终端为王、差异化营销、游击营销、4P营销等理论，运用经典案例让学生对管理知识有更加深刻的体会。提取组织行为学、人力资源管理的精华内容，让学生对企业人员管理有所掌握。同时，教会学生利用现有资源创造经济价值。举例来说，在高职院校学生一、二年级开设必修课"就业创业基础课""就业创业管理学"。"就业创业基础课"课程主要让学生了解什么是就业创业、如何真正实现就业创业、如何规避风险合理投资、如何做好就业创业前的准备工作，以及如何进行企业的战略管理、怎样培养和提高正确分析和解决市场管理问题的实践能力等，培养学生创新思维。"就业创业管理学"课程的主要目的是让学生认识到如何建立就业创业构想、评价就业创业项目的市场潜力和效益、筹措就业创业资金、解决经营管理问题等。大三阶段为高职院校学生就业创业教育中的实践时期，主要是培养学生就业创业素养和综合能力，以大一、大二时所学的理论知识为指导，尝试就业创业实践，从而获取亲身经验。

（四）就业创业实战课程及培养办法

这一专题课程的开设是为了提高学生自主创业的能力，重点让学生体会并了解创业的基本过程。比如，制订商业计划书的方法、流程，达到能够独立完成的效果；还可以把一些经典的成功案例引入课程当中来，再结合理论知识分析，找到适合学生创业的相似模式，然后利用所学知识完成策划书，通过理论和实践等多种方式检验策划书各方面的合理性，争取能够成功完成小型的创业活动。

八、实现理论课程的优化升级

区别于传统的文化课课程，高职院校的就业创业课程有着独特的性质，其根本目的就是使学生在日后的就业创业过程中能够少走弯路，因此理论普及至关重要。既要及时地开展理论课的知识传递，也要注重实践课的教授，就业创业实践的主流渠道就是相关的活动，借助举办活动的形式，在虚拟的真实情境中让学生亲自参与就业创业的流程，将自身学到的理论知识应用于实际执行过程中，培养其就业创业的意识和能力。高职院校就业创业课程教育体系的转型是实现就业创业活动的前提，因此其课程内容也要借此机会优化升级。基础课程涵盖以下类型：

（一）"就业创业教育概论"

此科目是高职院校就业创业教育课程中的基础课之一，其根本目的就是帮助学生深入理解就业创业教育的内涵，并且在此基础之上提高学生的参与度，激发就业创业热情，使其领悟全新的时代背景之下就业创业的相关基础知识。

（二）"就业创业基础课"

此科目也是高职院校就业创业教育课程中的基础课之一，其根本目的就是帮助学生全方位地认知为什么要就业创业、如何就业创业、想要实现良好的就业创业需要做什么样的前期准备。

（三）"高职院校学生就业创业导论"

该部分主要集中分析在当前产教融合的背景之下，高职院校学生就业创业的环境以及实际的行业、企业需要。从现实意义的角度出发，帮助学生理解自身需要具备何种基本素质以及何种就业创业技能。

（四）"就业创业心理学"

不可否认的是，任何人在就业创业的过程中都会碰到各种各样的困难，因此面对困难时的心理素质至关重要，将会直接影响到问题的解决以及个人的日后发展。特别是创业是一项高风险的事情，高职院校的学生由于自身的实践经验不足，社会经验欠缺，很容易遭遇失败。因此，这门学科就是帮助学生构建良好的心理状态，养成抗压能力，能够未雨绸缪，提前应对在就业创业过程中可能出现的各种风险以及难题。

（五）"就业创业法律基础"

就业创业的相关行为必须符合法律规范。此门课程的开设目的就是能够让学生充分地了解法律禁区，了解法律规则。作为一门综合学科的法律类课程，此科目既能够教会学生在就业创业的过程中，必须遵守国家相关法律的规定，又能教会学生如何借助法律的渠道来维护自己的合法权益。

（六）"就业创业管理学"

在学生就业创业的过程中，必然要求具有一定的管理能力，通过对这门课程的学习，学生能够更加熟知就业创业的相关管理活动以及所面临的创业风险，并对其能够有一个合理的评价权衡，从而帮助学生掌握日后管理操作运营中相关的要点，提升自身管理水平。

（七）"市场营销学"

无论是就业还是创业都离不开市场这个大环境，而且永远涉及买与卖之间的关系。因此，这门课程就是帮助学生提升自身的市场营销水平，在日后的就业创业过程中能够获得最大化的经济效益。

九、教学方法的优化调整

在产教融合背景下，高职院校就业创业教育课程转型的过程中，教学方法的优化调整是重点。不同于传统的文化课教学，本身就业创业教育的特殊性就决定了其所采用的教学模式一定要有针对性，而且更加开放灵活，不能固守传统。因此，在教学的过程中，教师要有意识地培养学生的就业创业意识、信念、责任感、必备的技能、综合素养、实践能力等，在交流互动、沟通实践的过程中，让教学充满愉悦和激情。而且因为需要充分考虑到要激发学生的创造能力，所以要改变原有的知识学习路径，督促学生学会从被动的累积知识到主动的去挖掘知识，要把学生看作教学过程中的主人翁，根据每个学生的特性因材施教。教师要善于用发现的眼光来挖掘每位学生身上的闪光点，以此来作为切入点，调动他们的学习积极性和参与性，使学生对就业和创业能够一直保持充足的热情。为了使就业创业的教学课堂更加灵活、开放、深入，可以借助讲授经典案例的方式来传递相关的教学理念，并且可以借助专家学者的相关文献、科研成果，帮助学生提升创新意识。只有真正脱离保守的教学模式，才能提升就业创业教育的整体教学质量，高职院校展开就业创业教育的目的也有望达成。

当前阶段，高职院校学生就业创业教学课程体系的转型可以采用以下三种成效甚佳的教学方法。

（一）问题法

问题法是一种常见的教学方法，而且能够起到较好的教学效果。它是以问题为核心来引领接下来全部的教学环节。在高职院校就业创业课程体系转型的过程中，问题法在教学课堂上的应用应当更加注重学生之间的合作、互动以及沟通交流，以此来锻炼他们的观察力，为培养就业创业能力奠定良好的基础。特别需要注意的是，教师应用问题法之前需要做好备课工作，设置一定的合理情境，让学生身处于模拟情境之中，能够积极地思考问题、主动地分析问题，继而通过自己的逻辑思维来得出结论。学生在这一阶段能够形成一系列的思维模式，对其日后在就业创业过程中分析问题、解决问题有着良好的启发作用。除此以外，教师也要从差异化的角度和层面来带领学生看问题，借助于多样化的方法来解决问题，开拓学生的思维，不保守不激进，力求能够尽自己所能为问题找到更多的解决路径。在应用问题法的教学过程之中，学生和教师之间形成了较多的互动和交流，教师引导学生思考，把握整体的教学进度，而学生可以将自己的想法和体会分享出来，有利于在和谐互助的过程中提升个人能力。

（二）案例剖析法

任何一门课程的理论知识相对而言都是较为严谨、理性、抽象化的，学生在学习的过程中很难感受到充足的动力，而且如果理论知识过于枯燥，那么一定程度上还会打击学生的积极性，导致其学习效率降低，最终导致吸收知识的质量不高。因此，应用案例剖析法能够借助于具象化的经典案例，帮助学生提升逻辑思维能力以及面对问题的处理能力。教师在传授知识的过程中，可以将理论渗透到实际案例中，案例的选择可以是成功的，也可以是失败的，通过正反两种案例的对比帮助学生吸取经验或教训，使其能够对就业创业行为有着更加全面深入的认知。当然，这也对教师的教学能力提出了更严格的要求，教师必须在课余时间投入足够的精力、时间来整理收集案例材料，详细地剖析，选择合适的部分应用于课程教学环节之中。特别是就业创业课程的案例选择，在条件允许的情况下，最好能够得到企业的支持，以企业自身的材料、事件作为案例的素材，真实性就能够大幅度增加。而且，学生热情讨论出来的建议能够为企业提供一定的参考，学生之间积极的讨论也能够构建良好的课堂氛围，调动学生的学习热情。

（三）讨论法

部分高职院校在就业创业的教育课堂上依旧采用的是完全以教师为中心的教学方法，应用讨论法就可以突破这一模式的桎梏。以学生为中心展开集体讨论，每个学生都可以参与到讨论的过程中，并畅所欲言表达自己的所思所想，参与度和积极性都能够大幅度提升。而且通过分析每名学生的想法和见解，可了解每个人都有独特的视角和方法，个人解决问题的能力也有所差异。讨论法搭建起了学生和教师之间沟通的桥梁，在思想碰撞的过程之中，学生可以体悟到教师的领导力和思想认知，而教师也可以充分地分析学生的知识掌握情况，把握课堂进度。该教学方式能够在营造一个愉悦和谐的学习环境的同时，帮助学生从不同的角度看待问题，其自身的合作能力、竞争能力也会有所提升。

第七章 产教融合背景下高职院校就业创业教育实践体系建设

第一节 产教融合背景下高职院校就业创业教育实践体系建设的必要性

在党的十九大报告中，习近平特别强调，职业类院校要立足于自身的专业，积极地和产业、企业对接，使教学和产业密切融合，在协同合作、共同促进的作用下，致力于人才的培养，形成企业和学校一体化的办学模式。这也就要求高职院校就业创业教育构建实践体系，以此来践行产教融合背景下的教育转型。具体而言，实践体系建设有如下必要性。

一、实践教学体系能够帮助学生吸收知识，达到事半功倍的效果，提升学习的积极性

不可否认的是，在高职院校就业创业教育的过程中，存在着部分理论性较强、晦涩难懂的知识，特别是在市场营销类型的课程中，部分学生依旧沿用了死记硬背的方式，最终的学习效果不佳。但是，实践教学体系能够帮助学生摆脱枯燥的理论学习，调动他们的积极性，促进理论知识的吸收，达到事半功倍的效果，而且可以营造富有乐趣的实践氛围，帮助学生真正理解并掌握理论，形成理论和实践之间的有效连接。

二、实践教学体系推动学生创新意识的培养、创新能力的提升

学生在具体的实践活动中，能够使思维有所扩散，和小伙伴一起探讨策略、规划方案，将自身储备的理论知识应用于实践环节，最大化地利用创新能

力来获得较好的实践结果，因此实践教学体系推动了学生创新意识的培养、创新能力的提升。高职院校的学生在实践的环境氛围中，可以在就业创业教师的引导之下真实地接触经营案例、就业创业氛围、生产渠道、客户开发、危机公关、成本控制、财务梳理、市场营销等各个环节，对于就业创业过程中的事件都能有着清晰的记忆，为其日后走向工作岗位奠定有利的基础，也能够借助不断的实践活动，综合性地提升个人能力，更加满足未来就业创业的岗位需要。

三、社会、高职院校、学生个人发展的必然要求

首先，社会必然要求高职院校展开就业创业教育实践体系的建设工作。近年来，我国不断地践行高考扩招政策，毕业生数目年年增加，对于高职院校的学生而言，其就业形势不容乐观，就业压力持续增大。当本科生、研究生的就业渠道都在变窄，就业趋势更加严峻时，高职院校学生所承担的就业压力不容小觑。为了能够在一定程度上缓解就业压力，仅仅依靠国家政策的疏导是远远不够的，高职院校要从自身出发，展开一系列的就业创业实践教育，帮助学生改变传统的就业创业观念，在实践过程中提升个人能力，推动其自主创业，鼓励他们紧抓机遇，实现职场的更多可能性。从学生的角度出发，个人的成功可以帮助社会减轻就业压力，将知识转化为社会价值，使得我国的经济水平能够持续增长。其次，产教融合背景下就业创业教育实践体系建设是高职院校实现发展的必经之路。近年来，我国教育事业的蓬勃发展，意味着高等院校的精英教育进一步演变为大众教育，特别是高职院校入学门槛连年降低，毕业生人数不断增加，这种供大于求的现象使得人才招聘市场的准入标准越来越高，高职院校必须要着力帮助毕业生改变就业难的问题。就业创业教育实践体系的建立能够切实地帮助学生提升在就业创业过程中的竞争实力，熟知就业创业流程。只有毕业生的就业创业态势越来越好，高职院校的发展才能够蒸蒸日上。最后，产教融合背景下就业创业教育实践体系建设是学生个人实现发展的优质路径。如今，青少年的家庭环境多数较为优越，而且多为独生子女，吃苦耐劳的品质稍差。但是，在日后的就业创业过程中，他们必然需要面对各种各样的困难和挑战。因此，就业创业教育实践体系的建设能够推动学生养成吃苦耐劳的品质，促进个人能力以及综合素养稳步提升，无论日后是在企业就业还是自主创业，都能够满足岗位要求。而且社会的经济政治文化氛围推动国内高职院校学生日益青睐自主创业，就业创业观念有所改变，渴望寻求新的渠道来实现个人价值。因此，产教融合背景下就业创业教育实践体系的建设是实现个体发展的优质路径。

第二节　产教融合背景下高职院校就业创业 教育实践体系建设面临的问题

产教融合背景下高职院校就业创业教育实践体系的建设，究其根本就是一种实践活动。它强调更加灵活多样化的授课方式，能够和产业、企业、教学基地相结合，在情景模拟、就业创业模拟的环境中让学生展开就业创业活动。现阶段，在我国的高职院校就业创业教育实践体系的建设过程中，普遍存在着一定的薄弱环节亟待整改，主要体现在以下几个方面。

一、教学模式僵化，课程设置不合理

产教融合背景下高职院校就业创业教育实践体系的建设，存在教学模式僵化的问题。实践课程的教育者自身的思维较为保守，缺乏创新精神，往往沿用固有的教学计划和模式，无法借助即时性的案例来给予学生实践启示。而且学生在实践过程之中，并不能够及时地得到教学老师的指点，一旦出现错误，很容易继续下去，重复错误。

总体而言，目前高职院校就业创业教育设置的实践类课程仍然较少，而且部分院校注重表面工程，将理论和实践完美融合展开深度的教育的能力尚且不足。部分实践教具、设备数量有限，而学生的总量则是持续增多的。由于受到设备、场地等因素的限制，实践教学的开展仍是遥遥无期。当实践类课程和理论课程出现冲突的时候，部分高职院校往往更加倾向于理论课程的开设。除此以外，实践类课程也很容易忽略学生的专业特长，不能够采用循序渐进的方法帮助学生培养相关的就业创业实践能力。综上可知，实践类课程的设置亟待优化，这也是当前阶段产教融合背景下高职院校就业创业教育实践体系建设面临的问题之一。

二、教学老师团队实践经验欠缺，实践教学资源不够充足

高职院校本身从事就业创业实践教育的导师，多数善于科研以及课堂教学领域的钻研，基本功理论知识非常扎实，但由于其很少切实地经历过创业活动，缺乏充足的创业经验，自身的创业能力有待提升，实践经验不足，因此很容易在实践活动指导过程中出现纸上谈兵的问题。部分高职院校仍未能充分认识到就业创业教育实践体系建设的重要地位，因而对于实践教学的关注程度不

基于产教融合背景下的高职学生就业创业教育研究

高，实践教学老师的地位无法得到提升，而且受到薪资、学历、用人制度等多方面的限制，高职院校很难吸引具备丰富实践经验的企业内部高级人才加盟师资团队。当然，也有部分企业中的高级管理人员以及技术人员兼职高职院校的实践教学工作，但由于其本职工作时间紧张，无法将全部的精力和时间投入到实践教学过程中来，最终的教学效果和预期有所差距。总体而言，师资团队的力量呈现薄弱态势。

高职院校就业创业能力培养需要经历从理论到实践，再到理论，再到实践的多次循环上升，反复锤炼。但是，我国多数高职院校目前仅仅是引入了一些实践课程，进行了一些零星的创业活动，实践瓶颈还没有被打通。教学实践设备的不完善，无法及时地更新换代也使得高职院校的就业创业教育实践体系建成之路多有阻碍。

三、尚未健全和企业、行业之间的实践合作体系以及政府保障制度

在校企合作的关系中，企业的主动合作意愿普遍不强，这是由企业本身的性质所决定的，他们追求的是利益的最大化，而社会责任感之类的则被放在次要位置。当然，部分企业由于自身的规模、实力等无法和院校构建合作关系，而院校也有可能因为自身的条件限制、实力不足而无法吸引企业的关注，部分院校和企业之间的合作关系只能仰赖于情感上的维系。目前，尚未健全的企业、行业和院校之间的实践合作体系，导致了企业的参与度不高，合作模式较为单一。大部分院校在校企合作的关系中呈现出的模式就是由教学老师来讲解实践流程，企业的相关管理人员提供类似的职业培训、就业岗位，学生实现阶段性的实践。由此可见，学生并不能全程参与到业务一线中来。无论是国家还是地方政府，都颁布了一系列的福利政策来推动产教融合，推动院校和企业之间合作关系的深化，共同来培养人才，然而税收、工商、资金补贴、政策扶持等方面尚未健全，均较少出现实际性的激励措施，加之院校自身制度的缺陷、资金的不足，导致实践合作体系健全之路充满困难。

四、总体设计不足，合力之势微弱

在部分高职院校的就业创业教育实践工作过程中，总体设计不足，特别是缺乏顶层设计，各个部门出于自身的利益层面考虑，往往是"各人自扫门前雪"，只能从自身的角度展开实践工作。举例来说，就业部门会从就业的层面，号召社会、院校、企业、行业加强对就业创业实践教育的关注，而教学部门则为了推动各项实践比赛的进程组织实践活动等。总而言之，总体设计的不足导

致了各个部门之间合力之势较为微弱，整体的就业创业教育实践体系呈现了碎片式、零散化的状态，无法形成统一化的系统机制。除此以外，由于各个部门的权责不同、绩效不同，在工作中可能会出现某些工作内容的重叠或者空缺，导致最终的实践教育体系合力之势较为分散，无法达到预期的期望值。

五、产教融合背景下高职院校就业创业教育实践体系建设缺乏兼容性，无法和专业有效对接

目前，一些高职院校开设的就业与创业教育实践课程相对封闭。它们在选修课表中显示为一门或多门课程，很少出现与专业或第二课堂相融合的其他人才培养方案。这种课程设计形式直接导致两个问题：一是实践教育与理论教育脱节，各部门之间缺乏实践教育的连贯性和互补性；二是实践教育常常缺乏深度和宽度。就业创业教育缺乏评价机制的制衡，会导致实践体系缺乏系统管理，从而使就业创业活动成为课外体验活动。此外，由于系统封闭，导致某些指导教师、就业和创业学生以及就业和创业项目的匹配是盲目的。就业和创业指导老师经常会在没有学生的情况下开展项目，而有就业和创业精神的学生却找不到项目，甚至出现有很高创业意愿的学生因为没有遇到匹配的项目而无法施展自己的才能。

实践教育无法和专业有效对接。就业创业实践教育不仅是课堂理论教学的现实反映，而且应与专业相结合，充分发挥自身的生命力。一些高职院校的就业创业教育不能满足这一要求。高职院校的就业和创业教育具有很高的可复制性，但是缺乏行业和专业技术支持的就业和创业项目也缺乏高水平的技术含量，这影响了就业和创业项目的生命力。专业领域之外的就业和创业教育就像没有源头的水和没有根的树。就业创业的结果往往表现出技术含量低、可复制性强、同质性高的特点，在崇尚高科技的工业观念下很难生存和发展。面对这样的问题，2015年5月，国务院办公厅曾印发《关于深化高等学校创新创业教育改革的实施意见》，强调"专业融合"和"就业创业融入人才培养体系"，倡导依托自身专业优势，实现嵌入专业、融入职业的就业创业教育。就业创业实践教育应当借着改革的春风，引入社会力量、行业力量、企业力量的支持，优化自身的实践教育体系，焕发产教融合的特色与活力。

第三节　产教融合背景下高职院校就业创业 教育实践体系建设主体思路

一、建立实践平台，促进资源共享

产教融合背景下高职院校就业创业教育实践体系建设主体思路之一就是建立实践平台，促进资源共享。长期以来，高职院校学生的就业创业能力和素质的养成，必然依赖于具体的实践行为。充分考虑到长久以来高职院校重理论轻操作等一系列的就业创业教育弊端，因此在就业创业教育实践体系建设过程中，需要建立足够的实践平台，以保证能够有充足的实践活动使得学生将理论和实际操作相互融合，在具体的操作流程中养成相应的就业创业思维，得到能力素养领域的全面提升。具体而言，可以从以下几个环节出发。

（一）高职院校举办一系列的就业创业活动，设置相关专业机构

产教融合背景下高职院校就业创业教育实践体系的建设，必然不能缺少一系列的就业创业活动。就业创业实践应打破以往简单的就业创业竞赛等活动方式，并尽可能多地运用实际操作或情景模拟，使学生能亲身感受到就业创业氛围，通过多元化的实践，让尽可能多的学生参与其中。具体来说，如开设人才论坛、就业创业座谈会、学术讲座等，可以突破文科理科等学科限制，帮助全部学生增强其就业创业实力。当然在充分考虑各个学生的不同特长以及不同专业的基础之上，高职院校可以展开有针对性的实战活动。举例来说，针对设计类、美术专业的学生可以举办创就业报刊交流座谈会；针对策划专业的学生可以举办策划专业方面的比赛等。借助于一系列有意义的多元化实践活动，帮助学生领会就业创业精神，而且能够和其他优秀的伙伴进行交流沟通。在多样化的实践活动中，学生能够建立和市场、企业、营销等就业创业中重难点环节的联系，发生密切的接触，不断积累经验，开拓思维，为之后的就业创业奠定基础。

对于高职院校生的就业创业教育形式可以是多种多样的，不应该仅仅停留在课堂这种传统保守的教育渠道，还应当体现在一些多元化的锻炼渠道。在传统保守型的教育中，主要是让学生在脑子里产生相关的概念，而多元化的渠道，就包括所有课堂外的学习过程，如开展创业讲座、举办创业活动、参加创

业比赛、实际创业孵化等。这两种教学形式的有机结合，能够很好地提高学生的就业创业积极性，让学生对就业创业有更加深刻的认识，同时能形成一个比较完整的教学体系，从而达到就业创业教育的目的。而且高职院校的资源比较丰富，可以开展的就业创业教育活动有很多，以此来增长学生的见识，让学生在实践中对就业创业有更深层次的体会。除此之外，高职院校还应当为学生的就业创业过程提供大力支持，如建设孵化园和就业创业实践基地等，来提升学生在相关领域的专业素养和实践能力。

建立就业创业科技园是提高高职院校学生就业创业能力的关键方法之一。在就业创业科技园中大学生可以在运用理论知识的过程中将其转化为自己的能量，通过实践来提高自己在理论知识以外的各方面能力。因此，高职院校要充分重视就业创业科技园的建设，结合社会各方的力量，寻求多方的支持投资，从而建立起针对学生就业创业教育的第二课堂，拓宽学生的受教育形式和范围，从而形成一个更加完整的教育体系。但是，就业创业科技园的建立并非一件容易的事，需要学校引入多种资源，建议可以通过如下方法来实现：第一，建立产学合作教育模式。这就要求学生和企业紧密联系，达成合作，共同建立相关工作站，再通过工作站将学校与企业二者联系起来。工作站首先面向企业收集就业创业的相关课题，然后学校再根据不同的课题分配不同的学生，在工作站共同完成相关就业创业活动，一起解决课题。这样就建立起了很好的实践场所。第二，成立股份制办学模式。这样做的目的是为学生的就业创业提供更多的资源。高职院校可以集结更多的社会企业，共同建立创业园，而企业又会引入自己公司的员工、资金等，为学生的就业创业提供更好的学习环境，发挥高职院校就业创业科技园的教育功能，达到事半功倍的教育效果。目前，国内许多高职院校都建立了自己的就业创业科技园、就业创业教育培训中心等，为学生的就业创业提供支持，以鼓励高职院校学生创办自己的企业。在各种条件不断改善的前提下，高职院校学生的就业创业更有可能由幻想变为现实。在当今的社会和经济形势下，高等职业院校学生比过去面临着更多的就业和创业机会。在一段时间内，高职院校学生的就业状况良好。同时，高职院校学生创业的动机也在一定程度上发生了变化，认为创业是摆脱工作的束缚、发挥更大的个人价值、达到理想彼岸的途径。

除此以外，高职院校建立大学生就业创业机构，主要是提供服务与指引，对高职院校学生的就业创业项目做一个孵化与优化。在校园内，高职院校大学生就业创业孵化园可以为那些拥有具备前景和潜力的项目的学生带来有效指导和资金援助，并邀请校外专家入校指导。通过校内的辅导，让入驻高职院校大学生就业创业孵化园的项目获得经济效益。校外的就业和创业实践场所是学生进入社会、参与竞争、组建公司和进行以市场为导向的运作的就业创业实践或实习场所。在建立校外就业和创业场所时，一方面，必须采用校企合作的方法，聘请专业人士担任顾问，为学生提供专业讲座和学术报告，指导学生有效地实现就业创业计划，增强学生对行业能力的理解和掌握；另一方面，有必要严格选择与学校合作的机构，以确保它们能够让学生实施就业和创业计划，并指导他们走上就业和创业的道路。利用校外的实践场所，不仅可以使学生掌握当前的社会生产技术、生产工艺和管理步骤，而且可以培养他们团队合作的能力、勤奋工作的精神和社会适应能力。这也是提高高职院校学生就业、创业实力、研发水平和竞争能力的最关键途径，可以为国家培养更多创新复合型人才。就业创业教育中的实践活动不仅应加强教学计划中的具体实践联系，如研发实验，还应加强计划之外的实践部分，如专业技能竞赛。就业创业实践不仅必须在学校进行，而且必须面向并服务于社会。除了指导学生的就业和创业方向外，通过开展一些丰富的实践活动，还可以获得一套适合我国当前情况和中国特色的"就业和创业"综合体系。在就业创业教育中，实践活动可以使学生加深对知识的理解，激发其对就业创业的热情，并将他们学到的知识转化为操作技能。就业创业实践还可以使学生具有就业和创业的情感和想法，促使其创建健康而全面的个性化任务，并增强他们的社会责任感，使其成为社会、企业和行业所要求的合格员工或企业家。

（二）高职院校需要建立健全实践平台

高职院校毕业的学生在走向就业创业岗位之后，很容易因为对就业创业的操作流程不熟悉、对市场了解不够全面等各种各样的因素而面临着就业创业的失败。因此，在其真正步入社会、展开就业创业活动之前，高职院校需要建立健全实践基地，为学生提供足够多的实践机会，允许失败，在失败中积累经验。身处于产教融合的背景之下，高职院校需要着力构建"产、学、研"一条龙式的就业创业实践基地。作为培育高素质、高水平人才的实践基地平台，它不仅是连接理论与实践的桥梁，并且是连接学校、学生与社会的重要纽带，将实践教育、科技研发、行业发展紧密地联系在一起。学生只有在自身实践中才能对所学理论有深刻的领悟，也才能检验高等职业院校就业创业教育的效果。为此，高职院校大学生要扎实参与学校组织的就业创业实践教育活动。举例来说，现阶段部分有规模、有经济资本的高职院校，为了能够更加方便学生的实践活动，在校区之内打造了科技园区，为学生提供了更多的就业岗位和就业平台，允许其进行就业创业的相关实践，该方式取得了较好的成效，值得在全国范围内推广使用。前文所述，依据就业创业实践场地的所占地域区别，可以把就业创业实践场地分成校内、校外两个基地。借助于高职院校学生、学校以及各个学院之间的相互合作，成立创新创业教育实体，专门开展大学生就业创业工作，设立独立办公室，建立大学生就业创业园、创新创业工作站，通过这些方式去落实学校内部的实践基地建设。就业创业工作室是学生根据自身专业和就业创业意向，自愿、主动成立的场地，它可以模拟公司的模式进行运作，使高职院校大学生能像企业家一样感受就业创业的全部发展过程，提升其在实际运作中处理各种问题的能力。各个高职院校应当根据自身的实力建立不同规模的产业园区、科技园区，以此来帮助学生得到就业创业相关方面的实践培训。在一个熟悉的环境之内，有相关导师的辅导，学生更容易将自身的想法有勇气、有信心地予以践行，高职院校就是学生模拟就业创业活动的坚强后盾，要不断地鼓励、指导他们的实践行为，并且兼容并包，允许出现失败，着力营造轻松的就业创业外在氛围。就业创业教育实践平台的建立，可以细化为以下几大部分：

1. 社团与团队平台

当前的高职院校中，社团种类日益丰富，各种各样的工作室、小团队层出不穷，可以将其作为产教融合以及校企合作的平台之一，推行学分制促进就业创业教育的调整优化，选择一部分试点专业作为先行者，在社团与团队平台中展开实践活动，取得一定成效之后再大范围地推广。

2. 实践教学平台

实践教学平台是在就业创业实践教学体系完善过程中占比较大的一部分，以校企合作以及产教融合作为根基，推动学校、专业、企业、行业之间的信息共享，成立人才资源库，建立学生和社会、企业之间的有效连接。在项目实施、实践教学的过程中，教学老师带动学生展开实践操作，并以此平台为基础，学校和企业之间形成进一步的深度融合。除此以外，还可以引进企业的精英骨干展开一系列的实践教学，落实师徒制、导师制，增强实践教学的效果。

3. 服务平台

区别于传统的文化课教育，就业创业教育的成效并不是一朝一夕就可以看到的，这是一项长期性日积月累的工作。它需要做好前期的规划设计，确立培养方向以及战略决策，面对教育过程中可能出现的问题能够提出有效的解决策略。因此，服务平台的建立至关重要，它可以把握人才培养目标、控制人才培养进度，致力于就业创业实践教育体系的建成。

4. 项目平台

学生的一系列就业创业活动必然需要项目的支撑。项目平台的建立，可以为学生提供培训指导、政策咨询、项目服务等一系列的辅助，帮助学生及时性、集中化地了解招聘信息、就业信息、创业信息、行业资讯，为其日后的职业生涯规划搭建信息基础。

总而言之，实践基地的建设对就业和创业教育的发展、学生的个人发展、教师队伍的建设以及社会与高等职业院校的就业和创业人才的交流具有特殊的意义。高职院校可以通过拓宽校内外资源渠道，为高职院校学生就业和创业教育奠定实践基础。就业和创业教育实践基地通常分为校内实践基地和校外实践基地。一是校内实践基地。高职院校就业创业管理部门可以通过建立工作站、工作室、创业孵化园等，来实现校园实践基地的建设。二是校外实践基地。校外实践基地是学生进行就业和创业模拟培训，生产实习和毕业实习的主要场所。校园内就业创业实践活动包括实践活动课程和实践模拟课程。实践活动课程是利用现有的学校资源开展各种就业和创业教育和实践活动，以便学生获得直接的就业和创业信息和经验。实践活动课程包括就业创业论坛、沙龙、竞赛等。学生还可以通过组织俱乐部和挖掘项目来体验就业和创业的过程。当学生在体验过程中遇到各种问题时，他们必须运用综合能力解决问题。通过实践活动课程，学生可以充分了解作为一个就业创业者应具备的知识和能力，并朝着这个方向努力。它还可以培养学生敏锐的观察能力，沟通、协调和组织能力，以及创新能力。实际模拟课程是指通过各种就业和创业模拟和模拟操作，充分利用学校的就业和创业实践基地和信息技术方法，使学生能够真正参与就业和创业。建立模拟公司、虚拟电子商务交易、商业街就业创业等都是实用的模拟课程。高职院校需要帮助更多优秀的项目从虚拟变为现实，并解决资金、设备、场地和技术等方面的问题。通过实践模拟课程，学生可以充分运用所学的就业和创业的知识和技能，分析实际操作中的不足的原因并加以改善，从而巩固和积累就业和创业的理论知识，并提高就业创业能力。校外就业和创业教育实践基地的最佳形式是走校企联合之路。通过聘请业务专家作为基础顾问和兼职教授，可以面向学生开展学术报告、特殊培训、专家讲座，并指导学生的就业和创业计划以及实习计划，提高学生对社会和企业岗位的认知。校内就业和创业实践非常重视模拟培训，校外就业和创业实践非常重视让学生体验企业和社会中就业和创业的困难，并促进个人能力的提高和综合素养的提升。校外就业和创业实践活动包括社会调查、企业实习、独立创业等。校外就业和创业实践应根据不同年级和不同专业的学生的具体需求进行，并遵循以下原则：学生自治和学校指导，使学生可以真正走出校门体验就业创业实践。高职院校应重视与企业建立长期合作关系，通过校企合作建立校外就业和创业实践基地。首先，可以定期组织学生参观企业，进行社会调查，并让企业家担任指导，向学生传授就业创业经验，使学生感受到就业和创业的困难；其次，可以组织学生到企业实习，了解企业的内部运作，拓宽行业知识，体验就业和创业的艰辛。高等职业学院还需要与政府建立长期合作关系，充分利用政府的优惠政策，并鼓励高职院校大学生迈出就业和创业的第一步，特别是对于那些已经在就业创业中崭露头角的人，要为他们的就业和创业设计与项目提供支持、投资和孵化，为大学生提供必要的资金和指导，并助推高等职业院校学生实现就业创业的梦想。除此以外，要有效落实就业创业实践的基本保障机制，就业创业实践在实施中需要很多人力、物力及财力的支持，且在投资时所能够收获的效果会具有一定的延后性和隐藏性。这就要求政府与学校能高瞻远瞩，从长远出发，培养当代社会主义事业的建设者与接班人，对就业创业实践做一些有效的政策偏向。高职院校在财力、物力、人力上要保证充足，对于实践基地、科技园等一系列的场地有足够的投资，做到专款专用，避免因为投资不足而出现平台停止搭建、停止运营的现象。因此，高职院校需要提前规划好实践基地所需要的基本费用以及设计方案，提交给政府或相关的金融机构，和投资方进行积极的沟通、情感的交流，为就业创业实践基地的建成赢得更多的资金扶持。就业创业实践的实施只凭借学校一己之力一定没有办法长期保持，尤其是学校在资源分配、后勤维护等方面，没有办法实现和满足就业创业实践的巨量、长久需求。因此，就业创业实践一定要获得政府、社会和企业的鼎力帮助。目前，许多公司都比较关注职员综合素质的提升，通过和学校开展一些合作项目，不仅能协助公司提高职员的综合素质，还能为公司吸纳更多具备创新能力的新型人才。

二、推动教育改革，创新人才培养模式

高职院校所培养的人才必须是掌握实践技术的，因此推动教育改革至关重要。高职院校要以产教融合作为依托背景，结合企业、产业展开全新的办学模式，以企业需要、行业需要、产业发展作为向导，根据专业设置课程，实现专业人才和企业、行业之间的对接，力求人才掌握的技术能够和企业、产业的发展需要相吻合。建立一系列的实践体系，在实践中帮助学生获得就业创业的能力，使其在走向人才招聘市场之后能够找到较好的就业渠道。具体而言，创新人才培养模式可以从以下几方面入手：

（一）教育目标的改革优化

产教融合背景下，高职院校就业创业实践教育体系的建设，由原先的同质化教育转向个性化教育、差异化教育，以此来充分地挖掘个性潜能，因材施教，使学生更加具备合格的就业创业技能。而且就业创业实践教育也是素质教育的重要组成部分之一，教学目标更应该是致力于提升学生的专业素养，使其能够更加符合日后的就业创业岗位需要。

（二）教育资源的变革

产教融合背景下，高职院校就业创业实践教育体系的建设，应当注重教育资源的变革，从封闭式的教育资源向着更加开放的方向迈进，具有弹性化、方式更加灵活的特点。而且教学资源不应该仅限于校内，校外、社会、政府、企业等多项资源都应该成为产教融合背景下高职院校就业创业实践教育体系的支撑。

（三）教育模式的变革

产教融合的背景之下，校企合作将成为全新的实践教育方式。举例来说，把具备创新精神的企业家作为教学主体之一，由他们亲自向学生讲解自身的就业创业经历，并且搭配相应的实践指导，这有利于促进理论和实践之间的融合，以及实践体系的坚固。除此之外，还可以借助和企业高层管理人员的商业合作、研讨交流等，帮助学生了解企业成果，同时也可以为企业提供有发展潜力的优秀人才。

（四）教育过程的变革

由单纯的学校教育逐步转向"学校 + 企业 + 产业"的教育过程。整体的教学过程时间变长，环节变得更加精细。

三、整合教育资源，更新教学目标

我们已经证实，高职院校在之前的实践教育过程中存在着诸多的问题，所以导致最终的教育成果和预期有着一定的差距。当前阶段，由于科学技术的进步、市场经济的发展，高职院校和企业、产业、行业展开进一步的合作，因而整合教育资源至关重要。以专业、企业、产业作为依托，创建就业创业的实践氛围是建成实践体系的必经之路。新的实践体系包含的内容多种多样，如校内体验、课堂实践、校外实践操作等，想要各项实践环节都能够取得较佳的教育效果，就需要综合性地借助各方的力量，形成合力之势，为实践教育提供客观条件、有力支撑、实践环境、师资力量，一起来保证实践效果的达成。举例来说，新建就业创业人才培养库，为其提供就业创业项目，将具备就业创业基础条件和想法的学生聚拢起来，由相关教学老师来进行不间断的指导跟踪，学生在其各自的就业创业岗位上发挥职能作用，承担相应的责任，各司其职地展开项目的运营。在全新的就业创业教育实践体系中，教育资源更加开放、灵活、有弹性，校内体验、课堂实践、校外实践操作三大模块以自身的不同属性来吸引学生的关注和参与，教学老师通过对就业创业成果的分析判断，帮助学生查漏补缺，实现能力的提升，推动项目的进展。各项教育资源之间的互帮互助，共同为教学目标的实现奠定了基础。

当前阶段，产教融合背景下的就业创业实践教育体系的目标更加广阔，具备个性化、全覆盖、分层次的优势。首先，针对即将展开就业创活动的人员，要提供一系列个性化的实践活动，帮助他们度过磨合期，在社会上成功地就业、顺利地创业。其次，部分学生有着较强的就业创业积极性，理论课堂上的学习已经不能够满足他们对知识的需要，因此就业创业实践模块为其提供了有利的成长环境，可以针对他们的个性化特点、所学专业来提供相应的岗位以及实习机会，由此因材施教，锻炼他们的个人技能。最后，实践体系的建成，应当为全部的高职院校学生提供实践机遇，在全覆盖式的培养中，提升人才培养质量，同时能够为高职院校赢得较好的人力资源口碑，有利于其接下来的招生。由此来形成良性循环，推动整个人才体系的逐步升级。对于已经离开高职院校展开就业创业活动的学生，也需要持续地跟踪教育，帮助其度过就业创业的初期阶段。由此来构建体系化、全方位、全过程、有针对性的实践教育机制，既能够考虑到学生的个性需求，又能够落实实践教育的过程和方法，避免了传统就业创业教育的目标泛化，真正使实践教育落实到实处。

四、优化师资力量，深化校企合作

高职院校想要真正地贯彻落实产教融合背景之下就业创业实践教育体系的完善，必然需要教师团队有着足够的科研和教学能力，与此同时也要有着充足的实践经验作为教学支撑。现阶段，高职院校中大部分从事就业创业工作的教师，其自身的教学经验和科研能力足够优秀，但是实际的就业创业一线实践经验较为缺乏。因此，高职院校可以立足于需求点，合理地调整人才招聘制度，对于学历要求适当降低，并且以优秀的福利待遇、薪资水平来吸引企业精英加入教师团队中，由此来创建产教融合背景之下能够和企业对接、和教学结合的双师型教师团队，有利于实践教育的永续化发展。立足于长远的角度考虑，高职院校的顶层设计应当酌情考虑提升福利待遇以及建立完善的奖励机制，以此来刺激在职教师更多地参与到实践工作中来，不断积累实践经历，充实自己的教学经验。举例来说，高职院校可以和企业展开深度合作，定期鼓励教学老师参与企业的实际工作，在等级晋升、职称评定的过程中，综合性地考量教学老师个人的实践能力以及学术能力。除此以外，高职院校要带头建立健全的培训体制，立足于实践教学的需要，充分考虑到各个专业的个性化特点，为教学老师提供一定的渠道加入行业协会，有针对性地展开业务培训，使其能够接触到最前沿、最尖端的技术以及行业信息，紧紧地把握行业发展的脉络。在实践教育的过程中能够将这种新知识、新信息及时地传递给学生。总而言之，只有具备扎实的理论基础以及实践操作技能的教师，才能真正地践行就业创业实践教育。

此外，如果高职院校要在产教融合的大背景下真正实现就业和创业实践教育体系的完善，最困难的问题之一就是深化校企合作。产教融合、校企合作模式有效地实现了高职院校资源整合和优势互补，使学生在掌握理论知识的基础上，沉浸于企业的实际技术应用和产业发展方向。通过这种方式，学生可以在实践中找到自己的就业和创业方向，丰富专业知识，提高专业技能，并培养解决实际问题的能力。同时，学生有机会在零距离接触业务场景的过程中与行业专家、高级技术专家和业务经理取得联系。这不仅将帮助学生获得行业专家和高级技术专家的一对一指导，而且还可能在公司的实践学习过程中，得到企业管理者的考验并获得就业机会。对于合作企业而言，这一措施也有很大的好处。合作公司可以优先获得合格的专业技术人员，减少员工岗前培训的周期和成本，并获得人才的竞争优势。在产教融合的模式下，企业与高职院校可以实现产学研的深入交流。公司为高职院校提供技术人员的岗位标准，并在整个过程中融入高职院校的人才培养模式，从而丰富公司经理在人力资源管理方面的理论知识，也有助于高职院校提高毕业生就业质量。高职院校根据公司的实际需求制定人才培养方案，并在员工培训上不断改进，不仅节省了人力资源成本，而且为公司提前储备了丰富的优质人力资源，以方便企业选拔优秀毕业生。除此之外，校企合作在展现企业的社会责任感的同时，也向社会公众宣传了企业品牌实力。深化校企合作的重要举措，可以从以下几个方面入手。

（一）完善产教融合校企合作的保障体系

产教融合、校企合作的办学模式对我国培养高水平技术人才、提高就业率、促进社会经济发展具有举足轻重的作用，因此政府和教育主管部门应高度重视，积极引导和促进校企合作。特别是对于参加校企合作的企业，应减少或免征各种税收和其他有关财务方面的款项，以激励企业，特别是地方龙头企业积极参与校企合作，各级地方政府部门也要高度参与和积极协调，以确保产教融合背景下校企合作的顺利实施。此外，政府应通过产教融合，加大校企合作的资金投入，为培养高素质的技术人才提供有力的经济保障。根据学科和行业的发展趋势，建立教学研究中心，升级实用设备，在校内外建立实践基地和学生就业创业基地，引导有能力的学生参加就业和创业基地的相关活动，并鼓励合作企业开展联合经营，分担风险和分享利润，使学生获得真实的工作经验并提高实践技能。

（二）实现校企双方互利共赢，加强校企沟通和交流，促进校企融合，提高企业参与积极性

首先，使学校与企业共同受益，实现双赢。双方的驱动方式应从情感驱动转变为利益驱动，以实现产业与教育的融合。因此，有必要根据行业发展趋势和发展需要，进行教学改革，合理配置课程，培养行业发展所需的人才，提高就业率，形成品牌专业，带动招生，这也是高职院校的目标。除了优先考虑高质量的人力资源储备外，公司还可以共享和合作，并从高职院校、政府和教育管理部门获取相关政策和资源倾向，提高其技术和设备实力，并建立自己的优势。行业协会要树立并展示具有高度社会责任感的企业形象。通过合作，公司还可以感受到高等学校的价值，分享科研成果，创新员工的思维方式，并发起新的文化和管理变革。因此，必须把双方的共同利益作为产教融合、校企合作的前提。其次，企业与高职院校之间的沟通对产教融合、校企合作的深度融合有着重要影响。在校企合作的过程中，要营造良好的合作氛围，探索多元化的沟通方式，加强双方之间的互动。双方应根据学生实习的教学计划和企业的业务流程形成一个交互式信息系统。企业可以参考系统反馈来增强对学生的了解。高职院校可以使用该系统跟踪学生的工作实习进度。学校和企业都可以使用该系统交换有关学生实习效果的信息。最后，促进校企融合是影响产教融合、校企合作方式的重要因素。一是校园文化和企业文化的融合。学生在公司中开始进行技能学习时，必须保持学校的传统，遵守高职院校的行为守则和职业道德，并接受企业文化的影响，提高职业素质，形成职业道德，并建立职业素养，为将来进入职场做好准备。二是学校管理系统与企业管理系统的整合。在校企合作的过程中，有必要事先将企业系统整合到教学过程中，形成一套科学、合理的体系，既可以满足教学管理的需要，又可以规范学生在教学过程中的个人行为。为确保企业的正常运行，为维护学生、学校和企业的共同利益而建立的管理体系为校企合作提供了安全保障。

五、落实保障机制

为了确保高职院校就业创业实践教育建设的有效落实，一系列的保障机制必不可少。

（一）激励政策保障机制

高职院校是以育人为宗旨的，然而企业的最终目的主要是以获利为主，合作双方目的并不统一，企业管理人员、员工和教学老师所担负的各种任务非常多。这一问题对于就业创业实践基地的正常运行非常不利。如想有效解决这一问题，最好的办法是构建并且积极执行适当的激励政策。就高职院校而言，不可能与企业共享利益，但是实践基地获得的奖励、专利荣誉和产权可以与企业共享。对于企业而言，除了优先吸引人才和拥有专利权外，获得的利润也属于企业。例如，如果参与企业很多，就必须根据资金量实施相应的分配机制。对于教学教师，除了学校的正常待遇外，还必须结合实际工作职责和完成的工作量给予其相应的补贴。对于负责生产和运营的人员，奖金金额应由基地自行审核和分配。对于从事实践教学、培养学生的就业和创业能力的教学教师，学校应当评估教学情况，以此为考核标准计算出奖金。对于作为实习者的高职院校学生，除不给其交纳养老保险、住房公积金和生育险以外，可以享受实习人员的福利待遇，如果在基地有承包项目或从事企业家活动，则归还其所有应获得利益。

（二）组织管理保障机制

组织和管理团队属于实施产教融合的人员和组织。高职院校要符合行政管理部门的相应规定和要求，结合校企合作管理和协同教育的原则，积极创建由政、行、企、校等各方组成的管理部门。该部门工作可分为两个部分：决策和执行。其中，决策部门可以由公司董事或管理委员会等组成，执行部门可以结合实践基地设立相应的管理部门。对于基地的各级管理负责人，有必要要求他们进行就业和创业教育，要求他们对专业实践、生产和经营有很好的掌握，并具有全面的管理能力，为培养高层次的管理人员打下基础。

（三）继续教育机制，提升孵化率

高职院校的学生在进入社会展开就业创业活动之后，会发现他们面对着各种各样不曾想象到的困难。举例来说，缺乏行业经验、没有良好的合作关系、前期客户不稳定、资金压力大、家人朋友不支持、对财务税收法律法规了解不透彻等。而当事业步入正轨之后，他们在后期也会面对多种多样的困境。举例来说，前进动力不足、管理制度有限、运营混乱、效率不佳等。面对这些问题，高职院校要贯彻继续教育机制，在就业创业教育实践体系中要提前针对这些困境难题提出有效的解决策略，防患于未然，真正提升高职院校学生就业创业的孵化率，以全程跟进的态度来帮助学生就业创业，力求取得良好的效果，使得学生初期的就业创业活动能够在学校的帮助之下顺利地展开，后期也能够借助于一系列的有效举措推动就业创业达到永续化发展。当前阶段，国家的经济以及科学技术呈现出了稳步发展的态势，想要切实地帮助学生提升就业创业的孵化率，就要建立特色化、专业化、高品质的实践教育模式，为就业创业活动源源不断地输入活力。

第八章　产教融合背景下高职院校就业创业教育师资体系建设

第一节　产教融合背景下高职院校就业创业教育教师教学能力的新要求

身处于产教融合的背景之下，高职院校就业创业办学标准也有所升级：需要进一步贯彻落实产教融合，推动产业和高职院校之间的共生，力求培养技术实践人才，深度促进就业以及创业教育工作。党中央高度重视就业创业工作，提出了"就业创业教育"的宏伟目标，就业创业人才则是该项保证的主体。高职院校培养的就业创业人才，其自身的就业创业能力必须过关，这项光荣而艰巨的伟大使命给予了高职院校巨大的压力，当然也意味着高职院校从事就业创业教育教师的教学能力必然需要再上新台阶。早在 2015 年，教育部就颁布了关于就业创业工作的相关文件，特别强调要将就业创业工作作为高职院校整体教育工作的重中之重。同年又在视频会议中特别提出，需要彻底落实好教学老师的就业创业教学工作，注重能力提升。高职院校想要切实提升就业创业教师团队的整体实力，并不是一朝一夕的工作，而是需要做好规划，并且落实到细节，通过一系列的手段来使得就业创业教师队伍重新架构，整体团队的能力和水平均得以提升。

一、高职院校教学老师团队在就业创业教育过程中的重要地位

（一）就业创业教育课程的设计者和执行者

目前，国内的高等职业院校新建的就业创业人才培养课程体系，更加倾向于对就业课程的普及，而创业教育则较为缺乏。相比于发达国家而言，我国的

高职院校就业创业教育起步较晚，特别明显的特征之一就是教材内容的编制以及课程设置仍有不足，课程体系待更新。教师作为就业创业教育课程的设计者和执行者，其个人能力直接影响就业创业人才的培育，对于高职院校的整体教学质量和育人水平也起到了至关重要的作用。

（二）就业创业教育环节的管理者和组织者

产教融合背景下高职院校就业创业教育课程转型，意味着将有更多积极的、充满活力的教学元素渗透到就业创业教育过程中来。因此，无论是以讲授的传统方式来展开理论教育，还是新增实践渠道、实践平台，都少不了教师团队的作用。教师是就业创业教育环节的管理者和组织者。教学目标的达成是通过教师来实现的，这就要求教师必须能够精准地传递教学内容，严格地把控教学秩序，灵活性地调整教学进度，借助于各个教学要素的合力作用，刺激就业创业教育达到效能最佳。

（三）就业创业学术理论的钻研者和落实者

理论指导实践，实践反作用于理论，能够促进理论研究的升华。教学老师作为就业创业教育课程的设计者和执行者以及教育环节的管理者和组织者，常年面对学生，奋战在教育一线，自身的教学经验十分丰富，因此对于就业创业教育活动也有着更加深刻的认知，对于教育工作的优化和改良能够提供良好的建议，借助于自身的感悟来丰富教学理论。

二、产教融合背景下高职院校就业创业教育教学老师教学能力的新要求

区别于中职院校以及各类型的普通高等院校，高职院校力求能够培养具备较强的综合素质以及实践技能的综合性人才，而且身处于产教融合的背景之下，实践型人才也必须具备一定的创新能力。高职院校就业创业教育课程逐步面临转型，需要以就业创业能力为培养核心，优化教育链、人才链，帮助学生树立正确的就业创业观念，锻炼出较强的就业创业实践能力，成为社会需要、企业需要、产业需要的人才。产教融合背景下高职院校就业创业教育课程转型道阻且长，对从事就业创业教育教学老师的教学能力也提出了新要求。

（一）丰富的理论知识储备

产教融合背景下高职院校就业创业教育的教学内容较为丰富，涵盖的科目众多，而且在转型过程中也新加入了实践平台、实践内容等一系列的教学元素。为了能够使得学生在走向社会之后更加顺利地就业创业，高职院校的理论

基础课程设置覆盖面比较广，包括人文、自然、专业、心理、技术等多项内容。总体而言，高职院校就业创业教育是一项系统化且具有复杂性的教学工程，因此高质量的就业创业师资队伍至关重要。教师只有拥有了丰富的理论知识储备，才能确保就业创业教育工作的有序化落实。

（二）紧跟时代潮流的信息化技术水平

现阶段高职院校就业创业教育的转型必然向着更加高精尖的方向发展，先进的教学理念、高科技的教学设备将发挥极其有效的辅助作用，而高职院校为了能够培养高素质、具备创新精神以及就业创业能力的优质人才，则需要借助于校企合作等一系列的方式让学生深入实践过程中，在此阶段必然要接触到市场、营销、财会、管理等多个环节。当代中国的经济发展如此迅速，科学技术的推动作用功不可没，学生在实践的过程中，也必然需要学习各种信息化技术，如果能够提前掌握应用的规则、技巧，自然会得到事半功倍的效果。因此，教师必须拥有紧跟时代潮流的信息化技术水平。

（三）全面综合的能力

近年来，世界经济复苏乏力，我国经济正面临转型之痛和下行压力，依赖于传统经济发展到处都受到阻碍。有鉴于此，我国提出了发展战略，适时建设创新型国家，旨在不断增强民族独立就业创业能力，从而促进我国经济社会可持续健康发展。建设创新型国家的基础是创新型人才，而人才培养取决于教育，尤其是高等教育。因此，大力发展创新型就业和创业教育是时代赋予高职院校的历史使命。随着高职院校的发展，高职院校毕业生的数量屡创新高，再加上由我国经济结构和生产能力的转变等因素造成的就业市场相对紧张，毕业生的就业形势仍然严峻，不利于社会和谐稳定。近两年来，国家及各省市陆续出台了多项政策措施，鼓励高职院校学生开展就业创业活动，利用创业促进就业，力求从根本上解决就业难问题，改变就业难的现状。然而，高职院校学生普遍存在就业和创业成功率低的问题，迫切需要高职院校开展有针对性的创新创业教育和就业指导教育。综上所述，对高职院校进行就业和创业教育刻不容缓。就业和创业教育是一个系统的项目，其中教师使用先进的教育理念、科学的培训计划、一套完整的课程系统和适当的教育形式来培养学生的就业和创业精神、就业和创业意识以及就业和创业能力。教师是就业和创业教育课程的建立者和实施者、教育和教学活动的组织者和管理者，以及教学实践活动的指导者。他们是整个教育过程的核心。因此，组建一支专业化、创新型的就业创业教育师资队伍，是成功完成高职院校就业与创业教育目标的关键。高职院校的就业创业教育与教学，旨在提高高职学生的就业创业能力和创新思维能力，培养具有创新精神和高素质的社会人才。其中，培养高职学生的创新精神需要从思想品格、独立人格和心理素质等方面进行教育；培养高职学生的就业和创业能力可以从组织领导和管理技能入手；培养高职学生的专业技术能力、创新能力、沟通协调能力和风险防范能力，还需要提高高职院校的就业与创业师资队伍的综合素质，不断完善就业与创业培训体系，加强对高职院校就业与创业的专业指导。明确就业创业教育与教学教师队伍的基本职责，通过各种激励政策，提高就业和创业教师的积极性，从而促进就业和创业教育的快速发展，提高高等院校的教育质量和影响力，有效提高高职院校学生的就业率，进一步促进社会生产力的发展。

第二节　产教融合背景下高职院校就业创业教育教师教学能力提升的困境与挑战

身处于产教融合的背景之下，高职院校对于师资团队也提出了更加严格的要求。教师不仅需要拥有帮助学生制订就业创业计划、选择就业创业项目的能力，而且还需要辅助学生分析得失，调动其参与热情以及积极性。就业创业教育为时尚短、师资团队结构有待优化、数量不充足等是目前存在的主要问题。具体而言，产教融合背景下高职院校就业创业教育教师教学能力提升的困境与挑战涵盖了如下几项。

一、高职院校就业创业教育师资团队结构待优化

现在我国高职院校的组织结构顶层设计为院长，然后下设管理部门，管理部门通常由后勤服务保障、教务管理、学生管理、二级学院管理等共同构成。这些机构之间相辅相成、互相配合又互相制约，在有机的协调之下确保高职院校的各项教学活动能够有序地进行。现阶段高职院校应用的管理机制普遍为二级学院管理。二级学院管理相比于传统的管理机制，有着其明显的特点。传统的管理机制更加注重集中式管理，权力更加聚集，二级学院能够拥有的权益相对而言较为薄弱，在整个教育工作、管理工作的展开过程中，制约因素较多，存在明显的灵活性不足的问题。然而当前应用的二级学院管理模式，则是取长补短，整体而言灵活性得以提升，管理效果更加优化，对于就业创业工作而言，人才培养进展更加顺利。不过我们不能忽略的是，万事万物都处于变化

之中，二级学院自身在办学主动权方面仍然有待提升。作为人才培养的一线基地，作为办学的一大主体，高职院校必须考虑如何最大化地发挥二级学院的优势，借此来推动就业创业人才的培养。目前，有部分高职院校二级学院和企业之间展开了深度融合，采用工学结合的方式来培养就业创业人才，取得了较好的效果，值得在全国范围内推广和使用。

高职院校制定的发展战略目标的达成，必然需要通过组织结构以及人才团队来实现。组织结构以及人才团队如何能够成功地组建，仰赖于高职院校依据用人需求、人力资源配置方法、组织结构需要等来招聘师资。目前，多数高职院校的组织结构仍然存在不合理之处，直接影响到了管理、教学、招生等多项环节，不利于就业创业人才培养的贯彻落实。举例来说，出现了以下一些明显的弊端。

（一）二级学院职能范围模糊，教师管理工作需再细化

高职院校必须正视二级学院的地位和影响力。二级学院作为人才培养的最前沿基地，作为直接接触学生的一大主体，本身承担着教书育人、人才培养的艰巨任务，对于学生的管理情况、学习状态等二级学院最为了解，因此高职院校应当予以二级学院一定的自主权限，扩大其权力覆盖面，确保人才培养、教学管理工作能够有序化开展。与此同时，对于教师团队的管理以及招聘，二级学院应当拥有更多的自主权限，充分根据自身在教学管理中的需要来录用最符合要求的教学老师。而在校企合作领域，高职院校应当扩大二级学院的职能范围，使二级学院可以借助于自身的专业特色、师资力量等加强和企业之间的对接，促成合作办学关系，共同致力于就业创业人才的培养。然而，现阶段高职院校二级学院的职能范围相对模糊，仍然没有较高的自由度和权限，特别是教师管理工作，招聘、任用、考核等一系列的工作权限仍然掌握在院校顶层手中，不能够按照二级学院自身的发展状况、管理教学状况来进行优化调整。总体而言，二级学院职能范围模糊，教师管理工作需要再细化。

（二）师资结构待优化

当前阶段，在高职院校下辖的各个二级学院之中，存在着管理效果、教学效果差异较大，权责不一，教学老师对实践技能不重视、过度看重理论教学，就业创业型和技能型的教学老师稀缺等问题。长此以往，培养出的毕业生，其自身的职业技能很难符合企业和社会的要求。教学活动中，教师是根本保障，教学质量和教学水平的高低，受到师资力量的直接影响。想要推动人才培养目

标加速实现，完成育人目的，就必须对师资结构加以优化。虽然不少高职院校因为缺乏创新型师资以及就业创业师资，联合企业展开了合作办学，但是不能否认的是，该方式存在表面现象的问题，如企业的骨干人员无法真正发挥教育职能加速对人才的培养。因此，思考如何能够推动企业和学校之间展开师资共享，贯彻落实实践教育和理论教育至关重要。当前阶段，各个高职院校可以采用"走出去、请进来"的方式，推动教师团队结构的优化稳固。举例来说，高职院校可以与企业展开深度合作，进一步鼓励教师参与企业的实际工作，在职称晋升以及职称评定的环节中，综合性考量教学老师的实践能力以及学术研究能力。除此以外，高职院校还可以引进企业的精英骨干，展开有针对性的实践教学，落实师徒制、导师制等，将骨干精英自身的实践经验传递给学生，增强实践教学的效果。另外，高职院校要建立健全的教师培训体制，立足于实践教学的根本要求，充分考虑各个专业的差异化特点，为教师提供一定的渠道加入行业协会，加强各项业务培训，使其有条件接触到最先进、最尖端的技术以及产业信息，紧紧地把握行业发展的动向。在实践教育的过程中及时地将这种新知识、新信息传输给学生。总而言之，只有具备扎实的理论基础以及过硬的实践操作技能的教学老师，才能真正地贯彻落实就业创业实践教育，为技能型就业创业人才的培养奠定基础。

二、校内教学老师团队的实践能力不足

高职院校想要贯彻落实产教融合背景之下就业创业实践教育体系，实现育人目标，必然需要教师团队有着足够的学术和教学能力，同时也要有着丰富的实践经验作为支撑。现阶段高职院校中大部分从事就业创业实践教育工作的教学老师，其自身的教学经验和学术能力虽足够优秀，但是就业创业一线实践经验较为缺乏。

（一）校内就业创业型教学老师实践能力不足

由于部分高职院校联合企业展开了合作办学，因而教师也分为校内就业创业型教师以及校外就业创业型教师两种。具体而言，校外就业创业型教师涵盖了企业的骨干精英、企业实践性指导教师；校内就业创业型教师涵盖了理论型教师、实践技能导师、"双师型"教师等等。目前，多数校内就业创业型教师的实践能力不足，而便是具备了一定的企业工作经验以及社会实践经验的"双师型"教师，其实践经验也不能完全跟得上时代发展的速度。现阶段大部分高等职业院校的就业创业教师，无论是实践能力还是综合素质都不能够游刃有余

地胜任此项教育工作，甚至有部分高职院校从事就业创业教育工作的教师也只是辅导员。辅导员自身的日常工作较为繁杂，并且在就业创业工作层面，无论是实战经验还是理论知识储备都较为欠缺，很难精准地把握国家政策以及企业、产业的发展走向，育人水平不足，并不能够将学生就业创业的指导工作作为其整体工作中的重点来妥善落实，一定程度上给就业创业教育课程的执行拖了后腿。

（二）校外就业创业型教师稳定性有待提升

校外就业创业型教师涵盖了企业的骨干精英、企业实践性指导教师，其自身的工作年限比较长，有着丰富的从业经验，多数都已经走上了管理岗位，在员工心理状态把握、技能提升、职场晋升等方面都有着独特的见解，可以借助于自身的经历，将企业模式、思维方式、待人接物的规则等传递给学生，以此来指导学生的就业创业历程。不过外聘的企业专家并不熟悉高职院校的育人规律，授课具有随机性，很难系统化，无论是课程的内容还是时长都不够稳定。和校内就业创业型教师有所差异的是，校外就业创业型教学老师在实践技能上较为丰富，但是总体的理论教学成果较差，作为兼职教师和学生之间的沟通交流较少，只能利用工作之余的时间来和学生展开交流。随着科学技术的发展，交流授课的方式也不仅仅局限于面对面的课堂，而是可以通过微信群、QQ 腾讯会议等渠道，虽然更加便捷、具有时效性，但是整体的教学效果却是大打折扣。除此以外，由校外就业创业型教师个人的原因导致的离职、工作调动等情况，很大程度上使他们无法继续担任高职院校的校外就业创业实践教育教学老师，任期有可能提前结束，高职院校不得不重新寻求合适的人选。因此，校外就业创业型教师稳定性有待提升，整体的育人成果不如预期。

（三）高职院校就业创业教育课程体系不完善，教师认知程度有待加深

目前，国内的高职院校新建的就业创业人才培养课程体系，更加倾向于对就业课程理论的普及，而实践教育相对缺乏，其主要表现在就业创业教育大部分内容集中于企业家素质教育以及创新意识培养两方面。当然，也有部分高职院校对于就业创业的管理力、经典案例、执行力、团队精神、领导力等基本素养展开了教育，但是这些教育都相对聚焦在基础理论以及人格素养方面，缺乏就业创业实战、战略就业创业等内容，特别是就业创业实践训练，受到多重因素的影响更加稀缺。举例来说，多数高职院校只是开设了就业创业基础教育

的理论课程，学分占比非常有限，这就体现出了课程系统的单一化。深究其原因，最重要的因素就是国内对就业创业教育的认知仍然有待加强。

高职院校就业创业教育课程体系不完善的问题，直接影响到师资力量的完整性。假设高职院校并不具备实践类的课程体系，自然也不需要实践导师来指导学生工作，更无法深化这一部分的教学内容，同时也就影响了教师对于就业创业实践教育的认知程度。部分教师片面地认为就业创业实践教育只是就业指导中的一个环节，并不认为其是高职院校就业创业教育体系中不可或缺的一部分，也就无法意识到到其对于高等职业院校发展具有重要作用。而且，他们不能够将就业创业教育和专业教育紧密联系在一起，认为就业创业教育课程只是附属类课程，因此也就不会将过多的教学时间和精力集中于实践类课程。以上这些主观臆断，其根本原因就在于高职院校就业创业教育课程体系不完善。

三、教学老师知识面狭窄，教学目标不明确

近年来，我国不断地落实高考扩招政策，毕业生数目呈现上涨趋势，对于高职院校的学生而言，其就业形势更加严峻，就业压力居高不下。本科生、研究生的就业形势都更加紧张，高职院校学生所承担的就业压力更是非同小可。因此，为了能够最大限度地缓解就业压力，高职院校立足于自身的教育渠道，展开了就业创业教育，帮助学生改变陈旧的就业创业观念，在实践过程中激发个人能力，鼓励其自主创业，紧抓机遇迎接挑战，实现职场的更多可能性。然而受到教育体制不完善的影响，教师能力不足。就业创业教育的课程不仅覆盖范围较广，如心理学、法律基础、营销学、市场学、管理学等，还需要将管理学、信息学与经济学等知识融合起来，因此教师需具有超强的理论讲解能力，同时要拥有丰厚的实践经验，把就业创业与实践活动衔接，追求理论知识与实践活动相结合的效果。部分就业创业教师自身的知识面较为狭窄，无法得心应手地承担就业创业教育工作，总体的教学效果差强人意。国内就业创业教育相比于国外较为成熟的教育体系而言，仍然存在着基础薄弱、发展时间较短等一系列弊端，而且后期发展困难重重，因此需要解决的问题非常多。第一，很多教学老师并没有真正地意识到何谓就业创业教育，缺乏基础理论，相关的能力得不到保证，因此无法指导学生；第二，多数教师生活的圈子非常小，几乎没有社会实践经历，投资与就业创业行为更是少之又少，因此综合性教学老师人才匮乏，但是为了响应国家的号召，只能开展最基础的理论教学，无法将实践与理论有效衔接，导致"双创"教育更多地停留在理论阶段，难以深度展开。

因此，当前最主要的工作就是切实扩大师资团队的知识面，提升教学老师的综合素质。

区别于中职院校或者普通高职院校，高职院校力求能够培养具备较强综合素质以及较完备技能的实践人才，就业创业教育课程转型要围绕着办学实际出发，以就业创业能力为培养核心，营造教育链、人才链等教育链条，帮助学生构建正确的就业创业观念，塑造较强的就业创业实践能力，成为社会需要、企业需要、行业需要的就业创业人才。但是仍然有部分高职院校自身的教学目标不够明确，片面化地把就业创业教育作为就业指导的子项目。专业教师在完成自身的教学工作之后，辅助性地开展部分就业创业指导工作，无法真正将教学优化调整改革落到实处，并没有形成独立化、权威化的就业创业教学老师团队，这种认知上的偏差以及定位的不明晰就导致了整体的教学工作和效果不如人意。

四、师生比例严重不协调，师资队伍整体素质不高

高职院校从事就业创业教育的教师需要践行以下责任：其一，身为教学活动的主体，教师需要将关于就业创业教育的相关实践经验以及基础理论知识传递给学生，践行指导者和传授者的角色定位，协助学生获得就业创业的基本素质以及技能。其二，组织教学活动，以教学目标以及任务为中心设置教学环节，借助于相应的教学方法和教学手段，来促进教学步骤的顺利推进。其三，把控课堂活动的秩序。通过优秀的管理方法把控课堂活动的秩序，让学生在有序的环境中愉快地学习，确保教学目的的达成。其四，参考学生的实际情况以及潜能发挥，优化各项教育要素，保证教学活动能够和社会以及行业的需要相吻合。鉴于此，也就要求从事就业创业教育的师资队伍，无论是自身的经验水平还是综合素质都必须过关，能够在就业创业教育上付出较多的时间和精力。2019 年最新的数据调研结果显示，无论是本科还是高职，都在不断地扩大招生人数，这也使得毕业人数连年剧增，就业难、创业更难的问题普遍受到重视，然而能够展开系统化就业创业教育的高职院校仅占 60%，连年增长的学生人数和有限的师资力量之间形成了强烈的对比，师生比例严重不协调已经成为影响就业创业教育推进的主要因素之一。虽然现在国内没有出台具体的就业创业教育教师人数比例要求，但是根据现状可知，确实应当增加相关教师的招聘人数。

即便是在师生比例严重不协调的情况之下，师资队伍的整体素质仍然堪忧。根据 2019 年最新的数据调研结果显示，只有不到两成的高职院校聘请了

企业就业创业导师，有半数以上的高职院校是辅导员或者是就业老师担任就业创业导师的岗位。由此可见，大部分高职院校的就业创业教育缺乏足够数量的高素质、高质量的师资队伍，整体素质较为一般，教学效果比较勉强。而且能够主动参加就业创业教育培训班的高职院校教师相对较少，而就业创业教育培训合格的教师更是少之又少。因此，高等院校极其缺乏专业化的就业创业指导教师。部分高职院校虽然开设就业创业教育教学选修课程，但教师资源和教学内容仍然无法满足高职院校学生就业创业学习的基本需求，就业创业专业教学课程更是难以开展。

五、教师数量严重不足，就业创业教育停留于表面

当前，很多高职院校积极响应国家号召，全面推广就业创业课程，不过由于缺乏足够的教师，特别是专业教师，因而部分高职院校并未配置专业教师，难以保证课程的顺利进行，教学效果更加无法保障。2002年，教育部确定了9所高职院校作为试点进行就业创业教育，但是到目前为止，仍未有一所试点高职院校能组建成一支能够满足就业创业教育需求的教师队伍。此外，高职院校的专职教师大多教学工作繁重，缺乏相关的就业创业经验。他们在教学时经常遵循课本，不能真正与就业和创业实践活动联系起来，要引导学生树立创新意识更困难。由于教师人数不足，就业创业教育领域缺乏学术骨干和学科带头人，很难形成一支优秀的就业创业研究队伍，这样就影响到相关教学工作的开展。现阶段，多数高职院校就业创业教育师资队伍缺乏专业性，比如诸多高职院校的就业创业教学老师都是由思想政治老师、辅导员、经管类老师兼任，外加上其时间与精力分散，由此导致就业创业教育效果不佳。正是就业创业教学老师团队结构的不合理，使得就业创业教育工作无法顺利进行，进而影响整个就业创业教育实施的结果。根据相关数据统计结果显示，当前国内大部分高职院校并未配置专业的就业创业教师，或者部分高职院校尽管配置了专业教学老师，但是多数是由其他领域转行而来，并未经过系统性、专业性的教育与培训，因此就业创业教育工作很难顺利展开。大部分高职院校已越来越重视技能型、应用型人才的培养，但很多高职院校仍以传统教学为主，这意味着教师在"双创"教育中还没有找到科学的方法，使得教学流于形式，教学方式较落后。由于教师就业创业意识淡薄，经验缺乏，因此在"双创"教育中侧重理论灌输，简单地给学生讲解就业创业的过程和政策与法规，缺乏真实的就业创业项目和导师的就业创业实践指导，使学生对就业创业很难深层次理解，也很少深入探究其方法，并不利于学生提高自身的就业创业能力。

六、管理制度不完善，激励效果不足

当前，高职院校负责就业创业课程的老师主要来源于兼职教师，专门负责该项课程的老师少之又少。其中，一些专职担任就业创业课程的老师，还必须从事一部分行政管理工作或者其他专业课程的教学任务。这样的一支师资队伍是无法将全部精力或大部分精力投入就业创业教学工作之中的。目前，大部分高职院校虽然成立了专门负责就业创业工作的实体部门，但由于教师管理及教研室仍然由教务处、学生处或通识部门等负责，难以实现科学合理的管理，更没有制定较为严格的管理制度对教师的教学进行有效监督，导致教学质量难以得到保证。此外，还有一些高职院校并没有建立专门负责就业和创业教育的实体部门。通常，学校的就业创业管理和教学任务由教务处或学生处来完成，然而教务处和学生处是服务教学的管理部门，行政管理权限比较小，导致其对就业创业教育的管理权限也难以提升，传统的教育管理理念很难培养创新思维。教育管理的概念是就业创业教学团队的核心，但目前高职院校的就业创业教育管理方法一直处于被动状态，而传统和保守的教育管理理念使得高职院校在教学内容和方法上缺乏创新，忽视了学生多样化的学习需求和个性特点，严重阻碍了创新思维的培养和发展。针对教师的招聘，并未制订详细的人力资源规划，对所属专业、文化程度、就业创业经验等并没有明确的规定，因此教师的水平差异较大，无法确保"双创"活动顺利开展，很少学校有就业创业教育师资队伍建设规划具体方案。高职院校管理层也没有树立相应的意识，配套性政策与制度匮乏，很多老师难以全力开展就业创业教育，导致课程效果达不到预期值。虽然国家与地方政府均针对就业创业教育师资队伍建设颁布了各种指导性政策，同时对建设教师团队明确了具体的要求，不过针对职称晋升、效果评价等内容并未有相关的规定，目标模糊化，导致在具体行动中无法顺利朝着明确的目标努力，影响到团队打造的可持续性。负责就业创业教育的教师不单单要具备扎实的理论知识，还要经常性地参与各种社会活动，掌握当前国家所制定的各项就业创业政策，掌握当前最主流的经营模式，不断积累实践经验，这些都需要足够的精力与时间支撑，并且无法在短时间内收获经济效益，因此部分教学老师缺乏主动性与积极性，难以保证教学的质量与效果。因此，要考虑当前实际情况，构建完善的激励性政策与制度，让教师能够全身心地投入教学中，以保证教学质量与效果。

第三节　产教融合背景下高职院校就业创业
教育师资体系建设路径

　　产教融合背景下，国家高度重视高职院校就业创业教育师资体系建设。只有更加优秀精良的教师团队才能够更加精准有效地展开就业创业工作，使得学生能够拥有合格的就业创业素质以及能力，在面对各种困难的时候可以直面挑战，能够良好地规划自身的职业生涯，富有开拓创新的勇气和担当，有责任、有实力展开就业创业活动。高职院校教师在对高职院校学生展开就业创业素质培养的过程中，必然需要发挥良好的推动以及培养良好的引导作用，充分鼓励学生勇于就业创业，也要帮助学生塑造正确的三观以及道德品质、职业技能、综合素养，面对就业创业过程中的困难能够勇于应对挑战，不推诿，不逃避，寻找科学的方法走出困境，在职场上能够有所突破。要教会学生建立良好的心态，充分理解就业创业过程中的艰辛，踏踏实实地付出时间还有精力搞好就业创业活动，不能想着不劳而获或者是瞬间得到巨大的财富或者成功。

　　产教融合背景下高职院校对于就业创业教育师资体系建设的高标准、严要求，可以落实到以下几项具体路径中。

一、加大对人才的吸引力度，构建完善的师资团队

　　在高职院校就业创业教育的诸多环节中，实践基地以及相应的实践活动是整个教育过程中的"硬实力"，而师资队伍建设则是必不可少的"软实力"。除了必须对教育基地加强完善，展开一系列丰富多彩的就业创业活动以外，也不能够忽视对软实力的相应建设，必须要加大对人才的吸引力度，构建完善的师资团队。[①] 具体而言，可以借助于以下几种方式。

（一）大范围筛选，内外部相结合

　　前文所述，从事高职院校就业创业教育的教师分为校内就业创业型教师以及校外就业创业型教师两种。产教融合背景下高职院校就业创业教育师资体系建设必然需要从这两方面入手：建设"专兼结合"的师资队伍，不能够让其中任何一方占据绝对的主导地位，特别是"学院派"教师的比例要合理控制。对

[①]　付姝兰：《高职院校就业创业实践教育师资队伍能力建设对策研究——以浙江省高职院校为例》，载《黑龙江教育学院学报》2013年第5期.

于校内就业创业型教师的吸纳，建议采用大范围筛选的模式。在全校范围之内通过培训、考试等一系列的筛选手段，选择有意向从事就业创业工作，并且有一定责任感、教学能力的专职教职工。在完成初期的理论教学培训之后，借助于校企合作的形式，使其参与到企业的实际工作中去，展开集中化的综合培训，针对就业创业的各个步骤、投资项目、相关法律法规政策、教学过程中的注意事项、学生心理把握等方面予以培训，进一步提升就业创业导师自身的理论储备以及实践教学能力。当然，如果只借助于校内就业创业型导师的力量来展开相关教学，并不有利于就业创业活动的有效开展，很容易导致教学内容的片面化、教学形式的单一化，长此以往，无法真正地帮助学生提升就业创业的水平。

参考国内外对于高职院校就业创业工作的理论研究可知，在就业创业教育展开的过程中，外部导师的作用必不可少。因此，产教融合背景下高职院校就业创业教育师资体系建设必然需要引进校外就业创业型教学老师，广纳人才才是升级之道。建议将人品素质过硬、具备丰富的实践经验的就业创业者、经营管理者甚至是政府官员，吸纳到就业创业教师团队中来，借助他们的力量来举办一系列讲座、论坛、演讲等活动，让其成为兼职导师。高职院校主动承担起规划布局的责任，以就业创业平台为渠道，借助校外就业创业教师的力量，强化师生的共同运作，一起致力于某个项目的就业创业，真正地做到在学习中实践，在实践中创新。校外就业创业型教师在指导学生工作的过程中，告知其企业的发展战略、商业模式、运营管理、市场开拓等知识和环节，让学生建立和企业之间的紧密联系，在一个真实的情境之中感知到就业创业实践的力量。而校外就业创业型教师在带领学生完成就业创业活动的过程中，通过自身的实际经验，在潜移默化中为学生答疑解惑，培养就业创业精神，为其就业创业保驾护航。学生在和这些具备丰富实践经验的就业创业者、经营管理者甚至政府官员接触的过程中，能够对就业创业有更深一步的感知，树立信心进一步夯实就业创业基础知识和技能。除此以外，政府在鼓励学校开展就业创业教育的环节里，要主动协助学校建立就业创业指导服务机构，对有意开展就业创业活动的学生提供专业化的服务和跟踪辅导，同时协调解决聘请有实战经验的"大腕"，如就业创业成功人士、各类分析专家、律师甚至是具有专业知识的政府官员，成为就业创业教育的兼职教师。只有将这些高素质的教育人才充实到就业创业教育师资队伍中来，彻底避免"学院派"的独角戏，才能使就业创业教育有声有色地开展。

国外关于专兼职教师的比例已经有了相对成熟的实践结果。德国双元制培训中，专职教师的数目远远少于兼职教师，单就企业的兼职教师人数总量就和院校的专职教师相等；美国的职业技术学院中，兼职教师人数比例高达四成。由此可见，这种专兼职相结合的师资团队，能够在极大程度上解决现阶段就业创业导师数量不足的问题，对于优化调整师资结构也有着不可忽视的正面影响，而且培养出的就业创业人才能够更加符合企业行业的市场需要。

（二）优化师资团队结构，健全教师培养机制

虽然产教融合背景下高职院校就业创业教育师资体系建设着力于构建"专兼结合"的师资队伍，但是目前整体的师资队伍结构仍然呈现出单一化的趋势。为了突破这一困境，高职院校应当逐渐向着"双创"教师队伍结构转型，明确教师承担的职责。举例来说，可以由辅导员或者是就业指导老师来宣传就业创业教育的重要地位，帮助学生初步建立就业创业的意识，提升他们的积极性，然后再由校内就业创业型教师以及校外就业创业型教师展开专业化、有针对性的就业创业教育，共同致力于学生就业创业能力的提升。校内就业创业型教师以及校外就业创业型教师各自承担的主要职责有所差别。高职院校关于校内就业创业型教师的任用可以深挖内部资源，广纳贤才，在全校范围之内通过培训、考试等一系列的筛选手段，选择有意向从事就业创业工作，并且有一定责任感、教学能力的专职教职工，特别是需要对中青年教学老师群体重点培养，使其成为专职的就业创业导师。校内就业创业型教师承担的主要职责集中于就业创业意识、基本理论、校内实践活动等领域。而校外就业创业型教师的任用，高职院校应当以具体的课程任务、授课程序、任用条件为考核要素，将人品素质过硬、具备丰富实践经验的就业创业者、经营管理者甚至政府官员，吸纳到就业创业教学老师团队中来，通过实践平台的渠道，综合化地展开就业创业实践教育。校外就业创业型教学老师承担的主要职责集中于校外实践技能、企业需要、人才实践能力、实操问题、政策普及、行业咨询等领域。校内就业创业型教师以及校外就业创业型教师通过对各自承担职责的履行，取长补短，通力合作，共同培养复合型就业创业人才。

目前全球的政治、经济、文化、科技等领域均处于日新月异的变化之中，因此就业创业工作也必须紧跟时代发展潮流。产教融合背景下高职院校就业创业教育师资体系建设，健全教师培养机制必不可少。高职院校应当加大对培训机制的政策扶持力度以及资金投入，推行"引进来""走出去"的培训机制，推动教师展开更加广泛的学习。具体而言，现在在高职院校中较为常用的是"走出去"培训机制，包含以下四种类型：第一，高职院校与企业展开深层次

的合作，鼓励教学老师"走出去"，直接参与到企业的实际工作环节，在亲身参与企业经营活动的过程中丰富实践经验。第二，鼓励教师亲身创业，通过自己的实践活动来总结教学经验。第三，参加外部组织的培训竞赛。第四，走出课堂，向其他优秀的同行学习，有条件的甚至可以到国外深造，丰富自身的理论和实践知识。除此以外，高职院校的"引进来"培训机制则是需要外聘就业创业领域的相关专家指导理论工作、实践工作、教学方式、具体课程等。针对校内就业创业型师资队伍必须掌握的经营知识、营销知识、管理知识等，高职院校可以邀请来自民营企业、教育界、政府部门、商界等领域的优秀人才来展开培训，用他们的实际就业创业案例来进一步帮助教师提升育人水平，传递最新的行业信息、前沿知识。高职院校可以借助于多媒体手段或者是网络平台，搭建起院校教师和领域专家之间沟通的桥梁，在不断的请教之中，教师自身的经验将逐步丰富，教学水平得以提升。由此可见，"引进来"是借助外部的优秀力量；"走出去"是内部教师的优化培养。在鼓励教师参与企业管理的同时，也要重视对教师的理论知识培训，以提高他们的理论技能。一方面，我们聘请优秀的当地企业家和成功创业的企业家来学校讲学，并利用自己的经验指导教师，以便教师明确教学重点和注意事项。另一方面，利用互联网教育平台（如MOOC、Youke Alliance、Erya Online Courses 等）对教师进行就业和创新创业理论方面的培训。由于这类网络平台没有时间与地点的限制，教师可以利用自己的碎片时间进行无障碍学习。

（三）引进领域专家学者，提升团队质量

在调整师资团队的组织结构，吸纳更多优秀人才的基础之上，也要引进领域专家学者，可以将其定位为顾问的角色，作为整个团队最坚实的后备力量，提升师资队伍的整体质量。针对就业创业教育工作，可以从以下几方面考虑引进领域专家学者。

1.工程技术类专家学者

随着科学技术的发展，高职院校的学生在日后就业创业的过程中，必然会面对更多的高新科技，因此在校期间必须保持和高科技发展速度同步的知识储备，不仅需要了解就业创业项目范围之内的科技内容，还应了解其他高精尖技术的发展势趋。因为在其日后的工作过程中，很可能牵一发而动全身，各种科技领域产生交错，所以工程技术类专家的指导必不可少。工程技术类专家学者普及最前沿的科技成果，能够帮助高职院校学生了解高精尖技术的发展趋势。

2.就业创业投资类专家学者

此领域的专家学者对于项目、商机、经济效益有着更加精准的把握，更加擅长就业创业投资，善于分析目标客户想法，其指导至关重要。高职院校的学生在日后就业创业的过程中，自然需要和项目、客户群体打交道，借助于就业创业投资类专家学者的指导，更容易提升就业创业技能。

3.成功企业家

高职院校毕业的学生在日后的就业创业过程中，很容易因为对就业创业的环节缺乏熟悉、对市场了解片面化等因素而面临着就业创业的失败，这不仅意味着时间精力的损失，还更容易打击学生的自信心和积极性。而我国大部分的成功企业家往往是在历经失败之后获得成功的，风雨之后才见彩虹，因此他们的亲身经历能够在极大程度上帮助高职院校毕业生建立就业创业信心。而且就业创业过程往往是一场心理战，成功的企业家具备的自信心、竞争意识、团队意识往往十分强大，对于学生有着极强的感染力和影响作用，通过和成功企业家之间的沟通交流，高职院校学生能够在明确人生目标的同时，夯实就业创业的意识、信心、责任和担当。

4.经济管理类专家学者

此领域的专家学者对于市场经济的发展趋势、行业规律都有着独到的见解，而且擅长分析国家颁布的相关经济政策以及福利待遇。借助于经济管理类专家学者的力量，可以帮助高职院校的学生拥有更加敏锐的市场洞察力，积极地适应市场经济的发展，有针对性地调整优化市场战略，也就意味着在获取经济效益的道路上存在更大的可能性。

5.孵化器管理类专家学者

此领域的专家学者更加擅长分析政府针对高新技术行业所出台的优惠政策。在高职院校学生和企业之间，孵化器管理类专家学者建立了沟通的纽带，其催化作用能够发挥就业创业教育的最大功效。

6.政府经济领域的专家学者

此领域的专家学者涵盖了发展改革委员会、各级政府负责企业管理工作的部门。市场上的任何一次经济活动，都需要政府机构的支持，其出台的任何一个条例或者政策，都将影响经济的发展趋势，或带来挑战，或带来机遇。因此，借助于发展改革委员会、各级政府负责企业管理工作的部门负责人的力量，高职院校在产教融合下推进就业创业教育工作，更加能够得到政府部门的支持。

二、构建就业创业教育教师培养体系，切实提升教师队伍综合能力

当前时代背景下，打造就业创业师资队伍是促进构建创新型社会和早日实现社会主义现代化强国目标的必然需求。针对当前的教育现状，引入在职培养与挂职培养相结合的模式，强化对教师的专业技能培养，帮助他们积累经验，通过实践来补充知识储备。第一，制订培训与学习规划，积极引导全体教师参与进来，掌握基础理论知识。邀请成功的企业家或者就业创业人员，针对代课教师展开培训，集中各种教学资源，构建实践培训基地，举办各类实践项目，引导高职院校教师亲自参与其中，切实提升高职院校教师的理论与实践能力。第二，高职院校要积极与企业展开合作，强化彼此间的联系，轮流让代课教师去挂职锻炼，积累经验，将理论知识与实践相结合。借助中外联合办学项目，强化国与国间的沟通与交流，有条件的高职院校可以委派教师去具备成熟经验的国家或地区学习、访问以及交流，借鉴其他国家成熟的教育模式，进而带动国内教学水平的提升。就业和创业团队的教师还必须了解整个企业的运作，以确保他们在教学过程中可以更准确、更好地回答学生有关就业和创业的问题。因此，对于专职教师来说，他们必须不断地扩大自己的知识面并更新他们的教学理念。具体来说，一是在教学中不断引入新的教学方法；二是不断提升自身技能，扩大自己的知识面，增强实践能力，丰富自身认知方面的实践经验；三是要有创造力，不断提高创新意识，在课堂上营造良好的创新氛围。

三、注重政策引导，建立考核和激励机制

众所周知，就业创业教育并非短期就能收获回报，因此要注重更深层次的发展，打造良好的持久化教育模式，政府有关机构要给予更多的关注与扶持，高职院校领导层要树立永续化发展理念，将其作为日常主要工作来抓，提升其战略地位。第一，把就业创业教育作为高职院校发展规划来对待，注重对人才的培养，在教学过程中要时刻倡导就业创业教育理念，让全体师生参与进来，营造良好的教学环境，激发大家的主动性与积极性。第二，为了满足时代发展对于创新性人才的需求，政府要集中优势资源，制定相关的政策与制度，积极打造实践基地与培训中心。全面推广就业创业教育，提升教师的综合素质，锻炼教师的实践能力，提高教学质量。积极构建专业化的教师团队，集中优势师资，定期组织大家再学习与培训，掌握更扎实的基础知识，积极鼓励高职院校教师开展就业创业活动，并且构建相应的保障体系，以规避风险。针对当前的具体情况，相关部门要给予更多的支持与帮助，把就业创业教育作为岗位职责

与考评体系的重要指标，确保教师能够得到应有的待遇，更加专心地投入教学活动中。[①] 除此以外，还需要建立考核和激励机制。学校应主动改革对教师的晋升方式及职称考核方式等，给主动参与"双创"教育或实践活动的教师优先学习与晋升的机会。同时，建立"双创"教育校外兼职导师聘任制度，引进校外"双创"教育高素质人才，避免"学院派"教师和社会脱节，同时也为校内外教师建立良好的交流平台。制定"双创"教师考核标准，针对不同教师提出不同职责要求，如要求培养学生创新思维的教师本身要具有较强的创新意识或有申请专利的经验；要求培养学生就业创业理论与方法的教师本身要具有扎实的专业基础；要求指导学生就业创业活动的教师有就业创业的亲身经历。进一步完善高职院校双创教育教师管理机制，以促进"双创"师资队伍水平逐渐提升。举例来说，结合实际情况制定激励制度，明确奖励政策。良好的激励体制可切实提高教师工作的积极性。对于教师职称评定政策，可以考虑相比其他普通专业教师，就业创业教师可以优先晋升，或者如果教师成绩优异，可破格直接聘用，这样就很好地解决了教师的后顾之忧。在整个高职院校中营造就业创业教育氛围，重点发挥教师的领导作用，在每个学期结束时，可以从这些教师中评选出优秀老师，同时享有物质方面的奖励。除此之外，也可以通过设立教育奖励基金来鼓励教师全身心投入学生的创新思维培养以及就业创业能力提升中。带动教师积极性，不仅可以有效提高教师整体创新素质，而且有利于提高学生创新能力，为社会真正培养出创新型人才。

四、帮助教师转变教学理念，强化责任感

高职院校应主动出台建设"双创"师资队伍的相关指导意见，让所有教师都意识到自己有责任参与"双创"教育改革，如组织教职工学习国家、市区以及学校的有关政策并开展"双创"教育讲座、交流会及研讨会等。这有利于唤醒教师"双创"教育意识，将"双创"教育目标定位到学校人才培养目标之中，保证全体教职工都能转变教育观念，主动在自己的岗位上创新，并探讨如何才能启发学生良好的创新意识，调动学生就业创业思维，培养学生合格的就业创业能力。新时代的教育更加注重对学生创新能力和意识的培养，使教育从知识转移的过程转变为启发和引导学生思考的过程。为实现这一转变，高职院校应努力转变教师教学观念和教育方式。一方面，明确教学定位。把就业创业课程作为专业必修课程，并将就业创业教育纳入人才培养

---

①　周旭 . 新时代高职院校就业与创业教育探析 [J]. 商展经济 ,2020(13):60-62.

计划。另一方面，加强"专创融合"。在其他专业课程的教学过程中，主动融入就业创业相关资料与案例，并积极挖掘与开发学生的潜在创新能力，以此提升其就业创业综合素质。就业创业教育是人才培养理念和培养模式的创新。高职院校通过增加与就业和创业教育相关的各种内容，创新人才培养方案的设计，如概念分析、政策解释和成果宣传，增加就业创业作业和小论文，坚持"以人为本"的教学理念。同时，明确就业创业教育不是一个部门的事，也不是一部分教师的事，而是全校教职人员的共同责任，并在此基础上，制定适用于本校的《就业创业教育实施方案》，让教师和行政人员意识到就业创业教育的迫切性与必要性。另外，必须强调的是，教师是课程的设计者和实施者、教学活动的组织者和管理者、教学理论的研究者和实践者。他们在就业创业教育中起着非常重要的作用，这就要求他们要树立极强的责任心。

五、建设就业创业教育科研室，加大科研成果转化力度

高职院校应当创建就业创业教育科研室，就业创业教学老师可以在教育科研室中相互探讨就业创业教学方法和内容，讨论在就业创业教育教学中遇到的各种问题，并提出相应的解决措施，从而促进高职院校就业创业教育教学的顺利开展，并提高就业创业教学老师队伍团队的合作精神，进一步加强知识产权和科研成果向商业产品的转化。统计教师和学生的发明创造和专利，如果是具有商业价值的，帮助其转化或生成成品并尽快将其投放市场，以形成"校内—校外"的办学模式。建立学校品牌，获得的收入由学校与发明人或专利权人共同拥有。这可以进一步促进发明者、就业者、企业家和专利申请人的就业和创业的热情，并且还可以进一步完善具有高科技含量的就业和创业项目。同时，借鉴国外高职院校的先进经验，如"威斯康星计划"由威斯康星高职院校提出，培养实用性知识人才，委派专业教学老师向社会提供专家服务，使高职院校走出了象牙塔。加州高职院校伯克利分校、芝加哥高职院校、威斯康星高职院校、哈佛高职院校、麻省理工高职院校、斯坦福高职院校等在随后的五六十年间，都先后建立了能够对外转让、许可专利的技术转移机构，使高职院校的研究成果能够有可能转化为社会需要的商品。另外，对于产品设计专业学生自己设计的产品，如手工艺品、民族服装、特色旅游商品等，学生可以通过饰品自营店的方式进行销售。这样既可以把学习成果展示给众人，又可以获得部分收入，还可以基于消费者的喜好或他们提出的意见和建议进行个性化设计，以便

日后能设计出更好的产品，从而扩大高职院校生的就业面，提升其设计作品的创意度。

六、开展就业创业课程的开发和课程体系建设，打造就业创业沙龙品牌

众所周知，作为一门涉及经济、管理以及自身专业等诸多方面共同交叉形成的学科，就业创业教育本身有诸多课程需要学习。为了维护学生的学习热情，就必须要求学校以及教师在课程设计上更加规范合理，体现专业性、合理性和趣味性。还要重视教学过程中的规范管理，融入教学老师的教学理念，把有关学科的内涵概念以及核心知识点贯穿其中，让整体内容成为覆盖性广、专业性强的一门就业创业课程，避免学生在学习过程中产生理解上的偏差，从而导致在就业创业实践活动中产生错误判断。要借助学校可以调用的就业创业的资源，让更多的学生在学习过程中真正实现项目落地。[①] 为了引进社会上更为新颖的就业创业理念和模式，学校还应该积极举办就业创业论坛，邀请就业创业领域的人员参与进来，与学生和教学老师一同分享就业创业最为前沿的理论和经验。同时，应该吸引相关管理部门的关注，邀请相关的专家，借助媒体的力量提高学校知名度和宣传度，从而吸引企业的合作和参与。

七、创建专业机构，保障工作程序化

笔者认为，许多高职院校目前在就业创业教育上更多是在政策以及理念上进行宣传，虽然会鼓励学生参与国家举办的大型竞赛，但是却没有更为完善的专业机构负责此项工作。然而，机构的建设在就业创业体系中却是不可或缺的一部分。相关领域的学者认为，目前高职院校在就业创业教育体系上还需要进一步完善，明确各部门担负的职责。建议高职院校在就业创业教育机构的建设上主要可以从以下几个方面出发：第一，设立关于就业创业教育系统核心的管理机构——高职院校生职业发展指导中心，主要负责就业创业教育事务的规划以及筹备，让该机构发挥统筹规划的作用，在校级层面进行符合国家政策以及社会背景、顺应企业人才需求以及学生个人发展需要的指导。第二，设立负责运行就业创业教育的系统以及协助教育系统规范发展的机构，如高职院校生就业创业基金会、就业创业教育研究室、高职院校生就业创业园等。此类机构可

① 吾买尔江·艾山.基于大学生就业创业能力转型的大学课程开发研究[J].西部素质教育,2017,3(19):152-153.

以加深就业创业教育建设，组建师资团队，对招生数量以及课程进行具体的安排，确定教师课程分配，并协助设立就业创业实践平台，为学生提供更多有关就业创业项目的选择，并帮助学生申请资金扶持。第三，设立学院层面的二级管理单位。此类单位主要由负责就业创业教学的老师组成。作为具体对课程进行教学的机构，指导相关课程的落实情况，包括就业创业实践活动、理论学习等。就业创业二级教学管理机构应当致力于明确教学理念，提高教学质量，把专业理论知识教育与就业创业实践教育紧密结合起来，提高教育的总体质量及效果。

综上所述，建设职责划分明确的师资机构，对推动高职院校就业创业教育的发展有着重要的现实意义。但这些机构的建立并非一蹴而就，更多的是需要与时俱进，为高职院校"双创"教育提供有效且强大的动力保证，以此顺应社会以及国家政策要求，更好地促使高职院校培养出具有较高综合素质以及丰富实践经验的就业创业人才。

第九章 产教融合背景下高职院校就业创业教育评价体系建设

第一节 产教融合背景下高职院校就业创业教育质量评价体系的建设

一、产教融合背景下高职院校就业创业教育质量评价体系相关定义

（一）教育质量评价内涵

教育质量评价是对教育成果进行有效评价，提高教育质量，做出教育决策。它是根据特定的教育目标，在对相关信息进行全面收集和分析的基础上，以科学的方式对教育的整个过程和结果进行判断的过程。教育质量评价具有科学性、客观性和实用性的特点。它是对教育过程及其结果的描述和价值判断。教育质量评价的类型很多，根据不同的分类标准，它们是不相同的。如果按评价对象划分，可以分为教师评价、学生评价、课程评价等；如果按评价功能划分，则可以分为诊断评价、过程评价和总结评价；如果按照教育程度的不同，可以分为基础教育质量评价、高等教育质量评价、职业技术评价等；如果按照不同的评价方法进行划分，可以分为定性评价和定量评价等。

（二）教育质量评价功能

1.导向功能

导向功能意味着教育质量评价的结果不仅可以衡量教育质量，而且可以在教育过程中起到一定的导向作用。这一功能直接影响到教学过程中的每一个关键环节，如教育目标的确定、教育课程的安排、教育方法的选择、具体教育内容的设计等。

2.诊断功能

教育质量评估过程实际上可以被视为教育的诊断过程。通过实施教育质量评价，可以科学有效地理解教学过程和教学效果，同时可以认识到教学工作的不足，有利于学校和教师调整教学方法，及时提高教学水平，使教学过程更有效率。此外，教育质量评估还可以使学校和教师真正了解学生的整体学习情况，甚至了解特定学生的具体情况，从而使教师可以根据实际情况进行教学并了解学生的学习情况、兴趣和对未来的期望，进一步提高教育整体质量。

3.评价功能

教育质量评价的评价功能是指教育质量评价可以对教育教学的过程进行评价。例如，教育质量评价可以确定最佳的教学效果、最佳的教学方法、学生的学习能力等，并且还可以用作评价活动的特定基础，如教师职称评价、课程计划和学生评价。

4.教育功能

教育质量评价具有一定的教育功能。教育质量评价不仅可以促进教师教学质量的进一步提高，而且可以促进学生的成长。对教师而言，教育质量评价可以使教师及时纠正教育过程中的偏差，了解教学过程中的薄弱环节，不断更新和改进教学方法，提高教学质量。对学生而言，教育质量评价可以及时了解学生的接受程度、满意度和教学兴趣点，敦促学生思考和表达意见，同时使学生逐渐了解自己的潜力和兴趣，并更好地确定自己的未来和职业发展方向。

二、产教融合背景下高职院校就业创业教育质量评价相关指标

（一）产教融合背景下高职院校就业创业教育质量评价标准

1.评价内容明确全面

教育质量评价的对象具有多样性，可以是教师、学生、课程。随着评价对象的变化，评价的内容和指标也不尽相同。因此，有效开展教育质量评价的前提是明确评价对象，进而有效制定评价目标和价值取向。教育质量评价的内容必须是全面的。片面评价不仅不能真实反映客观事实，而且会造成不必要的误导和不良影响。例如，如果对学生的评价仅基于学习成绩，而不考虑学生的个体差异和质量培训，那么这就是不完整的评价，无法作为评判的有效依据。[1]

---

① 王翠兰.新时代高职院校就业创业课程质量的现状及优化路径研究[J].劳动保障世界,2020(06):11-12.

2.评价方法科学可行

为了确保客观、公正、真实和有效，有必要选择科学、有效、实用和可操作的评估方法。由于评价对象的多样性，评价方法也存在差异。因此，评价者需要更多地了解评价对象，根据具体情况选择有针对性的评价指标和方法。在选择评价指标时，要充分考虑评价过程中选择的指标是否与评价对象和评价目标密切相关，是否涉及方方面面，整体评价指标是否一致。评价者在选择评价方法时，应考虑所选方法是否能合理分配权重，从而客观有效，整体评价方法是否可行。只有做到这些，评价结果才能客观、真实、有效。

3.评价过程公正客观

教育质量评价的意义在于为教育机构提供可靠的参考，因此有必要保证教育质量评价的客观性和公平性。在教育质量评价过程中，要始终确保以客观事实为依据，严格遵循评价标准，尽量避免评价者的主观臆断和外部因素的干扰。此外，值得强调的是，必须确保以正确的方式获得评价信息，确保评价指标的合理性，并合法地运用评价结果以使评价发挥有益的作用。

4.结果具有促进作用

有效的教育质量评价必须是有推动作用的评价。从学生的角度来看，教育质量评价应在激励学生学习方面发挥作用，使学生愿意积极地将精力和注意力集中在学习上，并对自主学习产生兴趣。从教师的角度来看，有效的教育质量评价可以促进教师的进步，使教师能够发现自己的教育过程中的不足，及时纠正它们，避免走弯路。

（二）产教融合背景下高职院校就业创业教育质量评价方法

1.经验排序法

经验排序法是根据评价者的主观经验对评价对象的表现进行打分，并根据得分的多少对其进行排序，从而确定评价对象的优劣。经验排序法的优点是简单易行，缺点是受评价者主观因素影响，缺乏足够的客观性，要求评价对象属性具有高度的一致性和灵活性。

2.定性排序与定量转化加权法

定性排序与定量转化加权法与经验排序方法相似，都是根据评价者对评价对象的认知对评价对象进行定性评价，然后基于此对优缺点进行排名。不同之处在于该方法使用某种算法来确定评价指标的权重系数。该方法结合了定性和定量分析，以提高评价指标权重系数的可行性和客观性，但仍会受到主观因素的影响。

3. 层次分析法（AHP）

层次分析法顾名思义就是将所有与评价相关的要素分解为多个层次，然后根据算法确定指标权重。分解层次分为目标层、准则层和方案层。这种定性分析方法涉及面小、客观、操作简单。

4. 摇摆赋权法

摇摆赋权法的操作相对简单。首先将所有评价指标按重要性排序，其次将重要性排序最高的指标赋值为"1"，再将其余评价指标按 0-1 的顺序排序，最后将所有权重系数相加求和，并将各指标的权重除以总和，计算出各指标的标准化权重。该方法虽然简单、一致性强，但仍存在受评价者主观因素影响的缺点。

（三）高职院校就业创业教育质量评价体系的分类

现有高职院校就业创业教育质量评价体系的分类有多种方式：一是在呈现形式上进行定性或定量评价；二是在时段上进行过程性或结论性评价；三是在不同群体进行主观评价与客观评价。无论以何种方式进行评价，均对科学开展高职院校就业创业教育质量评价有方法论层面的指导意义。

1. 定性评价与定量评价

定性研究是对评价数据的"定性"分析。在观察、分析、归纳和描述的过程中，直接对评价对象进行定性结论的价值判断，一般需掌握评价对象的性质和水平。定量研究是使用数学方法分析评价数据的"数量"，收集和处理评价材料，可以更客观、更简单地呈现评价结果。就两者之间的关系而言，定性分析是评价的起点、目的和基本要求，但完美的评价必须基于定量分析。定性分析是进行定量分析的前提，没有定性分析的定量分析是不科学的。定量分析是定性分析的支撑，通过对"定性"过程的准确分析，可以帮助定性分析更加科学合理，促进整体性的形成。因此，在评价过程中，将定性评价与定量评价紧密结合，可以使评价更加准确、具体、全面、有说服力。

2. 过程性评价与总结性评价

过程性评价与总结性评价之间的差异体现在评价时间和目标导向两个方面。直观的理解是要注意教育过程或结果。过程评价是在促进就业和创业教育过程中进行的评价，它便于实时动态地掌握教育过程和学生的需求，并及时发现问题和进行调整。因此，它在形式和时间上更加灵活，并且在日常教学中很方便。收集特定主题的有针对性的材料并形成评价，主要用于自我总结和改进学校的内部教学过程。总结性评价是一种后评价，是对已完成的教育工作的总结性评价。它主要分析完成的教育和教学活动以及取得的成果，并将其与预定目标进行比较以创造价值。因此，总结性评价主要是由教育部门用来掌握多所学校和在一定时期内的整体情况，以便收集资料、总结结果、呈现结果、综合分析和制定对策。关于高职院校就业和创业教育质量的评价，过程评价主要用于评价学生在接受就业过程中其就业和创业观念、就业和创业能力以及就业和创业意图的变化。总结性评价主要用于评价实际从事就业和创业行为的学生比例、成功就业和创业的比例以及就业和创业教育过程后的就业和创业绩效。

3. 主观评价与客观评价

主观评价与客观评价之间的差异体现在评价组的划界和角度确定上。主观评价侧重于受教育对象的概念和感受，客观评价侧重于教育实施者的实践和结果。然而，主观评价受制于主体价值和认知的差异，并且具有一定的倾向。他们不可避免地受到教育、知识、偏好和评价过程等因素的影响，存在不稳定性。特别是评价标准，它不容易掌握，并且容易出现偏差和偏见。因此，在主观评价中添加客观评价可以将评价校正到适当的位置，即在评价中，还应收集受试者对课程的满意度以及受试者的课程表现和参与数据。两种评价方法的有机联系，不仅可以有效克服客观评价忽略具体过程和长期影响的弊端，而且可以克服主观评价偏重主观感受的不利趋势，提高评价的科学性和准确性。在对高职院校就业和创业教育质量的评价中，学校的组织和管理、课程设置和时间安排大多以数据文本的形式呈现，这是客观的指标。但是，在评价中，还应注意介绍企业家精神、就业和创业意图、就业和创业态度等，以获取有关学校目标设定和学生群体接纳的相关材料，以确保评价的全面性和真实性、有效性和准确性，并真正提高评价的有效性和可靠性。

三、产教融合背景下高职院校就业创业教育质量评价体系的现状

质量评价体系的构建是人才培养模式的基础工程。我国高等职业教育就业创业人才培养质量评价体系与就业创业人才课程体系密切相关。为了保证课程体系在人才培养中的作用和效果，在教学过程中，高职人才培养模式建立了相应的质量评价体系，对教师、学生和教学活动的全过程进行跟踪，以便随时修订和补充课程体系，逐步完善人才培养模式，这是高等职业教育发展过程中必不可少的部分。质量评价标准和课程评价标准是质量评价体系的核心，也是教育活动质量控制的标尺。由于素质评价是一个复杂、多维、综合的评价过程，评价要素和标准的制定将影响人才的培养。在就业创业培训中体现校企合作的特点，将工作能力和就业创业能力纳入评价标准，意义重大。评价主体的差异

也将导致评价结果的差异。企业应作为评价主体的一部分参与评价过程。如何使评价结果科学合理，如何将评价反馈应用于就业创业人才的培养，指导教学实践，是职业教育就业创业人才培养的重要课题。就业创业培训质量评价体系需要与课程体系相一致。在这方面，我国的高职院校存在太多的空白。应尽快建立合理、系统、科学、实用的就业和创业人才培训课程体系和评价系统。可以看出，在产教融合的背景下，高职院校就业与创业教育质量评价体系还存在很大的提升空间。

（一）质量评价要更新

由于目前我国高职教育人才培养模式的教学课程体系不具备就业、创业、创新教育的内容以及针对职业的教育，相应的评价体系自然缺乏就业、创业、创新知识和能力的评价标准和评价规则。为了完善高职人才培养模式，满足人才培养新目标的要求，系统地更新和完善质量评价体系，建立公平、公正、公开的高职院校人才培养质量评价体系尤为重要。

（二）质量评价方式待改革

高等职业教育人才的培养应注重就业和创业实践技能、企业家精神和创新能力的培养。课程设置不仅应朝这个方向发展，而且质量评估系统也应遵循这一理念。一些高职院校只注重理论知识的传授，忽视对专业知识实际应用的评价，缺乏对学生工作技能、就业、创业和职业素质的评价，这必然会导致人才培养的偏差。如何对学生的知识、技能和素质进行综合评价，制定合理的评价标准和方法，是亟待解决的问题。

（三）质量评价主体结构欠合理

在目前的质量评价体系中，评价的主体一般仅是教师，最多是学生自我评价，但所占比例很小，评价结果也很单一。高等职业教育中的就业和企业家才能培训的最终主体是企业和社会。就业和创业人才培训的质量和水平应由企业和社会进行测试和评价。因此，企业和社会应该被整合到质量评价中，以实现教师的多元化评价，构建融合学生、企业和社会的多元化学科评价体系。

（四）政府过多干预与高职院校就业创业教育缺少评价的矛盾

当前，随着国家颁布的就业和创业政策法规的变化，我国高职院校开展就业和创业教育的积极性和主动性已经发生了根本变化。自20世纪80年代以来，我国经济领域的改革已逐渐扩展到高等教育领域。政府下放权力建立高等职业学校拥有办学自主权，让高等职业学校成为面向社会的利益主体，依法开展自负盈亏的教育。然而，长期以来，教育当局对高等职业院校的"管理依存度"

的集中化使得高等职业院校的招生、专业设置、综合改革、教学评估，以及发展就业和创业教育、建立高等职业教育评估系统限制太多，表现在就业创业教育的积极性不足、评价体系不健全、固有的办学理念、就业创业教师实践经验不足、教材更新慢、实习场所缺乏等方面，已引起许多高职院校被动开展就业创业教育活动。尤其是在没有正式的就业和创业教育要求的情况下，政府对就业和创业教育及其评价体系的关注甚至更少，并且缺乏对就业和创业教育的全面安排和全面考虑。

（五）就业创业教育质量评价主体一元化与多元化的矛盾

高职院校就业和创业教育的质量评价主要由政府和教育行政部门组织实施，政府的意愿在评价体系中发挥着重要作用。政府不仅是高等教育的组织者，还是法定管理者，更是评估系统的领导者。组织者、管理者和评估领导者是同一主体，会导致政府评估的权威过重和评估主体的单一。政府对教育评价干预过多，会直接导致高职院校就业和创业教育质量评价体系的社会参与度不足，无法形成多元化的评价体系，影响了高职院校发挥学校教育的主要作用。

（六）就业创业教育质量评价标准单一性与高职院校就业创业教育复杂性的矛盾

就业创业教育评价结果能充分、真实地反映高职院校就业创业教育的效果，是建立就业创业教育质量评价体系的关键。在以前的评价计划的设计中，没有充分考虑高职院校就业创业教育的类型以及因地区差异而导致的就业创业教育的类型和水平的差异，并且过分强调"标准"，"功能"被轻描淡写。用统一的标准将高职院校不同类型的就业和创业教育进行比较，不仅破坏了评价的科学性，而且抑制了就业和创业教育的个体发展。评价标准的僵化和缺乏灵活性也导致公众对评价结果的不信任，他们认为评价结果不能真实地反映出高职院校就业和创业教育的真实情况和实际效果。

四、高职院校就业创业教育质量评价体系优化的原则

就业创业教育质量评价体系是一个复杂的体系结构，需要遵循科学性、导向性和可操作性的优化原则来进行构建。

（一）科学性

评价体系应体现科学性，必须遵循高职院校就业和创业教育的规律和特点，以务实的态度准确反映评价对象的基本特征，并说明过程的实际水平和效果。评估系统的设计越详细，评估指标的数量越多，评估对象之间的差异越明

显，评估的可信度和准确性就越强。因此，有必要掌握就业创业教育质量评价体系中的科学原理。科学规划评价主体，评价内容和评价体系必须具有科学针对性和现实意义。确保评估系统的总体布局和全面计划的立足点，可以确保评估系统建设的客观性和可行性。根据不同的考核指标，制定相应的系统考核标准，并从多方面、多角度对考核体系进行优化，不仅符合学校的实际情况，还符合国家有关政策，保证了正确性和准确性。评价体系的科学性，使就业和创业教育质量评价体系更加完善。

（二）导向性

高职院校的就业创业教育质量评价体系具有独特的指导作用，主要体现在三个关键部分。首先，评价体系的确定从内容上规定了评价的范围，被评价者自然会关注评价体系中所包含的内容，不包括在内的内容在一定程度上会被忽略。其次，权重分布关系还将指导高职院校的就业和创业教育，更加重视评价体系的内容。最后，评估系统的标准选择最直接地反映了系统设计者的价值，并且对于评估的重点也最有针对性。就业和创业教育的质量评价体系必须确保评价者的正确方向，并指导正确价值观的形成。评价体系的定位直接关系到就业创业教育的实施效果、学生学习的重点，甚至可能对就业创业教育的方向产生影响。只有建立了评价体系，才能形成激励和竞争机制。应探究如何利用评价体系的指导作用将就业和创业教育带入一个良性、高效的循环。

（三）可操作性

可操作性原则是指实施就业和创业教育质量评价体系的各项指标内容必须具有一定程度的可行性，或者用描述性和行为性语言定义，以便对其进行衡量或观察，然后再在此基础上得出评价结论。在构建评价体系时，应明确每个项目的内涵，强调重点，并采用定性、定量综合考虑的有效方法。定量方法可以更真实地反映评价情况，定性方法可以清楚地反映评价对象的情况。因此，在评估系统中结合定性和定量方法可以更好地实现评估系统的可操作性。通过在就业和创业教育的不同层次上制定评估指标，如响应水平、学习水平、行为水平和成就水平，可以更详细地优化评估系统的可行性，使其更具可操作性。

（四）目标性

2017年，教育部将"培养学生的开拓创新意识，引导师生积极参加科技创新队伍和科研创新培训，加强就业创业教育，培养学生进取精神"列为教育部指导高职院校工作的指导思想。提高政治工作质量的主要内容和基本任务再次表明，创新就业和创业教育是实现高校政治教育目标的重要组成部分。因此，高职院校的就业创业教育应始终以高职院校人才培养的基本要求为基础，以思想政治工作的核心环节为基础，明确就业创业教育的发展目标和定位。效果评估可以真实地反映高职院校创新就业和创业教育的现状和发展趋势，坚持提高学生整体素质，培养学生的创新精神和创新能力，培养高素质社会人才为目标。

（五）促进性

一个好的、完整的评价指标体系应该对教育起到促进作用。因此，高职院校就业创业教育质量评价体系在学生学习动机激发、教师素质提高、环境资源配置、实践活动设计等方面，都应体现其促进和发展的作用，确保评价内容符合时代要求和学生需求。比如，设置学生年度参与人数提高一定比例的"发展价值"和教师培训人数不低于一定比例的"底线价值"，避免部分高职院校停留在"舒适区"，形成良性的可持续提升机制。

五、产教融合背景下高职院校就业创业教育质量评价体系的完善路径

为鼓励高职院校生更多地就业创业，推动我国新一代人才发展模式完善和发展，保持各行业蓬勃发展态势，针对高职院校生开展就业创业教育是十分重要的，包括对高职院校生就业创业态度以及意愿的培养，理论素养、实践能力的提升。由此可见，有关高职院校生就业创业的教学成果，不应该单纯只是用创业立项的数量作为评价标准，而更应该了解高职院校生就业创业意识以及能力的普及程度，促使我国高职院校生群体在这方面能够有普遍的认知。因此，对高职院校生就业创业教育成果的评价标准，应该更加注重能力以及理念的培养程度，通过不断的细致评价，力求精准改善。[1] 具体的评价完善过程，应从以下几方面出发。

（一）完善内部评价体系

建立与就业和创业有关的教育体系，一方面是基于国家教育机构的要求和社会形势，另一方面是完善高职教育体系的实际需要。高职院校如何建立更加科学有效的就业和创业教育结构体系，很重要的一部分取决于高职院校自身对就业和创业教育结构体系的要求和评价标准。适当、合理、准确、高效的考核标准，有利于建立和发展就业与创业总体教育体系，营造良好的教学氛围。可

---

① 　刘振亚.中美高职院校创业教育生态化培育的比较研究 [C].中国高等教育学会.改革　质量　责任：高等教育现代化——2013 年高等教育国际论坛论文集.中国高等教育学会：中国高等教育学会,2013:364-370.

以看出，只有通过完善高职院校就业与创业体系评价体系，才能更好、更有效地评价其教育体系的有效性。这也是与就业创新有关的教育系统发展的重要内容之一。明确改善就业和创业教育评价体系的重要性，以及如何进一步完善评价体系是一个值得关注的问题。高职院校建立就业创业教育体系的部分原因在于创新创业教育环境背景和社会发展趋势。如果这种外部"压力"得不到正确的对待，那么一些高职院校的就业和创业教育体系很可能会没办法达到教育的预期。因此，学校对于建立就业和创业教育体系的决心非常重要。只有严格地要求才能建立真正有效的评价标准，科学合理的教育制度评价体系应确保自身的真实性、有效性和客观性。高职院校应明确就业和创业教育体系对完善自身教育体系的重要性。通过合理组建评价小组，可以在年龄分布和资历层次上平均分配评价小组，以确保获得相对客观、准确的评价结果。专业的评价标准，才能切实促进就业和创业教育质量评价体系的完善和发展。

（二）引入外部质量评价机构

除了完善内部质量评价体系外，从社会聘请专业评价机构也具有重要意义。为了确保教育质量，政府教育部门采用了质量评价系统，以便于对特定机构的相关教育系统进行实际和特定的评价。一方面，为了确保评价的真实性、客观性和准确性，由教育部门组建的评价小组必须在早期进行严格的小组成员审查。不仅如此，教育部门的人员也很有限，不可能任意召集人员来评价教育体系。在这个时候，它成为一个中间的、高度客观的、专业的和独立的教育系统评价机构。它在高职院校与社会和政府教育部门之间的沟通中起着举足轻重的作用，同时建立了足够科学、负责和严格的评价体系。因此，面对就业和创业教育体系的评价，评价机构可以围绕教育的质量、数量和内容进行更加系统和客观的评价。用更快、更有效的方式获得有更多具有参考价值评价结果，这确实成为促进高职院校就业与创业机构发展的核心动力之一。充分发挥中介教育体系评价机构的作用，一方面可以协助我国教育部门客观地监测各职业院校的教育体系，确保教育机构的质量。根据评价数据和结果，可以总结出更有效的改革计划。可以看出，它可以满足社会、政府教育部门和高职院校的共同需求。

（三）发挥评价结果效能

通过比较我国与其他国家在就业和创业教育体系方面的差异，笔者得出结论，世界上许多国家都善于使用评价结果以使其有效性最大化。可以看出，我国在如何发挥评价结果的有效性方面仍有探索的余地。如果不能合理、有效地使用评价结果，则整个评价将失去其意义。因此，为了进一步提高评价结果的利用率，高职院校应积极在互联网平台上发布就业创业教育系统的评价结果，使就业创业教育系统的评价结果公开透明，并加深他们与社会和政府的联系。一方面，教育部门和学生交流应朝着正确方向，并优化和改革就业创业教育体系；另一方面，高职院校应正确认识教育体系的评价结果，积极利用自身资源，促进资源的合理配置和利用，提高资源利用效益。只有合理分配资源，才能充分发挥评价结果带来的积极作用。在优化评价结果利用的具体操作中，应注意财政拨款的比例分配和教育成果的质量评价；在科研部分，应针对不同类型的创业活动、就业和创业教育的内容制定不同的评价标准，并选择不同的评价小组成员。高职院校就业创业教育体系中的不同项目团队可以选择不同的评价团队并根据自己的类型和目标提交评价材料，从而对自己的项目进行专业评价。参照国内外标准，合理地划分各类项目，并根据不同层次对资源进行加权。这将有助于高职院校集中精力发展更多优秀的就业创业项目，准确地使用评价结果，并充分发挥其应有的作用，不断深化自身的就业和创业教育。

（四）制定评价体系定性指标

1. 政策体系评价，制定就业创业人才培养质量评价标准

建立高职院校就业创业教育体系的部分原因是我国总体背景和发展的必然要求。政府已经制定相关政策，以顺应这一趋势促进教育系统的发展。经过严格的分析和审查，这一系列相关政策顺应了国家的发展趋势。这也是高职院校建立就业创业教育体系需要遵循和借鉴的重要内容。因此，国家政策的思想内容应作为高等职业学校发展的指南，以评估学校自身建立教育体系的总体进展，并制定一套完整的政策评估机制。众所周知，实践是就业创业教育过程中不可或缺的重要组成部分。只有充分注意实践环节，将理论与实践相结合，才能更好地培养学生，实现培养创业型人才的目标。因此，培训标准应从就业和企业家精神、理论知识、质量培训和工作实践四个方面入手。就业和创业目标的制定应包括与就业和创业有关的愿景、认识、能力和实践。设定标准后，将对学生的学习状况和素质进行全面评估，以推动学生提升创新创业意识和创新创业水平。

2. 保障体系评价，构建质量评价的多元化主体评价结构

高职院校教育体系评价部门应足够严格，以确保其自身的独立性和客观性，而不是附属于某些原始的教学单位或部门。这是因为一旦丧失了独立性和客观性，就很难确保其权威，并且无法发挥其真正的效用。这不利于评价结果

的准确性和客观性，难以形成良好的发展氛围。例如，在人力资源配置方面，隶属于某个部门的评价团队的能力远远低于高度独立的评估部门的能力。作为一个独立的部门，可以确保资源集中用于教育体系的建设和改善，同时促进师资队伍的优化，促进学生的创业成果的输出，并激发教师和学生的积极性。在学生就业创业过程中，建立高职院校评估部作为评价保证机构尤为重要。它不仅是建立就业和创业教育体系必不可少的环节，而且是确保其稳定、和谐发展的重要组成部分。它直接或间接影响就业和创业教育的有效性。在建立这个高职院校评价部门时，有必要确保教师、学校行政人员、企业、学生和社会管理人员的共同参与，以确保其自身的独立性和客观性不被轻易破坏，尽可能满足各行各业的需求。

3.教学体系评价，优化课程考核内容及办法

一般来说，建立高职院校就业与创业教学体系主要包括理论与实践两大教学内容，以及教师与课程两大体系。众所周知，教学体系的质量对教育系统的整体质量有不可忽略的影响，对学生也有直接的影响。因此，必须从教学安排、教学过程、教学任务和教学成果等方面形成一套完整的教学评价体系。可以看出，在就业创业教育体系的总体评价体系中，需要注意的关键内容包括教学方法、学科建设和师资队伍建设。要激发内在动力，使教师和有关部门可以更积极地参与就业和创业教学，提高教学质量，并鼓励促进创新教学。同时，还应根据课程不同阶段的发展和进步，对评价标准进行调整和改革，以保证评价结果的及时性和理论评价与现实评价的统一性，确保评价对学校本身和其他社会部门具有客观参考价值。不仅如此，就人才培养目标的评价内容而言，除了原来三个部分的工作技能评价、职业素质评价和专业知识评价外，还应增加与就业和创业精神有关的评价内容。

（五）质量评价主体、内容、方式、标准的变革

1.评价主体要多元化

在实施就业创业教育系统评价的过程当中，评价的主体越多，其评价成果越有价值，因此可以更多地让相关的企业、学校教师以及政府教育部门参与其中。这一提议的内涵主要包含以下两个方面：首先是因为让更多的评价主体参与其中，可以有效地、全面地对学生进行不同角度的专业评价，这本身就是优质教学的一部分；其次，多方面进行更为具体细致的评价，更加有利于教学成果的评价以及提升评价结果的参考价值。由此可见，促进评价主体的多元化，

是具有积极意义的，不仅可以让学生们意识到自身在各方面存在的不足之处，还对高职院校本身在就业创业教育系统的完善有正向作用。

2.评价内容要全面化

以往高职院校对就业和创业教育进行系统的评价时，大多数评价是片面的而不是全面的，主要将学生的相关学业成绩作为唯一的评价标准。随着当今社会的飞速发展，对高职院校教育成果的评价也应具有更多创新性和更广泛的内容。它不仅应按结果进行审查，还应将过程和其他信息作为参考。这样就打破了长期存在的单方面评价标准，增强了系统评价的客观性和综合性。除了需要丰富评价内容外，课程评价中还需要注意一些要点。传统的评价方法主要是由行政部门进行单一评价，但是这种直接评价上级管理部门的课程教学质量的方法不适合新时期的就业创业课程，原因在于就业创业课程的重点是实践。以前为传统课程设置的评价方法不适用于就业和创业课程，因此在评价过程中，不应照搬以前的评价方法，而应更加重视对课程各种要素以及内容的创新性和合理性的分析。重视内容的设计和规划，参考各学科的意见，以及学生对课程的反馈意见，并通过更全面的综合评价，提高教育效果，确保教育质量。除了需要优化和改进的上述两点评价内容外，真正意义上的全面评价还涵盖了许多其他内容。例如，在评价教师的教学成绩时，除了将学生的反馈作为评价标准外，在评价教育效果时，还可以聘请第三方评价机构或团队来提供专业帮助；在评价课程和内容的合理性时，应根据就业和创业项目的性质选择一种更科学更负责任的评价方法，并应延长时间跨度，以及考虑进行后续调查。

3.评价方式要系统化

参照更传统的方法，高职院校的教师评价通常很简单，但这无疑是一种更通用的评价方式。教师的综合素质涉及很多方面，因此为了确保对教师的评价更加准确，必须采用更加系统的评价方法。例如，在总体评价过程中，除了原始学生评价会还添加上级评价、教师相互评价和教师自我评价，还可以增加评价的兴趣和评价形式的丰富性，如采用主题问卷调查、访谈或座谈会等方式，这无疑可以加深对高职院校教师的了解。提高评价结果的参考价值，同时可以给教师更具体更丰富的职业建议。除了打破传统的教师评价方法之外，评价学生的过程还需要进行更多创新性的改进。改进后的方法不单单以学生的表现作为评价学生优劣的标准，还丰富了评价形式和内容，如增加了学生的自我评价、相互评价、师生评价等，学生可以全面了解自己。同时，让所有学科教师都更加注意发现学生的潜能，帮助学生发现自己的优势，鼓励学生根据自身情况积极发展，最大限度地发挥自己的优势，避免劣势，提升他们的才能，从而提高学生的综合素质和综合竞争力。

4.评价标准要科学化

众所周知，高职院校的就业创业教育是一项十分艰巨的任务，面临着很大的压力，与此同时也受到了政府以及社会各界的关注，任重而道远。就业创业教育本身在实践领域属于突破传统教育特点的一类课程，因此相较于传统文化课而言，它不仅内容复杂、形式复杂，连涉及的相关因素也更多。因为针对其他文化课的评价标准不足以全面地对就业创业课程进行系统评价，所以要使课程教学评价仍旧具有客观性以及准确性，就必须根据内容本身来制定科学的评价标准。如何科学地制定针对就业创业教育体系的评价标准，主要方法是在原有的评价体系上再增添一些与就业创业有关的内容，如在评价过程中要确保子课程和总体课程兼顾，相对和绝对兼顾，定性和定量兼顾，精确和概括兼顾，动态和静态要兼顾，等等。

5.评价工作制度化

在常规评价系统中，评价团队通常会设置并评价相关目标，然后开展特定的评价工作。但是，在实际评价过程中，需要更全面地考虑可能影响结果的因素，并确保评价的全面性。可以看出，在制定具体目标时，无论评价团队是否达到评价目的，都应该有最基本的原则，即确保评价结果的准确性、客观性和较高的参考价值。为了实现这一目标，有必要规范高职院校评价体系的管理。同时，有必要发现系统本身的漏洞并及时加以弥补。只有这样，才能避免评价系统产生的错误直接影响教育系统本身，从而使评价失去价值。规范管理主要是通过加强考核制度的制度化来实现的，可以分为四个方面：一是与时俱进，对已经形成和投入使用的考核机制进行合理科学的改进；二是根据实际需要和条件，根据国家政策，制定科学、有效、合理的标准化评价机制；三是在评价工作的各个方面，了解新技术和新技术的投资和应用，提高评价效率，简化评价工作，降低评价难度；四是提高评价结果的准确性，对评价人员的选择更加严格，并且需要对相关工作和技术进行系统的培训，以提高评价人员的整体素质。此外，所有主要职业学院也应根据学校的自身条件、特色教学模式、教学特色和教育方法进行详细而有针对性的评价。只有通过不同和全面的讨论，通过创新的评价理念，多元化的评价主题和系统的评价方法，才能获得具有较高参考价值的评价结果。

第二节　产教融合背景下高职院校就业创业 教育实践平台绩效评价

方振邦在对战略性绩效管理的绩效计划做理论分析时，特别指出，绩效指标是绩效计划的重要内容，进行绩效指标体系设计时，需要遵循三大基本要求：一是绩效指标之间的独立性。通过把组织战略目标进行层层分解，最终落实到子指标之中的步骤是设计就业创业教育实践平台绩效计划的重点与难点。指标是衡量目标的单位，是目标预期达到的指数、规格与标准。绩效指标是绩效目标的量尺，通过对绩效指标的具体评价来衡量绩效目标的实现程度，保证绩效指标之间的界限明确，互不交叉，互不影响。二是绩效指标要具备可测性，这要求绩效指标指向的变量是能够产生不同评价结果的。因此，在设计绩效指标时，应考虑到绩效指标在评价过程中的可行性。三是绩效指标要有针对性，应能具体针对某个特定的绩效目标，反映效果。基于以上对于绩效指标体系设计的三大要求，本研究有必要对就业创业教育实践平台绩效优化路径做出说明。

一、纵向的设计路径：以不同层级的绩效目标为导向构建

绩效指标是用于衡量绩效目标能否实现的手段，绩效指标的设计和组合应该以绩效目标作为导向。一级指标是针对就业创业教育绩效管理系统的战略性定位、使命、愿景与核心价值观，包括顾客维度、内部业务流程、管理维度、财务维度、学习与成长维度、竞争与合作维度。二级指标和三级指标都是根据上一级指标的细化程度所分解出来的，并且能在大体上反映上一级指标的绩效情况。

二、横向的内容路径：以多元智能理论为依据构建

绩效指标体系的构建以多元智能理论为基础，是绩效指标体系设计的核心思想。多元智能理论的目的是提醒人们每个人可以同时拥有八种智能，但是每个人的智能组合是不同的，表达方式也很独特。影响个人智能结合的因素可能是人才、个人成长经历、教育背景或环境。此外，"澄清经验"将对多元智能的发展产生积极的影响，而"瘫痪的经验"则将岁多元智能的发展产生负面影响。在培养智能型就业和创业型人才的过程中，要注意"鼓励"和"尊重"学

生。因此，在设计就业创业教育实践平台的绩效指标体系时，应强调以下三个方面：第一，就业创业教育实践平台是否能够处理"因材施教"与"没有知识的教育"之间的关系。创新型就业创业教育实践平台应努力为每个学生提供就业创业教育的机会，但不要求每个学生获得的结果必须相同。该平台应直面个体差异，尊重每个学生的独特性，并努力创造条件以最大限度地发挥学生的智慧并培养他们的卓越创造力。在就业和创业教育领域，"根据自己的能力来教学生"和"没有知识的教育"实质上形成了循环效应。

第二，在外围，可以最大限度地利用平台的媒体优势，并通过多种渠道使尽可能多的学生接触就业和创业，并激发其就业创业和创新意识。为了吸引一些对就业和创业感兴趣的学生，并独立地为职业大学生创建就业和创业团队，通过竞争环节，选拔具有优势的团队进入内部圈子，集中平台的资源和精力，发挥学生团队的就业和创业意愿，培养学生的创新能力。绩效指标体系主要体现在客户方面以及学习和成长方面。在客户方面，学生就业和创业实践的参与度、学生就业和创业服务的满意度、学生就业和创业实践的有效性被用来衡量高职院校在接收就业和创业团队时选择就业和创业教育实践平台的标准，以及进入平台后，高职院校的就业创业团队是否享受公平、开放、公正的平台服务。在学习和成长方面，培训机会、培训形式和培训满意度被用来衡量该平台是否旨在提高职业大学生在就业和创业教育过程中的就业和创业能力以及对他们的素质培训、规划的程度和有效性。此外，还需要评估就业创业教育实践平台的运行机制是否能有效保证就业创业教育的正常运行。

第三，学生的智慧通常会以复杂的方式互动，每个学生的智慧都有其独特的个人风格和表达方式。这意味着，用于培养智能创新型就业和创业型人才的就业和创业教育实践平台必须建立一套相互关联的管理流程和有序的财务体系，以适应学生智慧。在与人才培训互动的过程中，探索智能型就业和创业型人才的发展规律。绩效指标体系主要体现在内部业务流程维度和财务维度上。内部业务流程维度中的项目管理流程、教职员工管理流程、信息发布和沟通管理流程主要衡量平台内部管理流程的标准化、合理性和有效性。在财务方面，财务系统的运作、就业和创业资金的使用以及就业和创业资金的来源主要衡量财务系统的运作水平、资金使用的效率和财务资金的稳定性。此外，就业与创业教育实践平台的内外部环境之间的竞争与合作对智能化就业与创业人才培养的影响不容忽视。在影响学生多元智能的产生和培养的众多因素中，最重要的是环境因素和教育因素。就业和创业教育实践平台需要协调平台内外以及学校内外的各种组织媒体，以培养人才。但是，就业和创业教育的资源总是有限的。就业创业教育的实践要求开展的各种实践活动，和多个实践学科进行合作，不仅要达到合作互补的效果，而且要发挥资源有效利用的协同作用和均衡分配。绩效指标体系中的竞争与合作维度，目的是衡量高职院校就业创业教育实践平台中教育资源的竞争与共享程度，以及在这一竞争与合作的过程中，人才的知识体系得以升级与增值的程度。竞争与合作，是一个问题的两个方面。在就业创业教育实践的整体过程中，要使就业创业教育实践资源以协作的方式进行整合，发挥整体功能，达到最优的状态，不仅仅需要关注就业创业教育实践平台在内外环境中进行协同合作的方式，也需要关注它们在这个内外环境中的竞争方式。竞争的实质，也是有限的资源打破空间界限，进行有效整合的一种渠道。竞争与合作的相互作用，将使得就业创业教育实践平台从低级无序的状态走向高级有序的状态。

第三节　产教融合背景下高职院校就业创业教育企业认定评价研究与探索

开展产教融合型企业认定与评价，旨在激励企业在政府主导下与学校、行业等形成人才协同培育机制，并在此系统中发挥企业价值并做出贡献。从实践来看，开展产教融合型企业评价已有充分的现实依据，需要从以下三方面入手。

一、重视产教融合中企业的社会责任

笔者认为，企业在评价过程中作为评价主体之一的重要性不容忽视。原因如下：企业在享受生产经营权、资源使用权和法律保护权的同时，还需要创造最大的经济价值并履行与社会有关的责任和义务。这些责任通常可以分为经济责任、法律责任、道德责任和社会责任。作为评价的对象，参与我国高职院校就业与创业教育的过程被普遍视为社会责任。这种责任并不是社会其他阶层对其施加的不必要压力，而且这些责任本身也与企业无关。作为一种社会责任，根据其字面含义，公司可以独立选择是否在国民教育工作中承担某些责任。但是实际上，参与教育本身是企业发展的一部分，从历史的角度来看也是这样。随着我国经济的快速发展及产业体系和教育体系的不断分化，教育和企业逐渐形成了两个相对独立的部分。这使得教育只能作为企业的自愿责任而存在。在当代教育实践的帮助下，可以看出，就业和创业教育不能与企业完全分开，因

为就业和创业教育本身是系统的技能培训，旨在使学生成功地找到就业和创业机会，并使教育界的人日益意识到商业惯例的重要性。因此，教育行业中越来越多的从业人员希望公司重新承担起教育责任。基于这种现象，我国还颁布了一系列相应的法案，阐明了公司应在技术、资金、知识和设备以及其他可用资源方面履行其在教育领域的义务，从而可以更有效地提高创新能力和企业人才的培训水平。

二、重视产教融合中企业的主体地位

明确企业参与教育过程的重要性以及企业应如何具体参与。目前，中国企业的教育责任很大一部分仍处于政策调整阶段。对于许多企业而言，"参与"是自愿和消极的，没有引起企业足够的重视，这显然违反了政策本身的初衷。但是，职业教育仍然是我国职业人才培养的重要组成部分。因此，它所带来的问题使企业、国家与高等职业院校之间的关系变得更加紧密，企业开始在其中发挥越来越重要的作用。为了加深企业与学校的共同教育责任，国家在有关政策文件中特别提出了"校校联合教育"的建议，明确了高职院校的学生既是在校生又是企业学徒，"双重身份"的概念清楚地定义了企业在教育责任中的作用。

三、重视产教融合中企业的关键作用

在新时代的背景下，企业和高等职业院校在教育领域具有同等重要的地位。可以看出，企业在高职院校学生教育中具有极其重要的意义，其作用是其他社会单位所不能替代的。产学结合是企业和学校各个方面资源的有效结合和深入整合，是产业地位和专业学科之间的默契合作，是实践与理论的结合。最初实施该政策时，许多公司都不清楚其在教育方面的责任。因此，在学校积极部署的时候，公司的合作只是走形式，有明显的"校热企冷、校冷企冷"现象。为了提高企业对教育责任的认识，政府和教育机构现在鼓励企业致力于发展多元化的人才教育和培训机制，包括现代学徒制、职业教育集团混合所有制改革和职业教育股份制等以使企业在人才培训以及生产与教育的融合方面具有更大的容忍度。随着各大企业对产学结合背景的认识不断深入和国家的大力宣传、鼓励和促进，越来越多的企业开始表现出更加先进和开放的合作意愿。它对提高复合型人才的培训效率和企业招聘人才的效率产生了积极影响，极大地促进了民族产业的优化升级和经济转型。

由上述可知，针对我国高职院校在高职院校生就业创业教育系统方面的评价优化，除了向国际上先进国家借鉴优秀经验以外，我们还需要积极探索，在自身已有的制度上进行更新、完善和改良，在适应我国教育现状的前提下，积极扩大评价系统的多元化，确保其具有科学性、准确性、独立性以及客观性。同时，还要认识到教育评价系统与其他管理体系的配套作用，注重现今理念以及意识的普及，给教育者提供更为良好的评价氛围。

第十章　高职院校就业创业教育模式的实践与探索

　　产教融合意味着企业将成为高职院校办学过程中重要的主体之一。对于就业创业教育模式的实践与探索，高职院校一直在致力于开辟出一条多元融合的道路。从现阶段国内大多数高职院校在就业创业教育实践过程中的共性来看，主要分为以下四大方向：第一，就业创业教育课程体系建设；第二，就业创业教育实践体系建设；第三，就业创业教育师资体系建设；第四，就业创业教育评价体系建设。虽然在此基础上开展的高职院校就业创业教育有所成效，但是距离更大程度地发挥产教融合的效果，还需要进行继续的实践与探索。高职院校就业创业教育课程目前面临着新时代的新要求。无论是社会还是产业，都对人才的需求呈现动态化、多样化的变化趋势。高职院校的就业创业教育课程必然需要优化，力求能够更加符合企业以及社会发展的需要。同时，产教融合的时代背景赋予了企业新的意义，未来将成为高职院校办学过程中不可或缺的主体之一，将和学校合力打造多元化的办学机制，在共赢的状态下教书育人。这也就要求高职院校在就业创业教育的优化过程中，必须立足于企业角度考虑，在相应的课程指导体系中增加和企业业务相关的教学内容、考核评价标准等。此外，高职院校未来的育人方向将更加倾向于培养综合化的创新型人才，以此来推动产业结构以及企业竞争实力的升级。在中国梦的宏伟目标带动下，高职院校就业创业教育课程亟须改变自身的薄弱环节，比如课程体系陈旧、实践教育匮乏、保障措施不到位、师资团队不健全等问题。在坚持系统性与交叉性相融合、理论和实践相结合、普适性与针对性相结合、大就业创业教育与小就业创业教育相结合、开放性与合作性相结合等一系列原则的基础上，着力于在就业创业意识、素质培养、相关规范标准、就业创业项目等领域加以优化。

　　从这一角度出发，产教融合就不再仅仅是高职院校以及企业两者之间的问题，而是升华到整体社会的问题。教育的目的是培养有用人才，而何谓有用人才？在古代的科举制考试之中，主要通过查验考试者的文章水平来选拔人才，但是这种方式并不科学。因为一个人文章写得好只可以说明其文化水平高，但是他未必就是能用可用之才，正如那句戏词"百无一用是书生"，讲的就是这个道理。在当今时代，虽然我们国家依然没有摆脱考试取人的方式，但是市场化的经济体制自会为这般读书型的人才上课，让他们知道自己所学与所用之间的关系，并且真正认识到自己的能力究竟如何。当然，这并不是教育的目的，因为教育的最高境界是直接为社会输送可用之才。显然，现如今的知识型教育是办不到的，因此产教融合的教育理念应运而生。既然依托于知识无法大批量地输送可用之才，那么通过产教融合的方式，让学生在学习理论知识的过程中进行实践教学，从而使得学生能够将学习和实践融为一体，是否能够达到教育教学的效果呢？这种想法是值得肯定的，但是产教融合的实践过程却并不轻松。通过上文所言，可以知道当今的高职院校已经开展产教融合教学，而且纷纷建立了相应的就业创业教育课程体系、实践体系、师资体系以及评价体系。从结构建设角度而言，其囊括了课程、实践、教学以及评价四个方面，组合相对完整。但是，这仅是理论程度的产教融合，或者说只是从理论角度完成了产教融合体系的建设，就实践角度而言，其中还存在着诸多的问题。这就与学生如何能够将所学理论应用于社会实践的性质相同，或者说当前正处于产教融合发展的初级阶段，并未真正把握住产教融合的应用脉搏。如此看来，产教融合的开展尚未真正成型，这并不是高职院校开展产教融合所需要得到的效果，也不是我国开展教育教学的初衷。"实践是检验真理的唯一标准"，那么产教融合究竟应当如何开展，我们同样也需要经过实践的验证，至少需要经得住实践的考验。

　　本章主要以黎明职业大学为例，深入分析研究产教融合背景下该校就业创业教育开展的情况及发展方向。黎明职业大学地处福建省泉州市，是一所以"理想"命名的学校。学校前身为黎明高级中学，由社会各教育贤士创办而成，后经历了黎明学院阶段，最终成为现阶段黎明职业大学。学校在近半个世纪的发展过程中获多项荣誉，无论是从办学质量方面，还是办学水平方面，均居于福建省前列。学校始终坚持"以人文本"的理念原则，在教材内容设置和课堂教学活动中全面关注习近平新时代中国特色社会主义思想，积极践行和弘扬国家所制定的社会核心价值观，将基础知识的传授和专业能力的培养摆在统一水平线，不但注重协助学生养成良好的职业素养，积累丰富的专业知识，还强调在人才培养过程中融入"三大精神"，即"工匠精神""职业精神""专业精神"。为适应国家在职业教育领域的最新政策和改革，学校大力开展创新型职业教育活动，加快完成对"学校统筹、专家咨询、学院实体、专业协作"校企合作管理模式的构建，并以教育链、人才链、创新链、产业链为主线，构建起"四链融合"的现代化模式，着力完善产教融合相关长效机制。下面笔者就黎明职业大学就业创业教育模式中课程实践、师资建设、项目参与以及教学成效等进行系统的分析与讨论。

第一节　就业创业教育课程体系建设实践

黎明职业大学将创新创业能力培养融入人才培养全过程，通过开设创新创业通识课程、创新创业融入专业教育课程、创新创业实践活动、创新创业专项培训，构建起创新创业教育体系。从教育目标设定角度，按"认知培育—培养强化—育苗训练—实战集成"四阶段同步推进创新创业能力和职业岗位能力的培养；从实施载体角度，按"基础理论—载体学习—实践活动—就业创业"四维度，开设不少于 6 个学分的创新创业基础必修模块和不少于 8 个学分的创新创业与专业课程融合的专业必修模块，开展创新创业与专业融合的系列实践和实战活动。截至 2019 年，累计开发融入创新创业专业课程 239 门，15 个学校组织的创新创业教育改革项目建设，4 个省级创新创业试点专业，6 门省级创新创业教育精品资源共享课程。

一、实践课程

在高职院校就业创业教育课程结构中，最能够展现课程特点和性质的方式就是就业创业实践课程，其之所以具有不可或缺的地位主要是由于就业创业基本素质的形成在某种程度上取决于就业创业实践活动的开展情况，具体特征主要表现为以下几方面：

①就业创业实践课程有助于培养学生就业创业意识和就业创业心理品质等基本素质。学生通过就业创业实践课程能够与千变万化的就业创业过程和环境有更加直接的接触和体验，使学生在参与各种实践活动过程中始终保持一种不畏艰难、永不满足的进取心和意志力，并以此作为通向未来的指明灯。大学生在就业创业实践课程中不断接受磨炼和熏陶，形成了独具个人色彩的就业创业意识和心理特征，为其今后发展奠定了良好的基础。②就业创业实践课程对于学生就业创业基本素质的提高具有极大的促进作用，简言之就是有利于打造属于就业创业课程的独有魅力。就业创业能力的形成不能只依赖于单纯的理论性知识，其在走向成熟和完善的道路上还需各种就业创业实践活动作为辅助，学

生只有在实践课程中切实体会与感受就业创业的过程，才能够在真正意义上得到全面提升与发展。③就业创业实践课程的全面开展，为学生提供了深入了解就业创业知识和获取相关领域资讯的平台。学生可通过就业创业知识的学习和经验的积累为今后就业和创业奠定坚实的基础。另外，面对新情境、新矛盾、新问题，学生可通过思维的创新对自身所掌握知识进行重组，形成有利于自身就业和创业的信息和经验。

现阶段，高职院校就业创业教育课程体系中实践课程的积极引入，为就业创业教育开辟了一种新的课程方式，并赋予了就业创业教育新的内涵，具体如下：①就业创业实践课程的创新和改造必须经历"教育化"过程，借助"教育化"提升就业创业教育的开展价值和意义，并且还可通过系统化改造将其打造成为顺应现代教育发展规律、契合学生个性发展的现代化教育方式方法。②作为一种课程教学模式，就业创业实践课程在实际开展过程中需确保"双边参与"，即学生参与和教师参与。在实际参与课程教学和学习过程中，教师和学生必须有明确的行为规范与要求、相互作用的特定方式、教育教学特定空间和实践组织方式、以特定材料和价值观念判断和评价的教学效果等。而上述内容的实现需基于就业创业教育要求和教育目标，有条不紊地开展。③目前，学生自我学习和自我教育被认为是就业创业实践课程的教育主线路，其目的在于挖掘学生参与就业创业活动的积极性与主动性，善于对问题的深度挖掘、系统分析以及合理应对，坚持"在学中做，在做中学"，理论联系实际，通过在就业创业实践中观察与思考，促使学生从中悟得新知。④以社会实践为主要教学手段是就业创业实践课程的特色之一，该社会实践活动囊括了教育内容和教育形式等在内的多个方面，并且社会实践活动还联合了实践课程、自我教育以及理论教育等多项教育资源，使得理论与实践逐步融为一体。

以黎明职业大学新材料与海洋化工专业为例，该专业以创新为魂，在就业创业教育过程中实现了对不同创业培养项目的设置，并完成了对"师徒式"就业创业教育体系的构建，并且在人才培养过程中有效结合了"创新创业实践"、"毕业设计"以及"顶岗实习"等相关课程。

"创新创业实践"课程是基于常规创新教育所开展的更深层次的教育活动，课程内容主要包括文献检索、新技术以及创新实践等，在授课形式上主要采用的是分组式小班教学。由校内导师和校外企业工程师对学生进行专项引导，引导内容可以包括专业、行业、企业等不同方面，将课题研究重点转向该专业的理论前沿、行业或企业发展过程中所衍生出的诸多问题等，借助"任务驱动"教学方法，使学生在团队协作模式下，通过多种途径，如查阅专业信息资料、逐条梳理实践症结、编纂文献综述、拟定研究计划等，提出解决问题的具体方案和思路。在该教育阶段，学校主要通过具体项目的开展来培养学生专业创新意识，学生可在项目参与过程中掌握如何灵活运用图书资源或信息技术，获取自身活动开展所需资料信息。对于学生学习效果的评定，主要由开题报告专家组全权负责，具体评定指标主要有创新性、试验工作量、方案设计的合理性以及开题报告编纂的规范性等几个方面。另外，通过对学生未来所从事职业方向和行业需求的分析，学校还应不断强化对化学分析工、仪表工、精馏操作工等不同工种专项技能的训练，并要求学生持 1—2 本与自身所学专业相关的职业资格证书。因此，临近毕业的新材料与海洋化工专业近 90% 的学生拥有职业资格证书。其中，以分析工为例，一方面，学生通过系统化的专项技能训练，基本上已达到专业相关技能要求和标准，并获得了行业相关领域的职业资格认证；另一方面，重点培养具有优秀操作技能的学生，选拔其进入"工业分析检验"专项训练小组，并以学校名义参加校级、省级、国家级职业技能大赛。创新创业课程实施以来，黎明职业大学"工业分析检验"专项训练小组共获得 1 项一等奖和 2 项三等奖，奖项均属于省级比赛性质。

一般情况下，第 5 学期便进入"毕业设计"课程阶段，该层次属于创新创业设计的具体开展与实施阶段。首先，以导师和企业工程师作为引导者，带领学生按计划开展相关试验活动，以试验所获取数据作为支撑条件，协助学生独立完成毕业设计报告的撰写。其次，在福建省高校应用技术工程中心的支持和帮助之下，对学生进行全面指导，促使学生将试验研究所获相关数据在学校范围内进行工艺、材料、设备等的初步试验和生产。学生在这一过程中不但可获取大量与试验相关的基础性数据，且可将前期所涉及方案投入生产线进行试生产，实现对企业现阶段不同需求的有效满足。最后，学校还为学生搭建了以就业创业为主题的培训基地，学生可通过该平台参与 KAB、SYB 创业培训，鼓励学生参加创新创业活动，并将自己毕业设计中的技术创新融入其中，使学生在实践中掌握创业所必备的基本素质和能力。学校每年可筛选获得优秀研究成果的学生，提名让学生参与各种创新创业大赛，例如大学生微创业行动大赛、"互联网"大学生创新创业大赛、创青春全国大学生创业大赛、全国大学生高分子材料创新创业大赛等。其中，以全国大学生高分子材料创新创业大赛为例，该大赛的举办目的主要是增强和优化学生在专业领域内容的研发能力和创业能力，指导学生以自主培育研发的高新技术项目作为创业起点，将自主研发项目与相关企业进行技术对接，并在企业内完成项目孵化。黎明职业大学应用化工技术专业和高分子材料加工专业已蝉联两届大赛奖项，与学生同台竞技的有很多来自省内外重点院校的本科生和研究生，并在众多名校学生中脱颖而出，在顶岗实习过程中，学生获奖作品可在与企业进行直接对接后，由企业完成对高新技术项目的孵化与生产。

在整个创新创业教育过程中，"顶岗实习"被认为是最高层次的创新创业教育实践活动，新材料与海洋化工专业学生进入与学校建立合作化人才培养关系的企业进行为期 6 个月的顶岗实习，学校将实践教学活动转移至校外，通过对校外实训基地的不断完善，促使实践教学作用的全面发挥。校外实训基地在学生顶岗实习过程中除了保留部分内容外，如岗位实操教学培训、岗位认知教学培训、企业管理教学培训等，还允许学生将毕业设计课题转化为企业技术项目。一般情况下，企业实际生产的需要是学生毕业设计中创新技术研发的动力源泉，因此企业是学生顶岗实习的最终方向。一方面，学生进入企业研发团队后，可与团队分享自己在工艺技术和设计理念方面的创新研究，使学生技术创新能力获认可，并付诸企业技术创新，可加快企业技术的转型与升级；另一方面，学生在企业顶岗实习过程中，可提升对相关技术和技能的熟知水平，快速融入新环境和新岗位。因此，学生可在工作 1—2 年后，直接从事岗位工作，如研发工程师、工艺工程师等，省去了很多能力考察实践环节，实现快速就业、高质量就业。

在经历多年探索和实践后，黎明职业大学新材料与海洋化工专业基本上已形成自身特有的创新创业教育模式，即以创新为魂的"师徒式"教育模式，培养了一大批专项人才。特别是近几年来，该专业为福建省泉州市石化产业输送了大量优质人才，而学生进入大型企业后也得到了广泛认可，学校也因此在社会树立了良好的品牌形象。

二、活动课程

活动课程（activity curriculum，又称"经验课程"）是就业创业教育课程体系中的一个重要分支，课程开展多以活动形式呈现，强调学生在就业创业活动中获取和汲取就业创业相关信息和经验。活动课程在高职院校的积极开展不但可丰富学生获取就业创业相关知识的渠道，推翻树立在学科逻辑和活动组织两者之间的墙垣，且对于学生兴趣、爱好以及能力的培养具有积极的推动作用。区别于就业创业实践活动，活动课程中摒除了传统就业创业知识体系中的经营管理和生产操作等内容，其活动的开展更多是围绕情感、认知、动作以及技能等方面。目前，对于活动课程思想的研究可溯源至 20 世纪初，西方一些欧美国家在该时期掀起了两场著名的运动，即"新教育活动"和"进步教育运动"，众多思想家、教育家纷纷参与其中。其中，作为代表的就是法国自然主义教育思想家让－雅克·卢梭（Jean-Jacques Rousseau），他强调"世界以外无书籍，事实以外无教材"；美国著名教育家约翰·杜威（John Dewey）则提出"从做中学，从学中做"，两者所提出理论被认为是"活动课程"的萌芽。

从活动课程内容的开发来看，来自多种途径的教育教学可以是学科知识的运用、验证、巩固，可以是社会生活的方方面面，也可以是学生自身兴趣与爱好，开展形式极为丰富和多样。例如，深入企业参观生产线、与消费者面对面访谈、商业信息收集和调查、就业创业知识计划竞赛以及举办就业创业大讲堂或知识讲座等，通过各类活动课程的开发与实践，实现对大学生团队协作精神的培养。对于活动课程开展时间的选择，应由学生自主决定，决定依据主要包括兴趣爱好、学习进度、学习规划、知识需求等，使学生在学习活动和体验活动过程中完全按照自己的方式而开展。活动课程打破了传统理论课程在空间上的限制，活动空间除了教师和校园外，还可将视线转向校外，如企业、社会、工厂等，引导学生在不同环境背景下，坚持理论联系实际原则，将就业创业教育和生活深度联合。而从师生关系来看，应积极构建双方平等、和谐的交流氛围，相互尊重，相互理解，确保活动开展过程中师生双方的互信互勉，使学生在活动课程的开展过程中养成良好的就业创业素质。

活动课程与实践课程最大的区别就是活动课程更加贴近于现实生活，学生就业能力和创业能力能够在此过程中得以全面发挥，具体主要体现在以下几点：

①活动课程相关内容主要源自现实生活。学生通过对就业创业现实情境和生活实例的体验与感受，对现实生活与就业创业知识的关系有更加全面的认识与了解，使学生形成有效的自我激励。②现实生活为活动课程提供宽广的实践和应用场地。活动课程相关内容的生活化发展，为学生创设了与生活实践紧密相连的学习情境，引导学生对所学内容有更为全面和深刻的观察与理解。③学生面对现实生活中各类问题时，运用所学知识理解、解决问题，让学生回归现实生活，培养学生运用所学知识解决现实生活问题的能力。从某种意义上来看，活动课程是对美国教育家杜威"从做中学，从学中做"相关理论的有效践行。在活动课程中，学生综合能力得以全面发展，如动手操作能力、自主学习能力、社会交际能力以及思维创新能力等；学生专业素质得以有效提升，将自己所获信息及时纳入数据平台，使知识的获取不再局限于书本；学生主体意识得到培养，学生非智力因素得到开发，学生人格、个性、潜能得到充分发展。

基于泉州打造世界海丝文化休闲旅游目的地的大背景下，以黎明职业大学旅游管理专业为例，研究分析学校在创新创业理念下活动课程的设置路径与方法。为加快推进产教融合，深化校企合作，黎明职业院校旅游管理专业开设了以"校园景点讲解"为主题的活动课程，通过一系列校园文化的宣讲活动，推动旅游管理专业教学模式的改革与创新，培育现代化旅游人才，建设独具黎明职业大学的特色的黎明文化生态圈。与此同时，旅游管理专业还通过对主题活动的延伸，组织开展了"黎园宣讲员"大赛，旅游管理专业学生踊跃报名，向来参观的不同专业学生讲解黎明职业大学历史沿革学校文化、历史名人等。"我们的前方是学校的披云园，披云园总占地面积为 3700 平方米，披云园的名字由来已久，以学校首任校长梁披云先生名字命名，梁披云先生是著名的国学大师和教育家，培养了一大批勇于开拓和创新的人才"，宣讲员娓娓道来，通过富有感染力的肢体语言和生动有趣的讲解，让"参观者"对黎明职业大学校园风光背后的故事有了更为深刻的认识和领悟。而"校园景点讲解"只是活动课程中的一个基础组成部分，黎明职业大学旅游学院先后尝试了多种形式，如旅游学院策划安排的小学生参观体验大学，由宣讲员带领学生们在披云园、毓英园漫步，到画廊慨叹笔墨丹青，到易班工作室点燃灵感，到特色展馆寻找岁月痕迹，到校史馆感悟初心等。

为进一步丰富学校旅游管理专业课程教学内容，加快传统单一教学模式的更新与变革，黎明职业大学还专门邀请了"福建省金牌导游"进校进行现场授课，以专题讲座形式与学生面对面分享景点讲解技巧，根据其自身实践经验对学生现阶段景点讲解技能和方式方法进行客观点评和转向指导，并且根据听取学生讲解过程中所运用的各种导游词，提出针对性的修改意见，进而从根本上培养旅游管理专业学生的整体实战能力，增强其就业竞争水平。黎明职业大学旅游学院学生在过去参加的历届福建省职业院校技能大赛（导游服务）中取得了优异成绩，分别斩获二等奖和三等奖。近些年来，黎明职业大学始终践行"以人为本，立德树人"的教育理念，从精神文化、物质文化、制度文化、行为文化四个层面出发，构建契合学校自身发展的"融合多元文化、聚集多种要素、协同各方主体、多维全程育人"的生态圈，并通过各种活动课程的开展，有效激发大学生创新活力，鼓励和扶持学生自主创业，实现以创新引领创业，以创业带动就业。

三、学科课程

从广义角度上来看，学科课程顾名思义就是以学校现代应用型人才培养方向以及社会经济整体发展水平作为切入点，通过与学生身心发展等特点相结合，在各学科中选择相应的知识重新组合后所形成的一种专项课程内容。在高职教学过程中，整个课程体系中有近80%的学科课程，此类课程在课程建设中具有十分重要的作用。近些年来，随着以知识为主体的经济结构不断发展，使得传统学科在内容设置以及开展形式方面的短板与缺陷越来越突出，学科课程在高职教育教学中的主导地位逐渐丧失，但其作为一种具有传统色彩的课程形态，对于高职院校而言也是一项重要的课程项目。而在产教融合背景下，学科课程通过与就业创业教育的融合被赋予了全新内涵，注入了新的生机和活力，传统学科课程中的基础性课程内容更加注重对学生就业创业意识、就业创业素质以及就业创业精神的培养，打破了传统课程建设中专业与专业之间的隔阂，学科课程中各专业间的关联度和协同性有了明显提升。尤其是在科学技术迅猛发展的今天，新事物、新工艺、新技术层出不穷，相关新兴产业爆炸式增长，而经济发展格局的转变要求高职院校以就业创业基础为根本，不断增加基础课（通识课程）在整个课程体系构建中的占比。

在建设和开发就业创业教育相关学科课程时，可以从三种课程内容入手，即学科渗透课程、必修课程以及选修课程，现对上述三种课程进行如下分析：

第一，学科渗透课程的设置。学科渗透课程主要指的是将就业创业相关课程按照规定逐步渗透至学科教育中，具体设置需严格遵循文理科两个框架：文科类学科中就业创业所渗透内容应以就业创业意识为主；理科类学科中相关内容的渗透，可以是就业创业知识方向的内容，也可以是就业创业技能方向的内容。就业创业教育在学科教育中的有效渗透，主要是通过对课堂上各类丰富资源的有效利用，以此实现对学科教学相关应用领域的拓宽，这种两者互为一体、相互渗透的学科建设方法不但可形成对教育时长的有效借阅，且在某种程度上有助于就业创业教学内容的优化与完善，可达到事半功倍的教学效果。

第二，学科必修课程的设置。必修课程是就业创业课程中除各专业基础课程以外的偏向于实践性课程的内容，如就业创业意识课、就业创业素质课、就业创业心理课、就业创业生活指导课以及就业创业社会常识课等相关课程。上述课程无明确的专业要求，但各专业学生均需要认真、努力学习就业创业相关课程内容，以确保课程开展目标的全面实现。

第三，学科选修课程的设置。"选修"意味着大学生可以根据自己的兴趣、爱好、特长等有选择地修学，以满足各类大学生的发展需要。就业创业教育的选修课主要包括"就业创业学""市场营销学""创造学"等知识类课程。"就业创业学"是就业创业教育课程中的典型课程之一。

从实际角度来看，高职教育领域内相关课程，如就业创业技能课程、就业创业知识课程等均具有一定的选修性质，学校在设置相关科目时，可与学校所处区域实际经济发展水平和趋势相结合，确保所设置科目的有效性与专业性。当前，我国高职院校在课程设置过程中主要呈两方面趋势：一方面，不断拓宽就业创业基础课程所涉及知识范围；另一方面，拓宽学生未来就业口径，以确保整个学科课程中就业创业基础课和就业创业专业课两者结构比例上的科学性与合理性。

但是区别于传统学科教育，产教融合背景下创业就业教育的学科课程设置需加快完成对以下四个层面的积极转变：

一是要将传统狭小、局限的专业知识，转型升级为丰富多彩、易于掌握的专业知识，以此帮助学生对就业创业知识有更加深刻全面的认识，积累大量就业创业相关的社会经验；二是要将传统单纯传授教材上的专业知识，转型升级为传授就业创业知识的模式，并且注重对学生创新能力、创造能力以及创业能力的培养；三是要将传统以学生知识和技能掌握程度来评价学科设置质量的标准，转型升级为以学生就业创业素质和就业创业能力为主要评价标准；四是要对学生个性的开放、自由的发展予以高度重视，原因在于培养就业创业能力是就业创业核心目标，不但体现的是学生智力方面的水平，也是学生人格精神状态的一种表现，是智力和非智力等因素的融合体。

黎明职业大学坚持"面向全体、基于专业、分类培养、强化实践"的理念，从专业自身特色角度出发，以素质教育的贯彻落实为主题，以学校人才培养机制的创新为重点，以人才培养质量的优化与提升为核心，以教育部相关政策作为教学保障，从多维角度出发，如顶层设计、资源整合、平台建设、氛围营造以及组织动员等，加快创新创业教育和现代化人才培养两大目标的有效融合，实现"就业创业学习——就业创业实践——就业创业孵化"一体化创新创业教育培养模式的系统构建。学院将创新创业教育纳入人才培养方案进行整体设计，坚持创新创业教育与专业教育相融合，通过"面向全体""面向专业""面向群体""分类指导"的创新人才培养机制，着力培养德才兼备、具有创新精神、创业意识和创新创业能力的高素质创新型技术技能人才。积极开展不同层次和类型的创业培训工作，不断加强创业培训的针对性和有效性，如普及创新创业教育的暑期创业培训班、针对德化办学点专业特色的创业培训班、与泉州市大学生电子商务孵化基地联合开设的电子商务创业培训班等，取得了良好的培训效果，至今已经培训 1200 余名学生。

在就业创业教育课程体系构建过程中，将学科课程相关内容融入其中，有利于集中学生课堂学习期间的注意力，掌握并积累大量与未来就业创业相关的理论知识与专业技能；学科课程与就业创业教育课程的融合，还有利于学生逻辑思维能力和创新创造能力的开发，使学生运用"具体问题，具体分析"原理，实现对就业创业过程中各类问题的合理应对；学科课程与就业创业教育课程的融合，有利于学生更加深入地了解和学习与就业创业相关联的一系列学术性内容与知识，为学生未来参与社会实践和创业活动奠定坚实的理论基础。

四、环境课程

高职院校在就业创业教育课程实际开展过程中，学校所营造的各种环境被各教育界人士视为一种隐性教育功能，受到极大重视，并被规划为一门全新的课程，与学科课程和活动课程并列。如何实现对环境课程的开发与建设，成为各大高职院校开展就业创业教育课程体系构建的重点研究课题。

环境课程作为就业创业教育课程体系中的一个重要分支，其在就业创业教育目标实现过程中发挥着积极的作用，具体表现为以下几点：

第一，目前，国内各大高职院校尚未编纂系统完整的环境课程教材，而该课程自身所携带的就业创业教育因子，正是传统就业指导和创新创业教育中所缺失的部分，在学生就业创业意识的唤醒、就业创业思维的构建以及就业创业能力的发展中具有积极的推动作用，可在高职学生内心深处刻上就业创业的烙印，以促进高职学生可持续发展。

第二，在整个环境课程开展过程中，"环境教育"是最为关键的教育路径，不同于传统书本知识的"语言教育"，"环境教育"可以使就业创业相关的理论知识，更加直观、生动、具体地传递给学生，促使学生对环境课堂中所学知识进行有效的吸收和消化，体验真实的就业创业环境。

第三，环境课程区别于其他课程，不受外界因素影响，就业创业教育目的十分明确。一般情况下，环境课程中所采用教学内容多经过专业老师的精心选择、创新设计和制作加工，是环境的自发影响逐步向自为教育的过渡。高职学生对环境课程中就业创业教育内容的体会与感悟几乎不受其他因素限制，可以在不同空间、活动、部位中完成，并使学生在课程开展中不断实现对自我的重塑和完善，进而形成对于学生就业创业素养的有效培养。

环境教育贯穿于就业创业教育的全过程，该教育体系主要由课堂教学和校园文化活动两部分组成，两者互为促进、互为补充、互为支撑。课堂教学主要是在就业创业老师的指导之下，根据就业创业教学的总目标和总要求，运用理论性知识激发学生分析内容和学习知识的欲望。校园文化活动则主要是为学生打造良好的就业创业教育空间，让学生接受就业和创业文化的熏陶。对于高职院校而言，无处不蕴藏着潜在性的教育力量，这些隐藏性的教育内容，可以消除学生与教师之间的隔阂，培养师生共同协作的精神。教师可以在学生接受创新创业教育过程中坚持正确的舆论导向，营造良好的就业创业教育氛围，引导学生明确未来人生目标和发展方向，以教师特有的"传授者"符号感化学生精神世界。无论是课堂教学还是校园文化活动，两者在环境课程中均占据十分重要的地位。值得注意的是，在环境课程实际开展过程中，教师的性格、气质以及能力等是整个教育活动的重要支撑点。教师的就业创业情感，以人格魅力的形式进行大范围的辐射，不但能实现对高职学生就业创业精神的有效维系和不断强化，且相较于院校各种强制性规章制度其教育威力更加突出。整体上来讲，环境课程中孕有大量就业创业相关的教育资源，具有较大的"开垦"价值，而这些隐性资源需要我们共同去发现和感知。

以黎明职业大学旅游学院为例，该学院包含多个专业化版块，如商务英语、国际商务、商务日语、旅游管理以及酒店管理等。其中，酒店管理作为一门核心课程内容，对于学生实践操作能力以及创新服务意识等的培养具有十分重要的作用和意义。为全面提升学生创新能力和创业能力，黎明职业大学旅游学院在课堂教学方法上做出了一系列改革与调整，"项目化教学"便是经过反复教学研究与实践后所得出的一种新型教学模式，在该教学形式下，学生在课堂上被赋予了一种新的角色，即"学习实施者"。在酒店管理教学活动开展过程中，我们对现实酒店工作环境进行了情景化模拟，通过让学生真实体验和感受现场管理工作氛围，突出学生在课堂活动中的主体地位。并且在酒店情境中，学生还可以遇到传统理论课堂上未能涉及的各种真实问题，如客人服务满意度低、饮食安全等，并可尝试运用所学理论知识逐一解决上述问题，这在某种程度上有助于学生提升自身的就业规划能力。情景模拟化的课堂教学形式对学生的影响不单单局限于短暂的模拟活动，而是贯穿于整个模拟和实施过程，这种全过程化的课堂教学形式对于学生综合素质的培养具有重要的作用。在课堂情景模拟教学中，教师应提前引导学生对整个活动过程进行详细规划和精细分工，帮助学生做好前期相关准备工作；教师在情景模拟活动开展过程中应严格把控现场开展秩序，灵活调动现场氛围，并记录学生在模拟环境下的行为变化；情景模拟活动结束后，教师负责对整个活动开展情况以及所取得效果进行系统的总结和评估。在就业创业规划指导课程中，对于一些不适用于情景模拟的内容，可以创新引入现代多媒体手段，如 PPT、视频等，以增强学生感官感知，这种借助现代教学技术和手段所创设的教学情景，有利于激发学生兴趣点，促进学生进步与发展。

而校园文化活动一般分为两大类：一类是讲座、论坛；另一类是团体辅导。讲座、论坛活动开展的主要目的是为学生营造良好的体验环境，高质量、高水平的讲座或论坛能够触碰到学生内在心灵，激起学生在该领域的情感共鸣，调动学生参与活动的积极性与主动性，促使学生与真实案例近距离接触和感受。与此同时，可以让学生在校园中提前感受社会就业和创业活动中的竞争氛围，高效点燃学生就业创业意识。团体辅导是校园文化活动的另一种形式，从某种意义上来看，是对课堂教学活动的一种补充，学生在团体辅导过程中可以与他人进行经验和认识的交流与共享，在一定程度上有助于学生自我效能感的有效提升。并且因为学生在游戏环境下内在潜能更易被激发，所以在团体辅导中各种团队游戏更为常见。另外，团体辅导还可与角色扮演活动相结合，在完成角色扮演活动后，学生可及时与同学或教师分享和反馈现场感受，增强学生体验感和亲近感。

第二节　就业创业教育实践体系建设

黎明职业大学重视加强就业创业实践载体建设，按照"校企共建，多方协同"的原则，聚集政、行、企等多方资源，构建"苗圃期—孵化期—加速期"的就业创业实践生态体系。

一、产教融合背景下电子商务就业创业实践

黎明职业大学内设多个院系和专业，但在众多专业中电子商务专业具有典型的就业创业性质。与其他高职院校单方面的传授学生电子商务基础课程不同，黎明职业大学还十分注重对学生电子商铺运用能力的培养，并以此作为实现产教融合的必要前提。对此，黎明职业大学与中国鞋都电子商务中心签署了"创业实训校企合作"协议，依据企业和学校双方在学生未来就业创业方面的合作协议，黎明职业大学可实时跟踪并记录中国鞋都电子商务中心内部相关数据，并对所收集信息数据进行统一整理和分析后形成学校特有的专业课程，并全面应用于学校电子商务专业实际教学活动中。与此同时，除了提供行业前沿数据资料外，中国鞋都电子商务中心还可为黎明职业大学提供大量就业实习和创新创业机会。学校与中国鞋都电子商务中心搭建起合作互利互惠平台后，一方面使得学生未来就业创业有了更加可靠的保障，另一方面使得学校与企业、产业关系更加贴近，确保所培养出的人才符合现代社会经济各类发展需求，特

别是在电子商务迅猛发展的大背景下，产教融合、校企合作、多元协同已经成为有效缓解电子商务专业人才匮乏现状的有效路径。从某种角度来看，黎明职业大学电子商务专业产教融合教学策略的系统开展，不但有助于学生电子商务运营能力的全面提升，且在一定程度上可促进学生达成成为个体老板的目标，产教融合这一过程本身就是对电子商务专业学生的一种就业创业教育。

而在全民短视频的时代，抖音、快手、视频号、西瓜视频、B站等成为获取优质教育类视频的平台。短视频与教育的结合，可在一定程度上优化短视频质量，且有助于知识的快速传播。黎明职业大学电子商务教学在短视频盛行的背景下，衍生出了一系列新颖的教育内容，如广告投放教育、多媒体宣传教育等。以当下如火如荼的网络直播为例，电子商务专业在实际教学中将直播内容引入课堂，以从根本上促使学生电子商务能力的全面提升。此外，黎明职业大学还以学校的名义开通了抖音号，鼓励学生将自己所拍摄制作的短视频作品发送至抖音号管理后台，由管理人员负责发布，并根据视频播放量和点击量对视频内容进行综合评比。通过视频拍摄、视频制作、视频发布，可以促进学生之间的相互交流与学习，同时可以提升教学的趣味性与灵活性。关于学生的未来就业，黎明职业大学除了帮助学生熟练运用电子商务运营的方式创办自己的小个体之外，还会鼓励学生参加社会工作，以更加深入地认识和了解社会，并不是在帮助学生创设电子商铺之后就不再关心学生的就业问题。电子商铺的运营虽然能够在一定程度上解决学生自身的就业与创业问题，但是学生依然需要与社会进行基础磨合，并且学生也需要到社会之中不断地进行学习与提升。对于电子商铺的运营，黎明职业大学只是建议学生把其当作副业，这在当今社会之中本身已是见怪不怪的存在。

二、产教融合背景下纺织鞋服就业创业实践

黎明职业大学的纺织鞋服学院，在专业设置上主要分为两个方面，分别是服装设计、鞋类设计与工艺。黎明职业大学在完成服装设计与鞋类设计等基础知识的教学之后，开展纺织鞋服产教融合教学工作之前，按照小组形式对学生进行划分。在纺织鞋服专业以小组的形式组织开展产教融合教学，可以使学生对纺织鞋服专业相关知识有更加全面、更加精准的认识和了解，为学生未来进入纺织行业领域奠定坚实的基础。对纺织鞋服专业本身而言，专业划分尚未做到如此细致，服装设计和鞋类设计与工艺是黎明职业大学根据学校当前教学情况和纺织鞋服专业教学特色进行的特色化教学设计，其主要是为了能够适应当前服装设计行业和鞋类设计行业的就业情况。

黎明职业大学首先根据学生未来就业方向和就业兴趣，以小组形式对学生进行合理划分，并通过与泉州当地纺织鞋服企业建立合作关系，确保产教融合教学模式的全面贯彻落实，实现该专业学生专项功能能力的全面提升。若学生实际所选择的工作种类与学生前期预想就业目标和就业方向存在偏差，后期可以进行灵活调整，但这种调换整并非随学生个人意志而转换，而是需要综合考虑学校产教融合整体开展情况和实施进度。因为黎明职业大学在产教融合实践过程中，将纺织鞋服专业拆分为服装设计和鞋类设计与工艺两个专业，并在两个专业中实行轮流教学，以此使学生对服装设计和鞋类设计、工艺等不同类型工作内容有更加全面的了解。例如，黎明职业大学与多家产值超亿元的企业深入合作，如安踏有限公司、福建格林集团、利郎、钰齐国际等，并在校外构建了紧密型或半紧密型的实训基地。通过与安踏有限公司建立合作关系设立了"安踏订单班"，与福建格林集团共同开设了"服装工程学院"。产教融合、校企合作为学生认识和了解纺织鞋服行业提供了广阔平台，为学生积累了大量未来就业创业相关经验。黎明职业大学对纺织鞋服专业学生进行细致的专业划分并非多此一举，这有利于对产教融合的学生进行分流，方便校企合作、产教融合教学工作的有效开展，同时又可以引导学生明确自身的学习主体方向。具体而言，黎明职业大学会在每周抽取两天时间组织学生到大型纺织车间开展产教融合教学，但是这两天并不连续，剩余三天则在当地附近的小型纺织企业车间开展产教融合教学。虽然纺织鞋服专业的产教融合教学有所交叉，但解决了教学实践中诸多实际问题。

　　此外，分别组织学生开展产教融合教学，还有助于帮助学生更加清醒地认识大规模纺织鞋服企业与小规模纺织鞋服企业之间的差别和差距，从而也为自己未来的工作方向选择做出指导。通过与企业合作的方式开展产教融合教学只能实现基础纺织教学，并不能深入该行业领域。对此，黎明职业大学积极组织学生参加各种纺织鞋服设计大赛以及纺织鞋服展会，以提升学生们的认知眼界，拓宽学生们的认知思路，从而帮助学生更好地开展纺织鞋服专业设计与研发。帮助学生实现就业只是黎明职业大学开展产教融合的基础，其还需要通过产教融合的教学方式提升学生们的各项纺织能力以及纺织水平。所以，黎明职业大学在通过产教融合的方式帮助学生实现纺织鞋服专业基础能力巩固之外，还要组织学生开展纺织设计与研发工作。当然，这并不是黎明职业大学自己在闭门造车，而是在与当地纺织企业展开战略合作的基础上，帮助当地纺织企业设计新样式。这既是帮助纺织鞋服专业学生实现纺织创业的有力之举，同时又是对纺织鞋服专业学生专业能力提升的一种推动，是产教融合教学的进一步深化。针对存有创业意向的纺织鞋服专业学生，黎明职业大学不仅会为其提供办公场地，而且还会帮其介绍纺织设计业务。当然，黎明职业大学为纺织鞋服专业学生所提供的创业支持并不是免费的，而是需要支付费用的，只是这种费用并不需要学生预先支付，而是可以延迟支付，即在创业学生群体能够实现盈利之后再进行支付。这样不仅能够极大地降低纺织鞋服专业学生们的创业负担，同时还会对学生们的创业形成一种促动，"逼迫"其不断向前发展。

三、产教融合背景下材料与化学工程就业创业实践

高分子材料加工技术专业是黎明职业大学国家级重点专业，其中"橡胶成型加工"是专业领域内最为核心的一门课程，是在对高分子材料应用技术和高分子加工设备等课程系统学习后形成的集教、学、做于一体的课程。学生通过学习该门课程，可对生橡胶纺织鞋服专业加工等相关基础知识和专业技能有更加系统的掌握，对典型橡胶制品的原材料配方、工艺条件以及控制方法等有更加全面的认识，并且能够通过对相关资料的查询，自主获取与纺织鞋服专业相关的知识以及实验产品配方，为学生未来进入橡胶加工领域从事该职业奠定扎实的基础。目前，泉州市当地部分纺织鞋服专业橡胶产业致力于企业自身的转型与升级，在企业品牌塑造过程中对技能型人才的需求量也与日俱增。在高技能性人才培养过程中，就业创业教育是一种极为有效的教学途径，学生在该环节可以实现自身实践创新能力和综合素质的全面提升，并且能够推动学生将课堂所学专业知识和技能应用于实际生产。作为一门核心专业课程，"橡胶成型加工"学科教学活动的开展可以推动学生实践操作能力、创新意识、科研能力的多重优化与提升，加快推进产教融合提升学生发展新动能。黎明职业大学在学生就业创业过程做出了以下探索与实践：

第一，围绕学生主体开展项目教学，提升学生职业能力。在教学活动实际开展过程中，所采用教学模式为"教—学—做"一体化形式，突出学生在课堂教学中的主体地位，以工作作为教学导向，进一步提升学生学习的自主性，设置第一课堂和第二课堂，第一课堂为校园内部所搭建的加工实训平台，第二课堂则为校园外部相关合作企业现场岗位。在第一课堂和第二课堂学习活动开展期间，可将学生按照小组形式进行科学合理的划分，分配具体的课前任务、课中任务以及课后任务，在提高学生学习主动性和积极性的同时，实现对学生各方面能力的培养，如沟通能力、创新能力以及团队协作能力等。在以项目为导向的教学模式之下，每个项目均下发一份相应的任务工单，按照前期所划分的小组，组内共同完成对真实产品的生产。从教学步骤来看，项目教学需经过

以下环节：资料收集—组间分析—工艺计划制订—工艺计划实施—工艺计划检查—工艺计划评估，并且对于项目的具体安排主要遵循"由简至繁"原则，以循序渐进的方式逐步锻炼和提升学生自主创新能力。此外，在学生实训过程中，可以组织橡胶加工企业技术人员"走进来"，向学生进行实践技能的系统传授，为学生打开一扇通向未来岗位的大门，有效激发学生参与就业和创业的积极性与主动性。

第二，模拟工厂工作环境，与企业协作共同开发课程。为确保项目化教学的顺利开展，使学生做项目的主人，在传统教学活动的基础上，学校对工厂真实工作环境进行了还原和模拟，以"班组式"模式进行设计，也就是按照相关规则将一个班级细分为若干个班组，班组长由学生担任，其他学生则为组员，由班组长和组员两者分工合作完成信息的收集、整理等一系列项目任务。在执行项目任务时，应严格遵循相关步骤开展实训工作，确保实训操作的规范性与标准性，详细准确地记录。部分教学项目的开展主要依托于实际生产、校企合作项目以及教师科研项目，而教学活动中企业技术人员的参与能够拉近学生与企业甚至岗位之间的距离。校企合作式的就业创业实训活动在高职院校的开展，能够在一定程度上实现对产教融合的深化，发挥校企共育价值，实现协同育人追求。经一系列教学活动的开展，整体教学得到了众多学生的热烈反响，并且在对学生进行综合考核后，学生无论是理论性知识还是实践性技能都得到了显著提升。

第三，合理运用信息化资源，搭建开放性学习平台。黎明职业大学"橡胶成型加工"课程在经过系统建设和反复实践后，基本完成对校级网络课程平台的搭建，平台内所囊括教学资源也较为完善。与此同时，专业教师先后参加了一系列高分子材料专业国家资源库建设活动，从活动中汲取和总结一定的经验。"橡胶成型加工"课程通过网络技术的灵活应用，构筑教师和学生双向互动的网络化教学平台。教学活动中所产生的各类多媒体资源均可上传至平台，如视频资源、动画资源以及企业生产加工实况录像等，并要求学生将上述多媒体资料作为课前预习或课后作业的辅助，使学生能够以更加直观的形式来理解和应对学习中的重难点知识。另外，学生可以将网络资源中所录入的相关实训指导说明书、教学课件、操作指南以及设备使用二维码等，与实际课堂教学内容相结合，践行"从做中学，从学中做"理念原则，系统学习该教学项目，在确保课程教学目标全面实现的同时，从根本上实现对学生动手操作能力和问题应对能力的系统培养。为突出课程与地方经济两者之间"服务"与"被服务"的关系和特点，网络资源中部分与行业相关的链接会对网站资料进行定期的更新，及时更新与橡胶加工设备相关视频或者图片，以供学生、教师、企业员工随时随地获取实际所需资料。此外，学生受环境和性格特点影响，大多喜欢自我展示，根据学生这一特点，在课程内容中选取其中几个重要操作环节作为重点考核内容，学生根据考核标准将具体操作视频以短视频形式上传至平台，供教师评估和学生之间交流与参考。

第四，以赛促教、以赛促学，提升创新创业水平。"橡胶成型加工"课程设置在第四个学期，该学期学生通过对一系列课程内容的学习基本上已具备相应的创新创业能力。在确保学生基础理论性知识和实践性技能都已达到完备或扎实程度后，筛选其中能力相对较为突出的学生，经过系统培育后带领其参加各种创新创业大赛，促使学生综合应用能力和创新能力的全面提升。短短两年之内，黎明职业大学材料与化学工程学院组建的 9 个团队，30 多名团队成员，先后在中国大学生高分子材料创新创业大赛、全国职业院校高分子材料创新创业大赛、"挑战杯"创新创业系列竞赛中，斩获多个奖项。这些荣誉为学院营造了良好的学习氛围，学生们踊跃报名参加各种创新创业大赛，从比赛中积累丰富的实践经验，得到了用人单位较高的满意度，与"以赛促改、以赛促教、以赛促学"的目标日益趋近。

四、产教融合背景下应用电子就业创业实践

关于应用电子技术专业学生的产教融合教学，黎明职业大学主要分为两个层次，一为基础层次，二为高阶层次。这主要是根据电子技术的应用环境以及学生们的基础专业水平而定的。因为电子技术所应用的领域范围较广，所以黎明职业大学并没有针对电子专业学生进行产教融合教学，而是采用划分层次的方式，分别选用不同的产教融合方式开展产教融合教学。可以说，这就是产教融合教学中的"一学两制"。而黎明职业大学在对应用电子技术专业学生开展产教融合教学时，并没有采用分制的方式，而是全部统一，这也是考虑到教学的公平性。但是，从实际性的结果角度出发，黎明职业大学发现"一视同仁"固然能够保证公平教学，但是却忽视了对学生的个性培养。

黎明职业大学开展产教融合教学的目的是提升学生们的专业技术水平，进而为社会输出直接可用人才，但是因为应用电子技术专业所涉及的范围较广，对于部分学习能力较强的学生，固然能够全面掌握应用电子技术专业中所包含的各项技术，但是对于部分学习能力较弱的学生，其不仅不能全面掌握电子专业技术，而且还可能会一无所学。所以，黎明职业大学出于对现实角度的考量，决定选用分层次的电子技术产教融合教学方式。首先，黎明职业大学先

对应用电子技术专业学生进行分层，而分层的标准则是学生们的学习能力。当然，这并不是绝对的，学校还会考量学生们的自身意愿，两相结合。针对优质层次的应用电子技术专业学生，黎明职业大学采用与电子技术行业中的大企业进行合作的方式开展产教融合教学；针对普通层次的应用电子技术专业学生，黎明职业大学则选择与电子技术行业中普通企业进行合作的方式开展产教融合教学。目前，与黎明职业大学信息与电子工程学院应用电子技术专业建立合作关系的校外企业主要有阳光中科（福建）能源股份有限公司和泉州世光照明科技有限公司，并且院系教师会根据不同情况将学生带领到相应公司参观见习，深入企业"一线"，与企业技术员深入交流，参观太阳能电池生产车间整条生产线，了解企业实际所生产产品内容和生产特色，通过企业领导对公司的介绍了解行业现状和就业行情，在参观见习过程中不但有助于培养学生理论联系实际的能力，且在某种程度上为学校与企业构筑了沟通平台，为下一步校企深度合作创造了有利契机。这种产教融合教学模式既是一种创新，同时也是一种尝试。

此外，黎明职业大学采用分层的产教融合教学模式，也是为了进一步地鼓励和刺激学生奋进，使其能够认识到自己与其他学生之间的差距，进而奋发有为。处于不同学习层次的学生之间是可以相互转换的，并非一成不变。如果学生肯于勤奋学习，教师可以对其进行重新分层。当然，对于学习懈怠的学生，教师同样也可以将其重新划分到普通阶层。对此，黎明职业大学采用百分之十的淘汰制原则，将普通层学生中的优质学生调配至优质阶层，而处于优质阶层中的末尾百分之十学生则要滑落至普通层。黎明职业大学虽然对不同学习能力的学生进行了划分，但是作为教师并没有戴有色眼镜看待学生，而是继续开展属于自己的本职工作，坚持结合课本教程以及企业实践学习开展教学。关于学生们的未来就业，则取决于学生最终处于哪一学习阶层，即黎明职业大学优先将优质阶层的学生推荐给大企业，如果名额还有空余，则会从普通阶层进行调取，当然也是按照从优到劣的顺序进行选择。针对想要创业的学生群体，黎明职业大学则依然采用承接社会业务并分包给创业学生群体的方式开展。

五、产教融合背景下旅游管理就业创业实践

黎明职业大学最早创办的学院之一就是外语与旅游学院，该学院前身为英语专业，成为独立学院后，在原来的基础上重新进行了版块的划分。目前，主要分为六部分，即商务英语、商务日语、应用俄语、旅游管理、休闲服务与管理和景区开发与管理。在教育教学改革持续深化的背景下，学院不断推进课程

建设与改革，逐渐从理论课程走向实践，将学生专业技能和综合素质作为培养重点。在实践探究过程中，学院在校内和校外先后建成了集商务与休闲旅游于一体的实训基地和工作室，并与政、行、企建立了十分紧密的合作关系。且在产教融合背景下，学院寻求与大量企业建立合作关系，如外贸企业、旅游景点、文化旅游集团、5A 级旅行社和五星级酒店，实现了与企业资源共享、共育人才、互利互惠的目标。就集体而言，学校在推动产教融合发展，增强学生就业创业意识和能力方面做出了以下探索和实践：

一方面，学校管理层面。一是创建黎明职业大学旅游管理特色品牌。在某一区域经济建设和发展过程中，离不开现代化优秀人才的支撑。对此，黎明职业大学应从当地整体经济发展水平角度出发，加大对旅游管理类人才的培养力度，为地方提供源源不断的高素质、技能型人才，促进泉州市经济水平的快速发展与提升。首先，黎明职业大学在就业创业实践过程中，应当将学生未来理想化就业发展方向和现实社会人才需求和标准等因素纳入考虑范围，深入泉州当地就业市场展开系统化的调研工作，结合学校自身办学特色、学生专业能力以及地方经济发展水平，对旅游管理专业进行重点优化与调整，进而为泉州经济发展提供人才支撑。自"一带一路"倡议提出以来，黎明职业大学对接沿线多个国家致力于打造专业人才，如与新加坡教育机构洽谈合作办学，与泰国博仁大学洽谈合作办学，与马来西亚华裔青少年共同开展"中国寻根之旅"等。其次，明确学校整体办学目标和办学方向。从学校自身来看，其办学定位应以服务于地方区域化经济发展为主，如本书的研究对象黎明职业大学，其办校目标就应当是推动泉州市地方经济发展，与当地旅游机构合作办学，共同培养了解泉州当地或者全国其他地区的应用型专业人才。最后，高职院校还可通过特色品牌人才培养模式的构建，实现相关教学质量保障体系的系统构建与完善，进一步提升专业化人才培养质量，增强人才进入未来市场后的就业竞争力。黎明职业大学的旅游管理专业是学校重点专业，学校依托于该专业划分了几个适应于现代经济市场发展的专业，如商务英语、商务日语、休闲服务与管理等，形成了具有学校自身特色的专业品牌，受到广大企业的认可与青睐，甚至部分企业主动与学校提出合作，如黎明职业大学旅游学院和泉州海交馆确定了双方联合培养学生义务讲解员的合作项目，项目中主要由泉州海交馆负责对来自旅游管理专业的学生进行培训，整个项目所采用培训方式为理论讲解结合实践演练。前期通过理论课程使学生了解海交馆的相关管理内容和发展方向，后期通过分组、示范、点评等实践培训形式，帮助学生迅速掌握作为一名讲解员所需具备的专业能力。培训结束后学生直接投入讲解服务和其他岗位，这种"在学中练，在练中学"的培养方式，能够让学生积极地参与到讲解员培训项目之中，为学生未来就业创业奠定坚实的基础。

二是校企合作共同培育旅游管理人才。当前阶段，全国大中小企业快速发展，整体呈规模化发展趋势，对理论型、知识型、学术型人才的需求逐渐转变为对专业型、复合型、应用型人才的需求。在旅游管理专业单一岗位和职业的人才培养模式下，所培养出学生在未来就业创业过程中难以达到企业实际需求，再加上企业长期处于变化中，高职院校传统教学手段和知识体系，无论是在人才培养质量方面还是在效果方面均与企业实际需求相脱节。而在产教融合背景下，由旅游管理专业和企业共同培养旅游管理类人才，在一定程度上能够消除学校人才培养标准和企业用人标准之间的隔阂，确保学校所培养旅游管理专业学生广受人才市场认可。

三是加快推进企业入校。黎明职业大学可开放校园，主动拥抱行业内优秀企业，让行业、企业等社会力量真正进入校园，双方建立合作关系后共同培养高新人才。一方面，企业可将自身体系结构，如生产部门、技术部门、管理部门等转移至学校，学校为企业提供相应的场地和资源。例如，福建省金牌导游杨远彬走进黎明职业大学 2018 级旅游管理专业课程"模拟导游"课堂，将其十几年从事一线导游的工作经验与百位专业学生分享与交流，学生在与业界标杆人物或典型人物进行面对面沟通后，对旅游管理事业有了更美好的向往。另一方面，企业除了要参与到学校办学活动中还应建立企业自身的教学部门，在校内搭建旅游管理实训平台，让学生在学校提前感受旅游管理讲解技巧，为学生将来成为优秀人才打下基础。

四是开展"订单班"培养。学校应当加快完善对相关政策的制定，全力支持行业、企业发展"订单班"培养计划的提案，让大学生入学即入职。所谓"订单班"就是人才培养不再是学校单一任务，鼓励用人单位积极参与进来。目前，该模式被广泛应用于中高职及大学阶段，该模式下学生在学校完成对理论知识的学习后，可直接到合作企业进行实习，毕业后直接到合作企业工作。在"订单班"培养过程中，学校和企业应需协商并制定相应的人才培养方案和课程教学内容，例如黎明职业大学依托相关旅游公司联合开展校企合作、双元育人、订单办学、"订单班"现有旅游管理和酒店管理专业两个班，主要采取的培养模式为"2.5+0.5"，将企业文化和职业发展等相关课程植入人才培养方案内，由企业为"订单班"学生提供顶岗实习岗位，解决了学生未来就业问题。

另一方面，就业创业指导层面。第一，加强旅游管理课程教学和企业需求的衔接。在一体化发展战略下，产学研用的深度对接与当地整体经济发展情况的有效结合，能够实现高职学生就业竞争力和学校未来综合发展水平的双重提升。①在企业搭建实践教学基地。高职院校可以通过对行业、企业等相关社会性资源的有效利用，以产教融合为背景，在企业建立专业性的实践教育教学基地，打破人才输出与企业用人单位之间的隔阂，如黎明职业大学利用泉州旅游整体行业背景，与当地多家旅游性质的企业和公司签订合作合同，并将旅游企业或公司发展模式转移至学校，企业在学校主要负责实习实训，相关实训内容主要包括旅游礼仪、导游实务、旅游景区管理等，在某种程度上使得学生就业实习能力得到了全面提升。②加快完成旅游创新创业教育基地建设。黎明职业大学为提高学生就业创业能力，建立起了旅游创新创业教育基地，该基地主要以旅游电商创业店为核心，以真实数据为依据，构建起了一个完整、独立的网上旅游产品营业中心，可以让学生在校内依托专业技能进行就业创业和模拟经营，并通过引入真实的旅游企业，使该企业入驻基地试运营，待其整体条件趋于完善成熟后，可以开设分店，进而为学生提供更多实习就业或创业的机会。③加快推进产教融合，打造学生核心竞争力。一是不断强化实践教育，积极推进"校企合作，产教一体"。高职院校可通过融合校内理论和校外实习，提前预测旅游管理专业学生在未来参与旅游行业就业创业过程中可能面临的问题和挑战，并以市场为导向将顶岗实习与就业创业相结合，以实习促进学生旅游管理基础知识的增长，以实习推动学生未来就业和创业发展，实现在教育教学与就业创业两方面的双赢。坚持贯彻落实"订单式"人才培养方案，引进当地重点旅游企业，将"订单式"人才培养作为学校产教融合背景下的一种新型教学模式。在对原有教学模式改革创新的基础上，实施校企合作与专业共建的办学模式，学生在校内结业后可直接进入到前期所实习企业。在这种教学模式背景下，不但学生就业可得到有效保障，且企业在用人方面也得到了一定的保障。二是在校企合作和产教融合的大背景下，在"工匠精神"的引领之下，培养学生核心职业能力和职业素养，增强学生未来进入社会后的竞争实力。高职院校可在学生未正式踏入社会前，积极开展就业指导，使学生提前了解企业文化内涵、个人职业精神以及工作钻研精神等，对学生的未来发展产生积极的影响，并在确保学生核心职业能力全面提升的同时，使其形成良好的职业习惯。

第二，加强旅游管理专业学生就业指导工作。①树立正确的职业价值观。高职院校要摒弃传统单一、落后的就业观念，不应将企业就业福利、经济效益、毕业后去往北京、上海、深圳等一线城市，以及进入国有大中型企业、政府机构等作为学生职业价值观的重点培养内容，应结合学生内部因素和环境外部因素协助学生规划未来发展方向。学校在开展就业指导活动过程中，应将学生职业价值观作为重点指导内容，不断促进学生自我人生观、价值观、世界观的形成与发展，引导学生对社会发展各种需求和未来趋势有更加全面、更加清晰的了解，在专业发展中不断寻找自我，定位人生发展目标，树立正确的职业价值观。②构建科学的就业价值观。学校和教师通过正确的引导，使学生还对旅游管理专业未来就业环境和岗位能力要求等有了充分而全面的认识。学校应通过积极的引导，让学生对自己未来的职业生涯有明确的规划，并且对学生进行针对性的就业创业指导，促使学生对个人能力有更加全面的认知，帮助学生树立正确的个人职业发展理想和目标。在新生入学后，可自主选择相关就业创业指导课程，帮助旅游管理专业学生正确认识未来发展方向。另外，学校还可积极构建就业能力评审系统，通过对现代科学化手段的灵活应用，对学生个人能力、兴趣爱好、就业优势以及发展潜力等进行检验，引导学生树立科学的就业价值观。③强化对学生专业能力的培养。从就业方向来看，旅游管理专业学生未来可从事的职业方向主要包括旅游行政管理部门、旅游咨询公司、旅游规划策划机构、旅行社、旅游景区、旅游电子、主题公园旅游经济管理等，就业范围相对较为广泛，且从某种程度上来看具有较强的可替代性。因此，高职院校应当对学生进行积极的鼓励，引导其在学习多学科专业学习过程中积累大量知识，促使学生的动手能力和思考能力有效提升，增强学生对未来职场和所从事岗位的适应性。④制订旅游管理类相应的人才培养计划。黎明职业大学旅游管理专业人才培养旨在推动学生德、智、体、美、劳全面发展，知识、素质、能力全面协调与统一，因此在制订人才培养计划时应严格按照相关要素进行结构设计，如知识结构、素质结构、能力结构。其中，知识结构主要包括通识性知识、基础理论知识与方法、旅游管理类专业理论知识与方法、相关法律法规等；素质结构中则囊括以下几种：正确的"三观"、良好的专业素养、职业素养等；能力结构主要有基本能力、专业能力、发展能力等。

第三，加强旅游管理专业就业推荐。①增强对学校周边区域内就业经济和环境的研究力度。从学校和教师角度出发，根据教学经验为学生进行相应职业和岗位的推荐，并分析其未来就业发展空间，使学生对未来所要从事职业和岗位有更加深入的了解，构建学习和培养计划。另外，了解周边经济发展和就业环境，有目的地推荐适合毕业生的工作岗位。②围绕旅游管理专业学生开展职业生涯发展规划。在学生实际专业学习和生活过程中，可引导学生围绕未来发展方向和职业生涯计划开展相关日常活动。在学习旅游管理相关专业知识时，可以将社会上不断变化的需求作为参考条件，引导学生灵活调整自己未来职业生涯发展方向和目标，确保自身就业能力与社会实际需求两者在某种程度上的契合，促使学生自身未来就业能力的全面提升。例如，黎明职业大学旅游管理专业中，旅游电子方向的学生还需学习电子专业知识；旅游景区方向的学生还需学习历史和各地旅游资源等相关知识；旅游管理类方向的学生还需学习管理层面的知识。学生通过学习专业相关延伸性知识，不断开阔视野，丰富头脑，增强能力，提升岗位适应度，最终确保其就业时能够实现专业对口。③提升学生操作技能和专业能力。一是进一步推动学校内部实践实训活动的有效开展，增加实践实训课程在总课程中的占比，使学生在学习理论知识的同时，完成对相关操作技能的熟练掌握与应用，并且可以通过对真实场景的模拟，模拟实操实训，如旅游管理专业，在旅游管理实验室中模拟旅游线路设计、计调业务、导游基础知识、导游业务、旅行社经营与管理、地接门市接待等，并引导学生在不同岗位进行实习操作。二是加强校外的实践与实习，如推荐旅游管理专业学生到相关旅游公司进行实习，引导学生将学校实验室模拟操作成果应用于公司实际流程中，在促使学生实践能力不断提升的同时，实现与现代就业创业目标的高度契合。

六、产教融合背景下计算机网络就业创业实践

对于计算机网络技术专业学生的产教融合教学，黎明职业大学直接安排学生在学校即可实现。具体而言，教师除了通过与课本教学相结合的方式开展实践教学之外，其还引导学生通过网络学习的方式加强自主学习。在学生能够掌握基本的计算机及应用技术之后，教师便通过不断提出新的任务目标的方式引导学生开展计算机网络技术专业操作实践，从而不断提升计算机网络技术专业学生们的知识学习能力和实践操作水平。同时，黎明职业大学同样采用承接计算机专业业务的方式推进产教融合实践教学。不过，这些仅是基础产教融合教学方式。虽然掌握这些较为基础的计算机网络技术专业技术能够帮助在校学生谋求一份工作，但是收入并不会太高。计算机及应用领域专业就业要求较高，而且专业技术发展更新速度较快，如果学生不能及时掌握前沿计算机网络技术专业技术，就会很快被时代所赶超。因此，黎明职业大学在开展计算机及应用产教融合教学时，首先就要培养学生不断学习的习惯。同时，为了进一步提升计算机网络技术专业学生们的产教融合教学效果，黎明职业大学并没有直接采用与社会企业进行合作的方式开展产教融合教学，而是选择与相关专业高校进行合作的方式。之所以未选择与企业合作的方式开展计算机网络技术专业的产教融合教学，主要是从专业实践角度出发，计算机及应用专业并不需要高端的技术设备，仅需要一台电脑即可实现教学与应用；从企业角度出发，任何计算

机企业在进行人才招聘时，都会对员工进行基础操作能力考核，而且短时间内不会向其传授企业前沿的专业技术。

因此，计算机网络技术专业产教融合教学并不具备与企业合作的基础。对此，计算机网络技术专业产教融合教学需要开辟新思路，并尝试新方法。具体而言，黎明职业大学积极从社会招聘各路计算机及应用高端技术人才，一来是为了传授学生更加前沿的计算机专业技术，二来是为了承接具有更高难度的计算机业务订单。总而言之，黎明职业大学最终目的还是提高产教融合教学的效果。但是，黎明职业大学所招聘的计算机及应用专业高端技术人才并不来源于学校，而是来源于社会，这就相当于把具有行业背景的专业人才请进了校园。除此之外，黎明职业大学还采取与其他当地高校展开合作教学的方式开展产教融合教学。虽然黎明职业大学的师资力量以及教学水平相较于高等教育学校而言还是存在一定差距，但是可以通过与其他兄弟院校进行合作的方式来弥补自身存在的不足。高校教学往往都是自由听课，所以黎明职业大学在与当地高等院校签订战略合作的基础上，还要不断加强异地教学，提升自身院校的计算机及应用专业技术水平。同时，常态化组织开展计算机网络技术专业竞赛，为计算机及应用专业学生提供一个可以展示自我和技术交流的平台。

虽然上述方式均属于"磨剑"阶段，但是计算机及应用专业的实践教学并不需要走出校园，关键还是在于专业技术水平。正所谓"磨刀不误砍柴工"，黎明职业大学在不断磨炼和强化计算机及应用专业学生们的技术水平之后，便需要准备展示学生们的风采。对此，黎明职业大学会根据学生们的意愿自主选择产教融合学习平台。黎明职业大学并没有按照其他专业的产教融合方式，直接选择与当地计算机及应用行业企业进行合作，而是将产教融合的机会分配给学生自身。如果学生愿意到社会中磨炼和提升自身的计算机及应用技术水平，可以以主动向社会企业投递简历的方式进行学习。但因为计算机领域存在技术壁垒，所以不会存在任何一家社会企业愿意将自己的核心技术用来培养学生，他们只能让学生自己不断实践摸索。学生在社会实践的磨炼中，既可以将自身所遇到的问题拿来请教学校教师，也可以将自身所遇到的各种问题拿来咨询企业专业人士，然后通过企业专业人士的讲解来领会和学习。与自身参与社会工作不同的是，黎明职业大学会每天坚持与学生进行视频分享与交流，学生可以将自己在社会中遇到的各种问题进行分享，大家相互交流，共同提升。当然，针对希望继续留在学校学习的学生，黎明职业大学会搭建各种产教融合平台，提升学生们的计算机及应用实践能力。由此可以看出，黎明职业大学计算机及应用专业学生们的产教融合教学过程，也正是学生就业与创业的教育过程。

老子有云:"无为而无不为。"无论是计算机网络技术专业教学还是安排就业,都为学生提供了良好的指导路径。从现实角度出发,这也是切实提升计算机网络技术专业学生自身专业能力和技术水平的有效方法,契合产教融合教育教学的初衷与理念。

第三节　创新创业教育师资队伍建设实践

黎明职业大学强化创新创业教育师资队伍建设。一是加强校内创新创业师资队伍培训,每年组织两期创新创业师资队伍培训,参与人数达到 100 人次,大大提升了校内专任教师的综合素质;二是以校企合作的方式,引进外聘、兼职创新创业教师,每年新增聘请校外创新创业教师 10 人。

同时,教师积极参与创新创业类教材编写,出版教材《大学生创新创业指导》、参与职业教育"十三五"国规教材选题"创新创业教育系列教材"的编写;在各类期刊发表创新创业类论文 72 篇,参与各级各类创新创业相关课题 27 项,其中《高校毕业生自主创业需求与现有政策的契合性研究——以福建省为例》获得团中央省级一类报告,并且多篇论文在各类学会评选中获奖。

据相关调查显示,我国有将近 89.6% 的在校大学生考虑过就业或创业,而大学生创新创业过程中最需要的是什么?良好的创新创业平台?充足的资金链?创新创业兴趣?显然,兴趣是一些活动开展的前提,要想激发学生创新创业兴趣,引导和启发学生创造属于自己的物质财富和精神财富,就需要依托于创新创业教育。与传统专业教育中理论性教学内容不同,创业教育的目的是在扎实学生理论基础的同时,鼓励学生朝自己理想方向大步迈进,将停留于脑海中的理想,通过实践转变为财富。在我国教育领域中,创新创业教育是一个新兴概念,极具挑战性和创新性,教师在其中扮演着十分关键的角色,可以起到创新创业理念的传播作用、创新创业精神的培育作用、创新思维的开拓作用、创新创业行动的刺激作用等。因此,创新创业教育的质量在很大程度上取决于创新创业师资队伍的水平和综合素质。特别是在新时期产教融合的大背景下,需加快建立一支高质量的创新创业教育师资团队,而加强师资队伍的培训工作应该是一种提升教师综合素质的有效手段。就业创业教师只有经过系统化的培训后,才能确保创新创业教育工作的顺利开展。

一、创新创业教育师资的培训特点

相较于传统教育形式，对创新创业教育在师资培训形式上进行提升，具体主要表现在以下三点：

第一，数字方式的变化。在传统就业指导教育教学中，主要以单纯理论知识的传授和灌输为主，缺乏实践性；而在创新创业教育活动中，课程内容多集中在各种实践项目活动中。前者具有静态化性质，属于单一层面的教学，后者则具有动态化性质，属于典型的立体教学。这种教学方式上的调整与优化，不但易于有效激发学生学习兴趣，且在某种程度上有助于学生学习积极性和主动性的全面提升，引导学生行动起来，真正参与到创新创业实践活动中来。

第二，教师角色的变化。在传统课堂教学过程中，教师占主要地位，课堂上教师单方面地向学生灌输理论知识，而学生很多情况下只能被动地接收，教师和学生在角色地位上存在不平等性，这也是造成课堂教学氛围凝重、枯燥、乏味的主要原因；而在创新创业教育中，学生重新回到课堂主体角色，教师成为学生课堂活动的辅助者和引导者，学生有机会在课堂上自主思考、自我表达、共同协作完成学习任务，能够让学生更加直观地感受创新创业的魅力，在充分把握创新创业精髓要义的基础上突出学生参与学习的综合性及有效性。

第三，教学空间布局上的变化。传统教学活动所处环境较为复杂，整个教学空间在布局上属于收缩状，学生之间难以开展面对面的交流，活动范围也较为局限；而在创新创业教育教学活动下，教室整体空间布局彻底改变，布局上主要以开放性为主，从形状上来看呈"U"字形，学生活动区域主要集中在教室中央。这种新颖化的空间布局形式不但有助于保持学生在课堂学习过程中的新鲜感，且能够充分发挥学生在课堂上的创造性与想象力。

二、创新创业教育师资的培训内容

从内容结构整体划分来看，现代创新创业教育中师资力量的建设与培训工作主要分为两大方面：一方面，课程内容培训；另一方面，授课方式培训。其中，课程内容培训是创新创业教育培训过程中一个十分重要的环节，所培训内容涵盖多个专业领域，如营销学、管理学、会计学以及经济学等，上述学科内容具有共同的特点，即较强的专业性和应用性。而通过实地调查研究发现，目前，高职院校内绝大多数创新创业老师来自非经济类专业，所从事工作的内容主要为团委、就业分配等，不具备经济领域、管理领域相关专业知识背景。因此，创新创业教师在正式开展教学活动前，需接受与创新创业课程相关的系统化培训，只有这样才能灵活应对创新创业课堂中所遇到的各种问题，赋予知识全新的生命力。创新创业教育不是简单的"搞搞活动"而已，而是一种集职业发展教育、创新创业教育和第二课堂活动于一体的应用型教育。随着创新创业教育中专业教师规模的不断扩大，学校应将培训工作重点转移至更多非专业教师身上，加强对此类教师的培训以提高其系统化和专业化教学水平。而授课方式的培训也是创新创业教育师资培训中不可缺失的一项内容，创新创业课程的目的在于对学生创新创业热情的激发、创新创业精神的培养以及创新创业能力的训练，培养复合型人才是其终极目标。因此，创新创业课程在授课方式上会更加倾向于提升学生参与度和实践水平，这一点与传统课程大相径庭。具体可以概括为"三多"，即多互动参与、多热情行动、多双向交流；"三少"，即少抽象概念、少乏味说教、少单向灌输。教师可以创新引入现代化授课方式，如精彩案例、PPT 教学课件、视听资料、商业游戏、生动故事、角色扮演、竞赛模拟等，以此向学生进行创新创业知识的传授，激发学生就业和创业的热情。总之，创新创业教育趋向于追求动感的课堂效果，充满活力的课堂氛围。

三、就业创业教育师资的培训形式

目前，我国在对创新创业教师进行培训时，主要通过以下三种形式开展：

第一，开展正规授课式培训，需满足以下几项要求：时间上必须控制在特定范围之内，有专门的发起人，授课对象多为一个集体，培训内容多属于付费才可获取。这种师资培训形式具有鲜明的特征，即培训目标十分明确、培训计划十分清晰、课程安排十分具体、讲师授课十分专业、培训效果评估十分严格。一般情况下，正规授课式培训多被应用于创新创业教育的开展前期，这主要是由于创新创业课程在授课方式上的特殊性。不同于其他传统课程，该课程对教学活动开展的参与性、创新性、互动性以及灵活性等有着强烈的追求。如果长期践行传统授课方式的教师，未提前接受正规化、系统化的培训，很难在较短的时间内对创新创业课程的特色化指导思想和创新性授课方式有深刻准确的认识与理解。因此，正规授课式培训可在一定程度上提升创新创业教师整体教学的系统化水平。

黎明职业大学为确保每一位创新创业教师能够在正式上岗前接受系统、正规的教育，成立了专门的教师培训中心。依托第三方公司自主研发的U-MOOC "网络交互式教学云平台"，服务师生群体人数超过百万，已接受教育部信息管理中心的评估并得到肯定。针对教师发展，企业还开发了在线教师发展项目，项目中所有产品都以教师本身为对象，产品主要包括教师发展研修平台、教师发展课程资源库以及线下培训项目服务等。其中，教师发展研究平台是结合多年在线教育和院校在线教学经验所打造的一款依托于"移动互联网+"的新一代网络教师培训产品。该平台可以为教师提供海量优质名师培训资源，支持教师随时随地学习培训，是一款为教师培训中心量身定制的新一代网络教师培训产品。对于创新创业教师而言，可以在平台中心获取丰富的培训视频，例如《如何做一名好老师》《打造魅力课堂——教学技能解析与示范》《如何追求完善——我的为师之道》《大学生心理分析与课程教学》以及《把教学当作一门艺术》等。

第二，自由沙龙式培训。不同于常规培训形式，自由沙龙式培训活动的开展在很多情况下是由教师直接自发组织的，在整个培训的结构和内容设置上较为松散，教师可以在培训活动中自由分析与讨论，并且该培训形式属于无偿培训内容。从特点来看，自由沙龙式培训十分注重教师自我的培训，培训活动现场不设置主讲教师，培训主题和授课形式均较为模糊，很多情况下以问题的广泛讨论为主题，整个培训活动现场氛围轻松、愉悦。从另一方面来看，可以将自由沙龙式培训视为一种对正规授课式培训的系统延伸与补充。通过对参加培训教师的调查访谈发现，相较于正规授课式培训，选择自由沙龙式培训的人数相对较多，究其原因主要有以下几点：一是教师可以打破传统交流的空间界限，可以借助网络世界建立一个初步的交流社区或平台，在平台上与其他同领域人员进行交流与沟通；二是在自由式的讨论氛围中更易于对当下教学问题的发掘，在交流中借鉴他人教学经验从而实现对各种教学问题的有效解决，并且除了学习他人问题解决方法外，还可主动分享彼此的授课技巧；三是自由沙龙式培训在形式上更为轻松自如，可缓解长期积压于教师身上的压力与重担；四是教师可以突破时间限制随时讨论所面临的问题。自由沙龙式培训形式常被视为"放养式"培训活动，认为这种培训方式效果不佳，但从黎明职业大学近期所开展的"青年教师沙龙"教学培训活动来看，效果超出预期。培训活动以"创新创业教学目的设定与教学方法选择"为主题，参与培训的创新创业教师按照预先分配的小主题进行沙龙式讨论，每名教师在限定时间内依次发表自己的想法，教师们围绕着一系列议题进行了热烈而深入的讨论，参加活动的教师们认为这种以教师的成长、培训为目的的新型培训模式极大地调动了老师们讨论的积极性，令大家更愿意、更迫切地说出自己真实的想法，使教师更加深入地思考和探讨教学规律，对提高教师教学能力、改进教学方法很有帮助。

第三，企业体验式培训。企业体验式培训是一种完全区别于正规授课式培训和自由沙龙式培训的培训方式，主要指的是教师需在一定时期内深入创新创业一线，即进入企业，通过直接接触就业者和创业者，获取更多实践性知识、收集创新创业相关案例、整理和总结创新创业经验等。在企业体验式培训形式中，实践性是最为突出的一个特点，重点突出教师与就业者、创业者的一对一接触与交流，让创新创业者成为教师的指导者和引领者。企业体验式培训包括以下三种体验类型：一是深入现场对创新创业者进行专访，了解并记录他们的创新创业故事；二是教师需参加学校所组织开展的企业实践培训活动，通过深入各行业领域参与创新创业活动，发现自身与就业实践需求的差距，了解行业发展前沿，有计划、有目标地锻炼培养自己；三是将课堂与企业实践融合在一起，在课堂上与学生分享其在企业实践中的所见所闻，实现理论与实践的结合，帮助学生及时掌握创新创业最新动态。但是，从该培训形式实际开展情况来看，面临诸多因素的挑战，其中校企之间未能构成一个有机循环链是阻碍企业体验式培训开展的一大重要因素。一方面，教师未达到真正意义上的"走出去"，无法从"前线人员"中获取创新创业实践资讯，创新创业教育仍被困厄于书本教材和模拟游戏之中，早已远离企业实际。另一方面，企业人员未能"走进来"，缺乏与校内教师的合作，并且创新创业者不具备教学意识，整个教育环境均待优化和改善。若要从根本上实现创新创业教育的进步与发展，需要建立学校企业双主体合作机制，积极地倡导和引入企业体验式培训。

第四节　就业创业教育成效彰显

一、深化产教融合，促进职业教育体制机制创新

深入各职业院校，加快分级制度改革政策的全面贯彻落实，引领职业教育逐步迈向现代化。依照《福建省人民政府关于加快发展现代职业教育的若干意见》中的相关标准与意见，黎明职业大学在众多专业学科中选择了符合要求的两个相关专业，以通信技术专业和建筑工程专业作为试点，积极开展了职业教育分级制度改革活动，通过与相关行业及企业建立合作关系，学校和企业双方可通过协商后，共同敲定专业分级制度相关实施步骤和方案，从专业领域出发制定针对性相对较强的分级标准，紧紧围绕各类证书在内容和标准上的相互对接，如职业教育分级证书、职业资格证书以及职业教育学历证书等，实现各证

书之间的互通互用。在现代全新制度的大框架之下，加快"知识＋技能"的考核方式在全国范围内的推广与普及，从根本上实现职业院校毕业生未来升学制度的系统构建；在现代教育发展与改革大背景下，深入探索中职教育和高职教育在课程内容上的衔接性与融通性，全面打造汇集学生理论知识学习成绩和职业技能成果的现代化办学机制；深化校企合作机制，将弹性学制学历教育积极引入企业专业技能型人才培养中，在学校和社会各界的共同推进下，完成对职业教育办学体制的改革。

以如何提高学生专业技能为核心，引进国外公认的职业资格证书，大力培养迎合国际人才认证标准的专业技能型人才。比如，黎明职业大学与美国沃恩航空科技大学双方合作建立了"专业课程＋国际职业资格证书"的合作模式，黎明职业大学可将美国沃恩航空科技大学的先进课程和教学体系直接引入学校，学生在入学后的前两年在黎明职业大学本部进行专业知识学习，其中成绩突出者可申请到美国沃恩航空科技大学就读，学生在美学习期间可以参加美国FAA航空维修职业资格证书考试，该资格证书可在全球通用。[①]

为顺应国家现代职业教育发展要求，需加快推进对职业教育的信息化建设，将学校努力打造成可提供终身学习的教育中心。一方面，基于学校联合全国12所高职院校、高等教育出版社及多家大中型企业共同申报的"一带一路"贸易文化传承与创新专业教学资源库的建设，对企业乃至整个行业相关资源进行系统整合，有重点地建设优质教学资源库。在以高分子材料加工技术专业、金融管理专业、数控技术专业、工程造价专业、服装设计专业、鞋类设计与工艺专业、酒店管理专业、电子商务专业、工商企业管理专业、会计专业以及文化传播学院相关专业为核心的专业群建设的优质教学资源库，加快"以学习者为中心"这一理念的全面贯彻与落实，通过建设不同类型的教学资源库，为学校专业教学与行业、企业发展合作创造有利平台，极大程度上形成了对黎明职业大学教学体系优化与改革的有效助推。另一方面，依托于现代互联网信息技术，在校内搭建网络学习系统与平台，将社会作为历练学生的"大熔炉"，让学生在社会实践和培训中掌握更多具有实用性、专业性的技能。并且学校应不断提高"社会培训"质量，持续拓宽社会培训范围，巩固社会培训教育成果，为学生和培训人员打造网络教学和网络学习平台，实现双方实时交互式的在线培训与在线学习，从根本上推进职业教育教学内容和教学模式的革新。

---

① 胡昌送，张俊平.高职教育产教融合：本质、模式与路径——基于知识生产方式视角 [J]. 中国高教研究,2019(04):92-97.

深化产教融合框架下"订单式"人才培养模式的改革，有针对性、有目的性地开展现代化人才培养活动。学校通过与行业内各优秀企业开展积极合作，推动"订单式"教学逐步朝规模化和数量化发展，打造具有学校自身品牌特色的"订单式"人才，全面提升人才未来就业创业质量。依照企业或者实际岗位用人标准或能力要求，在与企业相互协作的基础上完成对专业人才培养方案的详细制定。在现有课程体系中引入与行业相关的内容，如行业、企业所公认的技术要求、技术标准以及职业资格认证书等；开发一种集工作与学习为一体的专业课程，在传统教学中融入各种现代化教学方法，如任务驱动式教学方法、项目导向式教学方法等，进一步实现传统教学模式的改革与创新。

二、借力产教融合，拓展服务范围实现持续改革

在行业和企业牵头引领之下，学校在组织和参加各种技能竞赛时，以"普通教育有高考，职业教育有竞赛"这一全新教育局面为前提条件，深入探索"技能竞赛是新时代职业人才培养的重要引领"新课题。学校每年可向组织或参加技能竞赛的团体划拨专项经费，鼓励学生积极参与不同专业项目的技能大赛，从根本上实现技能大赛全员化。

技能竞赛的组织与开展应严格遵循"两项原则"和"三个结合"，其中"两项原则"分别指的是普适性原则和协调性原则。所谓普适性原则主要是指学校以让学生体验一次完整的技能竞赛，为学生在校学习期间留下美好回忆为目的开展各种技能竞赛。这种以学校为主办方的技能竞赛活动，在某种程度上与市级职业技能大赛、省级职业技能大赛和国家级职业技能大赛有着本质上的不同。校级职业技能比赛一般属于非选拔性比赛，学生在技能竞赛过程中，对所学习专业以及未来可能从事行业领域会产生一定的认同感和向往感，学生就业意识和就业素养也在竞赛中得以有效激发，学生自学能力和自评能力也从中得到了全面提升。协调性原则更加强调学校课堂教学与技能竞赛两者高度统一与融合，尝试通过技能竞赛的日常化补充日常教学中所缺失的专业知识与技能，并且学校通过技能竞赛的开展，形成对学生多维能力和精神的培养，如技术创新能力、团结协作能力以及问题解决能力等。学校还通过大力弘扬工匠精神，使学生崇尚技能、崇尚创新，唤醒学生自主学习意识，培养学生学习兴趣，多方面强化和提升学生的综合素质及职业素养，推动职业教育教学改革，创新职业教育教学模式，积极扭转传统教育理念和教学评价方式。对于"三个结合"的研究与分析，主要是以行业、企业为引领，打造各系统的相互结合，如职业技能竞赛、人才培养、专业定位三者结合，内容与专业课程和日常教学结合，

项目与职业标准和生产实际结合，并以此作为衡量教学目标、教学内容、企业人才需求三者是否契合的检验标准。

深入开展技能竞赛活动，促使行业、企业发挥引领作用。技能竞赛的组织与开展应自始至终以行业、企业为主体，将不同专业岗位的职业道德规范以及职业标准等贯穿于技能竞赛的整个系统与流程，全力争取企业对学校专项建设的支持，充分发挥企业在学校资金、技术、人才等方面的优势。实现企业指导的全过程化，确保在职业技能竞赛策划组织流程和具体实施流程均有企业积极参与。通过对行业、企业的邀请，让企业进入学校进行优秀人才的选拔，拓宽人才招聘渠道，为学生搭建一流的就业平台，促进学生全面成长与发展。

建立行业、企业充分参与的人才培养质量评价机制。积极构建相关人才培养质量培养机制，鼓励行业、企业充分参与其中。吸引企业深入学校，与学校合作在校内搭建实训学习平台，将专业技术研究与开发、产品生产制造、学生操作实训以及教师理论实践等融为一体。从学校传统教学组织形式和开展模式角度出发进行一系列改革与创新，对学生职业素养和专业能力进行系统培养，以与学校合作企业实际生产情况及发展现状为依据，并根据"工学结合"教育理念，建立一种柔性、弹性的教学运营管理模式。建立以第三方单位为核心的社会评价机制，其中第三方单位主要包括行业、企业、用人单位、社会机构等。对毕业生相关就业状况和发展进行数据分析和跟踪，实现对现代化人才培养质量监控与评价体系的系统构建。

在学校与企业产学结合、融合发展过程中，可进一步对所服务区域进行拓宽，推动当地经济朝更深层次发展。在产教融合中不断对服务内涵进行丰富，实现服务质量的综合提升，围绕泉州市经济社会发展，对校内资源和校外资源进行有效整合，并通过与自身发展能力和行业企业发展需求等因素相结合，对相关就业创业项目进行系统规划与设计。加强与区域内，特别是与泉州市各产业园在技术服务、人员培训以及科技创新等方面的合作，成立机电、信息、建筑等技术应用服务中心，创建青年就业创业基地和培训基地。

三、实践成果的建设为学校未来发展指明了方向，奠定了基础

"幸福是奋斗出来的"，"奋斗本身就是一种幸福"。黎明职业大学经过反复探索与实践，终于搭建起了独具自身特色的就业创业模式，即"创新创业 + 专业实体"，并且该模式荣获了福建省职业教育教学成果特等奖，为福建省乃至全国就业创业教育工作开展提供了参考。黎明职业大学就业创业成效的取得，主要分为三个阶段，即早期阶段、中期阶段、发展阶段。

（一）早期阶段

1.创新创业部分

在 2016 年福建省高职高专院校发展潜力相关指标中，黎明职业大学对接产业的创业教育专业数占比、毕业生持续创业占比位列第一，创新创业教育教师总数、学生创业企业数位列第二，创新创业平台数、年度创业课程受众人数、参与创新创业竞赛学生数位列第三。具体表现在以下几个方面：

一是建章立制加强制度建设。学校成立相应机构，部署创新创业教育工作，坚持"面向全体、基于专业、分类培养、强化实践"的原则，完善跨院系、跨学科、跨专业交叉培养创新创业人才新机制，出台《创新创业教育改革实施方案》等一系列制度。

二是教学改革成效初现。示范性院校检查报告显示，学校开设以创新创业精神为主题的课程 197 门（其中校内开发的创新创业课程 148 门），组织 11 个创新创业教育改革项目建设，共有 2 个获得省级创新创业教育改革试点专业项目立项，3 门课程获得省级创新创业教育精品资源共享课程立项。其中，应用化工专业创新创业课程体系作为典型案例相继入选泉州市高职质量年报和福建省高职监测报告。

三是建立一批专兼结合的师资队伍。建立企业导师、校内导师联合指导模式，聘请校内专任教师 56 人、校外人士 41 人作为"三创"教育导师。截至目前，共选送 16 名青年教师参加各类创新创业教育师资培训并获得资格证书。通过组织参加各类培训，逐步提升学校创新创业师资队伍的整体水平。同时，2017 年度，校内创新创业导师均指导学生参加各级各类创新创业竞赛，校外创新创业导师也积极参与各类创新创业活动（如竞赛评审、创业分享、创新创业教育论坛、专业技术创新讲座等）。

四是科研成果取得一定成效。市级以上立项创新创业类课题 5 项，发表论文 8 篇，主编教材 1 部，3 个项目获团省委面对面调研课题立项，1 个项目成果被团中央评为一类报告。

五是学生创业项目孵化实现进展。学校现有 21 个项目入驻学校创业孵化园孵化培育，1 个项目入驻晋江海峡创客坊，项目"微校联新媒体事业部"入选 2016 年福建省互联网经济招商融资项目，项目"丰泽区小树工业艺术设计公司"带动本校 13 位同学就业，推荐 6 个项目申报福建省教育厅 2017 年大学生创新创业资助项目，其中 1 个项目获得 5 万元资助，4 个项目获得 3 万元资助，累计获得 17 万元资助。

六是"双创"竞赛屡获佳绩。师生创新创意意识和创业能力在不断宣传调动下逐步增强，截至 2017 年 10 月，参加各级各类的大学生创新创业创意系列竞赛 14 项，共有 59 个作品获得不同级别的荣誉。其中，获得国家级奖项 35 个，省级奖项 20 个，市级奖项 4 个。首届福建省大学生文化创新创意设计大赛参赛作品数（927 项）位居全省第一；第二届福建省大学生文化创新创意设计大赛参赛作品数（1166 项）位居全省第三（目前省赛网评进行中）；第三届福建省"互联网+"创新创业大赛（325 项）获得铜奖一项。2017 年 6 月承办"泉州市大学生创业实战大赛"（人社局、教育局主办），本次大赛自 4 月 25 日启动报名以来，得到了各高校、创业孵化基地的积极响应，共收到 70 多个项目报名。笔者所在学校参赛的 3 个项目分别获得二等奖、三等奖、优秀奖。笔者所在学校作为此次大赛的承办单位，受到主办方的肯定。

2.就业指导部分

一是优化流程落实标准化建设。根据工作计划，为进一步提高就业创业服务水平，根据服务基础标准、服务管理标准、服务流程标准、服务工作标准等建立系统的标准化建设，本学期，就业创业科将相关制度、工作流程、工作清单等进行系统的梳理，并印制成册。通过标准化建设，加大就业指导管理者的管理服务水平，切实提升毕业生职业能力和就业质量。

二是推进就业工作信息化建设。充分利用校园网、就业网、就业宣传栏、广播、校报、移动信息平台等多种渠道及时为学生提供各种就业信息，宣传就业政策，做到就业信息、就业政策传达不过夜。开通毕业生班干 QQ 群、就业专用邮箱、就业服务热线，为毕业生答疑解惑，有效提升了毕业生就业服务与管理的水平。学校将继续充分依托全国毕业生就业管理与监测系统，做好 2017 届毕业生生源信息、就业方案编制工作。①

三是开展毕业生精准就业帮扶工作。学校全面关注家庭经济困难、残疾等特殊群体，依托全国毕业生就业管理与监测系统，展开摸底跟踪工作，并为学生制订个性化、系统化的帮扶计划，提前做好心理辅导、实习岗位推荐、求职技能培训、就业指导等帮扶工作；专项开展特殊群体的创业培训、创业实践和创业项目孵化。学校为 2017 届毕业生中"双困生"等特殊群体毕业生申请及

① 许冰冰，陈晓青.产教融合背景下教育信息化跨界建设的问题与对策研究 [J].九江职业技术学院学报,2020(01):7-9.

发放求职创业补贴38.2万元，共有191名毕业生享受补贴，同比上一年新增49人。[①]

（二）中期阶段

1.就业指导工作

构建"校—院—专业—班级"四级就业服务体系。对现有的就业制度进行梳理和修订，明确学校、学院、专业、班级的职责分工，全面落实就业工作的全员参与。修订《黎明职业大学毕业生就业质量跟踪调查办法》、制定《黎明职业大学毕业生招聘活动管理办法（试行）》，不断提升就业服务工作。

构建"立体式"就业推荐体系。以"线上与线下""请进来与走出去""专场与综合""顶岗实习与对口就业"等多种方式相结合，构建起"立体式"就业推荐体系，为毕业生提供就业岗位。

继续做好基层就业项目，鼓励大学生到基层就业创业。健全毕业生到基层工作的服务保障机制，帮助他们解决好酬薪待遇、落户、档案管理、社会保险转移接续等实际问题。基层就业优惠政策参照《关于印发黎明职业大学应届毕业生基层就业奖励暂行办法的通知》。2018年福建省"三支一扶"计划，学校共22名同学报名，两名同学被正式录用。

推进职业生涯规划课程专业化改革。一是制定《职业生涯规划制订的指导意见》，指导授课教师结合各专业开展课程改革；二是举行专项培训，提升教师团队的业务水平；三是开展职业生涯规划课程赛，推进"赛学结合"。

2.创新创业园建设

逐步有序稳定地推进创业园建设。经过多方多轮深入细致的探讨，配合后勤处基本完成创新创业园整体功能规划，并细化到具体功能模块设计，同时考虑运营建设需要，形成通畅回路和交流活动空间，初步完成平面图设计，并进入效果建模阶段。

逐步推进"苗圃—孵化—加速"创业孵化体系建设。一是按"苗圃期"的标准，在各二级学院建立创新创业工作站。初步制定了《黎明职业大学二级学院创新创业工作站管理办法（试行）》，同时推动各学院根据工作站特点和运营建设的需求制定工作站管理细则；推动各学院根据学科专业特色依托创新创业工作站建设"专创融合"的教学体系；推动各学院依托创新创业工作站培育苗圃项目。启动黎明职业大学二级学院创新创业工作站的创建工作，第一期共

[①] 李玉明.产教融合视域下高职院校就业服务精准对接研究[J].淮南职业技术学院学报,2020,20（01）:108-110

建有新材料与海洋化工创新创业工作站、都市与乡村营造创新创业工作站、博远创新创业工作站、经济管理创新创业工作站、文化创意创新创业工作站、北斗科技创新创业工作站、轻奢鞋服智能创新创业工作站。二是与校外"孵化器""众创空间"等合作，将创业项目延伸至"加速期"。加强与华创创业基地等校外基地的合作，新增海峡创客坊等合作单位两家。①

3.创新创业教育课程建设

完善创新创业教育课程体系建设。一是立足现有创新创业教育课程体系，完善 2018 级人才培养方案中"创新创业教育模块"的体系构建。二是强化创新创业通识教育，促进创新创业理念深入人心。三是引导各专业主动吸纳创新创业教育，逐渐推进创新创业融入人才培养全过程。

强化创新创业教育师资队伍建设。一是加强校内创新创业师资队伍培训。一年来共组织两期创新创业师资队伍培训，参与人数达到 100 多人次，大大提升了校内专任教师的综合素质。二是以校企合作的方式，引进外聘、兼职创新创业教师。2018 年，新增聘请校外创新创业教师 10 人。

4.服务创新创业竞赛

做好赛事的承办工作。承办"挑战杯——彩虹人生"福建省职业学校创新创效创业大赛、"和职教杯"第二届福建省黄炎培职业教育奖创新创业大赛两项省级赛事，承办泉州市大学生创新创意作品大赛等市级赛事，并同时举办黎明职业大学"创青春"创业大赛等相应对等的校级赛事。组织师生积极参加各级各类创新创业竞赛，积极参加"互联网+"大学生创新创业大赛、"创青春"福建省大学生创业大赛、"挑战杯——彩虹人生"福建省职业学校创新创效创业大赛以及国赛等，累计获得省级以上奖项 64 项，其中国家级奖项 5 个，省级奖项 59 项。

5.强势推进特色项目建设

创新创业教育作为学校特色项目，能立足项目建设任务，围绕立德树人主线，紧贴行业发展趋势，合理规划建设内容，设定建设任务，明确建设目标，以创新为引擎，发挥自身优势，努力做到"人无我有、人有我专、人专我特"，以特色创新创业支撑学校质量的提升。2018 年，学院从人员、场地、机构和经费等多方面科学合理地制订建设规划，并圆满完成，同时形成的《"创新创

---

① 师鹏,孙佳琦.产教融合背景下的现代高职教育体系建设思路探析 [J].创新创业理论研究与实践,2020,3(06):86-87.

业＋专业实体"新模式的构建与实施》教学成果，还获得了"国家级职业教育教学成果奖二等奖""福建省 2018 年职业教育教学成果奖特等奖"。

国家级教学成果奖实现重大突破。由王松柏书记主持的《"创新创业＋专业实体"新模式的构建与实施》项目，经过校、市、省三级评选，从全省 155 个项目中脱颖而出，荣获教育部"2018 年职业教育国家级教学成果奖二等奖"，实现了我校在参评国家级教学成果奖的重大突破。

新闻宣传工作实现突破。《中国职业技术教育》《光明日报》等专版报道了我校创新创业教育工作的做法和成绩，引发了积极的社会影响，发挥了在创新创业教育工作上的典型示范作用。

（三）发展阶段

1.专创融合教育有新举措

为贯彻落实习近平参加十三届全国人大二次会议福建代表团审议时的重要讲话精神，"营造有利于创新创业创造的良好发展环境"，站在学校创新创业发展改革的全局和高度把方向、定政策、促创新、谋大局，在创新创业教育体系建设上下功夫，坚持"培育一批、建设一批、储备一批"的原则，进一步推进我校创新创业课程建设与应用共享，促进创新教育与专业教育协同发展，推进创新创业教育改革，完成立项校级专创融合课程 10 门，推动专业教师在教学过程中渗透创新创业理念和知识，将创业知识合理、有序地融入课程章节与知识点，建设"专创融合"案例库、课件库、文献资料库等教学素材，培养学生的创新创业能力。①

2.基层就业工作有新成效

为贯彻落实中共中央办公厅国务院办公厅印发的《关于进一步引导和鼓励高校毕业生到基层工作的意见》，创新创业学院组织深入学习，大力宣传，通过广播、报纸、橱窗、校园网等多种宣传载体，对学生基层就业工作进行宣传。特别是对"三支一扶""大学生志愿服务西部"等国家出台的鼓励大学生到基层就业的优惠政策和项目进行广泛宣传，让大学生清楚认识国家对于基层就业的相关优惠政策，鼓励毕业生将自我价值的实现和社会责任的担当结合起来，引导大学生到基层就业，实现自身价值，锻炼个人品质和能力，并参照《关于印发黎明职业大学应届毕业生基层就业奖励暂行办法的通知》，帮助基层就业毕业生解决好酬薪待遇、落户、档案管理、社会保险转移接续等实际问题。

① 王妍.高职院校转型过程中的高职院校生就业创业能力培养研究[J].中外企业家,2017(13):183-184.

3.创新创业竞赛有新突破

经过几年的努力，黎明职业大学创新创业工作成绩斐然：五年累计学生创业项目数超过200个，学生累计获授权专利近100件，全校师生获取专利共757项，其中发明专利47项、省科技进步奖二等奖1项。学校全力组织全校师生积极参加各级各类创新创业竞赛，获省级以上奖项19项，其中国家级奖项3项。其中，"织物吸光发热测试仪"项目获第十四届"挑战杯"福建省大学生课外学术科技作品竞赛机械与控制组特等奖、国赛三等奖，《川工建设：装配式农村自建房建设的开拓者》项目获第五届福建省"互联网+"大学生创新创业大赛金奖、国赛铜奖，均为学校在两项大赛上的最好成绩。

4.创业基地有新提升

黎明职业大学积极为青年学生搭建创新创业实践平台，建立青创园大学生创新创业实践基地。自2019年10月底以来，共有各级领导、专家和兄弟院校同行到访500多人次，青创园成为了学校新的地标建筑之一。创新创业学院主动适应经济发展新常态下大众创业、万众创新的新趋势，根据《国务院办公厅关于发展众创空间推进大众创新创业的指导意见》（国办发〔2015〕9号），推动出台了《黎明职业大学青创园运营方案》《黎明职业大学青创园管理办法》等文件，完善青创园各项管理制度，成效显著。

5.多渠道宣传就业工作

加大就业宣传工作力度，多渠道宣传就业工作。创新宣传方式，通过互联网、微信公众号等新媒体进行宣传，向毕业生深入解读促进毕业生就业创业的各项政策。依托省市级重要媒体，报道宣传我校就业工作。《福建日报》大版宣传我校就业工作两次：刊登黄校长文章《寻找最合适的就业岗位》；以"黎明职业大学：帮扶所有毕业生落实就业实习"为主题作宣传。泉州广播电视台以"黎明职业大学：用足'云'体系全力促毕业生就业"为主题宣传报道我校就业工作。

6.开展"云"就业指导

（1）开展"云调研"

开展"新冠肺炎疫情影响下的毕业生就业情况"调研。通过调研，定期认真研判疫情下毕业生就业形势、心理期望和企业用人需求变化，为更好调整就业服务提供有力依据。

（2）组织"云招聘"

以"相约云招聘，携手促就业"为主题组织"云招聘"，为用人单位和毕业生架起沟通联系桥梁，鼓励学生和用人单位利用互联网进行供需对接，实行网上面试、网上签约、网上报到。平均参与企业达到 340 家，需求岗位数达到 9095 个，岗位比达到 3.1 ∶ 1，广泛满足毕业生就业应聘的需求。

（3）持续"云推送"

结合疫情情况，为了让毕业生们及时掌握就业资讯，学校通过毕业生群、公众号、网站等多渠道"云推送"专业对口招聘信息，让在家的准毕业生们也能够掌握就业信息。通过各种平台，实现就业信息"云推送"，累计发布各类企业招聘信息近 1000 条。

（4）开展"云指导"

面对新冠肺炎疫情带来的就业影响，改变就业指导服务工作方式，第一时间通过网站、微信公众号推送《关于应对疫情做好毕业生就业指导服务工作的通知》《致毕业生的一封信》，推送"云求职""云面试"等就业指导专题知识，组织开展"共战役，促就业"专题系列"云讲座"。同时，依托超星平台，组织 40 多名教师在线进行"就业指导"课程"云教学"。

（5）强化"云帮扶"

针对湖北籍毕业生、52 个未摘帽贫困地区毕业生、残疾毕业生、建档立卡家庭困难毕业生等特殊群体，建立台账，密切关注，安排职业指导师进行线上求职辅导，开展精准推介、重点推荐、"一对一"帮扶，强化针对特殊群体毕业生的就业兜底服务。

参考文献

[1] 冯春盛，唐薇薇.浅议职业教育"产教城"的概念及国内现状 [J].中外企业家，2020(09): 160–161.

[2] 张婉姝.探析产教融合的内涵 [J].辽宁经济，2017(03): 56–57.

[3] 李永生，牛增辉.论产教融合及其深化内容 [J].北京教育（高教），2018(05): 19–22.

[4] 管丹."校企合作"与"产教融合"概念辨析 [J].职教通讯，2016(15): 41–42.

[5] 吴双.基于平台构建的产教深度融合战略探究 [J].现代商贸工业，2020, 41(24): 14–15.

[6] 段练.浅论高职院校创业就业教育的必要性及路径 [J].才智，2019(28): 94.

[7] 陈碧君.谈高等职业技术教育开设创业课程的必要性 [J].宁波服装职业技术学院学报，2004(02): 74–75.

[8] 张方.高职院校创业与就业教育探析 [J].当代教育实践与教学研究，2020(04): 160–161.

[9] 蔡华.就业视域下高职学生创新创业教育研究 [J].科技经济市场，2018(12): 139–141.

[10] 徐鹏.新时代背景下高职院校创新创业教育的思考与展望 [J].焦作大学学报，2018, 32(04): 116–119.

[11] 李晨，孙志远，刘丹，等.高职院校创新创业与就业教育路径浅析 [J].时代农机，2018, 45(05): 86.

[12] 包慧君.高职院校就业指导与创业教育课程改革探究 [J].新课程研究（中旬刊），2018(05): 102–104.

[13] 何瑛，培训谦，周迎春，等.高职毕业生就业情况的调查与思考 [J].当代教育理论与实践，2011, 3(12): 120–122.

[14] 张学英.美国高职创新创业教育的促进机制研究 [J].职业技术教育，2017, 38(09): 66–71.

[15] 刘振亚.中美高校创业教育生态化培育的比较研究 [J].黑龙江高教研究，2013，31(12): 80–82.

[16] 宋佳佳，王丽燕.日本大学就业创业教育的经验与借鉴 [A].辽宁省高等教育学会.辽宁省高等教育学会 2015 年学术年会暨第六届中青年学者论坛论文集三等奖摘要集 [C].辽宁省高等教育学会：辽宁省高等教育学会，2015: 1.

[17] 钱国英.日本大学生就业创业模式在杭州高校的引入及其建构 [J].宁波教育学院学报，2011，13(05): 46–49+76.

[18] 常飒飒.基于核心素养发展的欧盟创业教育研究 [D].长春：东北师范大学，2019.

[19] 常飒飒.欧洲一体化背景下东南欧地区创业教育发展研究 [J].国家教育行政学院学报，2019(03): 87–95.

[20] 朱桂梅.俄罗斯就业创业教育的启示 [J].社会科学战线，2010(06): 268–270.

[21] 张正余.高职院校大学生创新创业教育策略及反思 [J].长江工程职业技术学院学报，2020，37(01): 24–27.

[22] 贺辉群.论高职生就业创业教育与思政教育的有机融合 [J].文化创新比较研究，2020，4(06): 128–129.

[23] 谭艳霞，陈莹颖.高职院校创新创业教育与就业能力关系的实证研究——基于社会实践的中介作用 [J].高等职业教育探索，2020，19(03): 39–44+64.

[24] 陈湘瑶.基于高职院校学生就业创业特性的职业发展教育研究 [J].重庆电力高等专科学校学报，2014，19(06): 21–24.

[25] 南京工业职业技术学院 创新引领创业 创业带动就业 高职院校发展"双创教育" [J].中国经贸导刊，2020(12): 22–23.

[26] 曹巍.湖南高职院校创业教育发展现状及对策研究 [J].高教学刊，2020(19): 183–185.

[27] 梁根琴，范伶俐.高职院校创新创业教育发展现状及对策研究 [J].国际公关，2019(08): 57.

[28] 林爱琴，于晓珉，武威，等.高职院校创新创业教育的发展现状和策略研究 [C].辽宁省高等教育学会.辽宁省高等教育学会 2015 年学术年会暨第六届中青年学者论坛论文集二等奖摘要集 [C].辽宁省高等教育学会：辽宁省高等教育学会，2015: 1.

[29] 王茜茜.高职院校大学生就业与创业教育的现状分析 [J].科技展望，2015，25(35): 280.

[30] 张军，沈杰．北京高职院校就业创业教育现状分析及对策 [J]. 北京工业职业技术学院学报，2012, 11(04): 64-67.

[31] 李晓平．高职院校学生创业教育现状及发展途径研究 [J]. 中国成人教育，2015(08): 88-89.

[32] 刘卉．产教融合型企业的内涵、价值及其认定 [J]. 职教论坛，2020, 36(05): 157-160.

[33] 张皖玲．关于深化产教融合的理论认识与实践 [J]. 安徽冶金科技职业学院学报，2020, 30(02): 75-77.

[34] 胡江川．高职院校产教融合的内涵与实现途径研究 [J]. 中国管理信息化，2020, 23(04): 220-221.

[35] 潘磊．新形势下高职院校就业创业工作探析 [J]. 文化创新比较研究，2018, 2(18): 126-127.

[36] 谢和平．以创新创业教育为引导 全面深化教育教学改革 [J]. 中国高教研究，2017(03): 1-5, 11.

[37] 张艳利，徐小云，杨瑞红，等．产教融合背景下高职院校就业创业服务体系探索 [J]. 福建茶叶，2020, 42(01): 185-187.

[38] 李玉明．产教融合视阈下高职院校就业服务精准对接研究 [J]. 淮南职业技术学院学报，2020, 20(01): 108-110.

[39] 崔慧通，谢新莹，黄德胜．产教融合背景下粤港澳大湾区高职医学生就业现状研究 [J]. 产业与科技论坛，2020, 19(09): 99-100.

[40] 马艳华．创新创业教育视域下的高职院校就业指导课程改革探索 [J]. 中外企业家，2019(23): 185.

[41] 张红洁，钟家军，许燕萍．简析高职院校基于创业教育视角下的就业指导课程改革 [J]. 企业导报，2015(16): 135+137.

[42] 彭远菊，杨维杰，崔文锐，等．高职院校《职业发展、就业指导与创业教育》课程改革的实践与探索——以云南热带作物职业学院为例 [J]. 科技视界，2013(05): 126-127.

[43] 田玉．产教融合背景下高职院校创新创业教育与专业教育相融合的模式研究与实践 [J]. 现代经济信息，2019(14): 415, 476.

[44] 王靖．"互联网 +"背景下高职大学生创业园与创新创业教育融合发展研究 [J]. 机械职业教育，2018(11): 36-38.

[45] 卢忠敏．基于产教融合下的高职现代服务类专业创新创业人才培养途径 [J]. 课程教育研究，2017(49): 240.

[46] 张立彬, 孙培梁, 王吟涛. 产教融合 2.0 视域下课程体系建设探索实践 [J]. 教育教学论坛, 2020(23): 238-240.

[47] 胡昌送, 张俊平. 高职教育产教融合: 本质、模式与路径——基于知识生产方式视角 [J]. 中国高教研究, 2019(04): 92-97.

[48] 刘峻, 朱敏红. 高职产教融合课程教学中的问题与对策 [J]. 南方农机, 2018, 49(12): 21-22.

[49] 张春平. 高水平高职院校建设: 背景、问题及对策 [J]. 职教通讯, 2019(07): 30-34.

[50] 张建才. 从校企合作走向产教融合——兼论中职学校教师队伍建设 [J]. 宁夏教育, 2019(04): 10-14.

[51] 许冰冰, 陈晓青. 产教融合背景下教育信息化跨界建设的问题与对策研究 [J]. 九江职业技术学院学报, 2020(01): 7-9.

[52] 师鹏, 孙佳琦. 产教融合背景下的现代高职教育体系建设思路探析 [J]. 创新创业理论研究与实践, 2020, 3(06): 86-87.

[53] 钱海燕. 基于产教融合模式下高职院校教师创新能力拓展思路 [J]. 智库时代, 2019(46): 79-80.

[54] 顾蓬蓬. "产教融合" 模式下师资建设途径研究 [J]. 无线互联科技, 2018, 15(12): 109-110.

[55] 魏燕, 夏斌. 高职教师信息化教学能力提升要求及培训策略研究 [J]. 江苏科技信息, 2017(17): 78-80.

[56] 沈秋娜. 高职大学生就业创业能力培养立体式推进路径的探索与实践 [J]. 大众科技, 2018, 20(03): 71-74.

[57] 王妍. 高校转型过程中的大学生就业创业能力培养研究 [J]. 中外企业家, 2017(13): 183-184.

[58] 左占卫. 高职院校就业创业师资队伍建设研究 [J]. 合作经济与科技, 2018(21): 104-106.

[59] 张乔. 关于高职院校大学生就业创业服务体系建设的思考 [J]. 人才资源开发, 2017(24): 102-103.

[60] 陈海英, 吕闽. 我省高职院校大学生就业创业服务的体系建设 [J]. 科技创新与应用, 2012(30): 303.

[61] 赵宇仙. 高职院校创新创业教育评价体系的建设分析 [J]. 现代营销 (信息版), 2020(05): 130-131.

[62] 朱丽娜, 陆万多. 优化创业教育评价体系, 提升民办高职院校内涵建设的实践研究 [J]. 吉林省教育学院学报 (下旬), 2015, 31(09): 97-100.

[63] 黄梦煜 . 高职院校创新创业教育与就业指导相融合的实践探索 [J]. 智库时代，
2019(20): 147+149.

[64] 董慧，嵇怡，简祖平，等 . 高职院校园艺专业创业教育模式的实践与探索——以
"新禾园"创业计划为例 [J]. 高等农业教育，2017(06): 105–109.

[65] 徐森林，姜延华 . 高职院校就业指导与创业教育研究与实践探索 [A]. 全国教育
科学"十五"规划教育部重点课题《职业指导和创业教育的研究与实验》山东
课题组研究成果 [C]. 山东省职业教育学会职业指导委员会，2005: 8.

[66] 黄茂坤 . 高职院校食品类专业学生创新创业能力培养——以黎明职业大学为例
[J]. 黎明职业大学学报 .2017, (04): 58–61+88.

[67] 张巧娜 . 福建省高校众创空间建设的问题及对策 [J]. 黎明职业大学学报，2018,
(01): 61–66.

[68] 洪燕婷，王晖，黄茂坤 . 地方高职食品类专业创新创业教育模式探索 [J]. 高等农
业教育 .2018, (04): 109–113.

[69] 王雅云 . 高职院校创新创业教育探索与实践——以黎明职业大学风景园林设计
专业为例 [J]. 黎明职业大学学报，2018(03): 63–66.

[70] 曾安然，汪扬涛，曾安蓉，等 . 基于创新能力培养的《高分子加工设备》课程教
学改革与实践 [J]. 高分子通报，2018(11): 61–66.

[71] 柯爱茹 . 台湾经验对福建省高职院校创新创业教育的启示 [J]. 辽宁经济职业技
术学院 . 辽宁经济管理干部学院学报，2018, (06): 109–111.

[72] 张卓绮 . 高职院校电子商务课程体系构建与实施——基于创新创业教育 [J]. 黎明
职业大学学报，2018(04): 66–71.

[73] 吴雅婷 . 创新创业背景下景观建筑小品课程教学改革——以黎明职业大学为例
[J]. 黎明职业大学学报，2018(04): 72–75.

[74] 谢少娜 . 高职院校创新创业教育现状调查及优化策略研究——以黎明职业大学
为例 [J]. 常州信息职业技术学院学报 .2019, 18(01): 5–8.

[75] 刘雪飞 . 高职院校创新创业教育与人才培养的融合 [J]. 黎明职业大学学报，
2019(02): 68–71.

[76] 赵淑明 . 高校大学生创业孵化基地运营思路研究——以泉州市高校为例 [J]. 内蒙
古师范大学学报 (教育科学版), 2019, 32(07): 24–28.

[77] 洪柳华 . 产教融合视域下高职院校创新创业师资队伍建设 [J]. 辽宁经济职业技
术学院 . 辽宁经济管理干部学院学报，2019, (05): 129–131.

[78] 洪柳华 ."双创"升级背景下高校创新创业教育师资队伍建设研究 [J]. 辽宁经济
职业技术学院 . 辽宁经济管理干部学院学报，2019, (06): 94–96.

[79] 李玉明. 产教融合视域下高职院校就业服务精准对接研究 [J]. 淮南职业技术学院学报, 2020, 20(01): 108–110.

[80] 洪柳华. 基于 AHP 的高职学生创新创业教育评价研究 [J]. 宿州教育学院学报, 2020, 23(01): 112–115.

[81] 张巧娜. 福建省高职院校创新创业教育师资队伍建设研究 [J]. 黑龙江生态工程职业学院学报, 2020, 33(02): 88–90+111.

[82] 吴迪. "双创"背景下高职院校软件工程课程教学改革 [J]. 黎明职业大学学报, 2020(01): 48–50+84.

[83] 洪柳华. 校地协同构建大学生创新创业实践体系模式下的发展策略 [J], 北京印刷学院学报, 2020, 28(05): 125–128.

[84] 谢少娜. 采用"专创融合"模式的高职院校创新创业教育——以黎明职业大学为例 [J], 黎明职业大学学报, 2020(03): 62–66.

[85] 欧阳娜, 张青海, 林少芬, 等. 融入创新创业教育的《橡胶成型加工》课程改革与实践 [J]. 高分子通报, 2020(10): 91–95.